한국의
미래 에너지 전략 2030

이 도서의 국립중앙도서관 출판예정도서목록(CIP)은 서지정보유통지원시스템 홈페이지(http://seoji.nl.go.kr)
와 국가자료공동목록시스템(http://www.nl.go.kr/kolisnet)에서 이용하실 수 있습니다.
CIP제어번호: CIP2019004489(양장), CIP2019004487(반양장)

한국의
미래 에너지 전략 2030

Korea's
Future Energy Strategy 2030

김연규 · 권세중 엮음

한울
아카데미

차례

지난 10년간 전 세계 선진국들은 에너지 시장 측면에서 극적인 변화들을 성취해왔다. 미국에서는 연간 새롭게 건설되는 신규 발전소의 60%가 재생에너지 발전소이고 나머지 40%는 천연가스 발전소이다. 유럽은 신규 발전소의 90%가 재생에너지 발전소이다.

한국은 최근 OECD가 발표한 국가별 신재생에너지 비중에서 46개 국가 가운데 45위를 차지했다. 한국에 이어 46위로 최하위를 차지한 사우디아라비아는 올해부터 50조 원을 투자해 풍력, 태양광 단지를 건설하기로 결정한 상태이다.

문재인 정부는 어떻게 해서든 재생에너지 활용을 확대하는 정책을 실행하기 위해 많은 노력을 하는 중이다. 온실가스 감축과 미세먼지 저감을 위해 원자력과 석탄 발전은 줄이고 중장기적으로 천연가스와 신재생에너지를 중심으로 친환경 및 저탄소 에너지정책으로의 전환을 추진하는 과정에서 현재 한국에서는 기후변화와 미세먼지 대응을 위한 환경성과 안정적인 전력수급이라는 경제성, 그리고 에너지안보 사이에서 많은 논쟁이 일어나고 있다.

이 책은 문재인 정부가 추진하는 에너지전환 정책을 지속 가능 발전과 지속 가능 에너지체제의 기존의 광범위한 이론적 논의를 배경으로 조명해보고 에너지전환 정책의 주요 실행 과제와 도전 과제를 다음과 같은 몇 가지 영역으로 나누어 분석하는 것을 목적으로 한다.

첫째, 파리협정으로 대표되는 신기후체제 도래와 함께 파리협정 이행을 위한 글로벌 협력의 모멘텀을 살려 나가면서 개도국의 국가결정기여

(NDC) 달성을 도와주면서 궁극적으로는 한국의 NDC 달성에도 기여하는 방향으로 대개도국 협력을 모색하는 것이다. 국내 기후변화 대응과 지속가능발전목표(SDGs)의 균형적이고 통합적인 달성이라고 할 수 있는데 전반적인 SDGs 이행체계에 대한 법제를 정비하고 이행체계를 새로이 효과적으로 구축해야 한다.

둘째, 탈원전과 탈석탄의 방향이 정해지더라도 그 이행 과정은 한국 에너지 현실과 복잡성을 균형감 있게 반영한 장기적 시나리오에 기초해 에너지 전환으로 인한 피해와 비용을 최소로 줄이면서도 효과적으로 목표를 달성할 수 있는 최적의 에너지 전환 모델을 도출하는 것이다.

셋째, 기후변화 대응과 에너지 전환을 이루어가는 궁극적인 수단은 친환경 에너지 기술이라 할 수 있다. 최근 기후 분야의 기술 발전 속도가 매우 빠르게 전개되고 있다. 한국형 모델을 찾고 성공적 에너지 전환을 위해서는 방향 설정과 타이밍이 중요하다. 우리가 장점을 가지고 있고 앞서 있는 기술의 개발을 가속화하고 관련 산업을 육성해야 한다. 향후 우리가 지향할 산업은 저탄소형 산업이고 부가가치가 높은 산업이며 기술력에서 비교 우위를 보이는 산업이다. 4차 산업혁명과 신기후체제하에서의 한국형 모델을 찾고 지속적으로 적응해가는 노력은 일회성이 아닌 지속적인 노력을 통해 달성되어야 한다.

이 책은 에너지 전환의 갈림길에서 우리가 처한 현실을 현명하게 돌파할 길은 무엇인가를 모색하고자 하는 문제의식에서 출발하였다. 에너지 전환과 저탄소 사회로 가는 긴 여정에서 우리가 부딪쳐 해결해야 하는 핵심 도전과제에 대한 질문을 던져보고, 소박하게나마 해답을 시도해봄으로써 우리 시대의 중대 과제 해결의 실마리를 찾아보고자 한다.

2019년 2월 김연규·권세중

1부

저탄소 발전의 개념과 이론

01

미래 에너지 정책을 위한
지속 가능한 에너지 체제에 대한 새로운 이해

이태화

1. 서론

에너지 덕분에 근대 이전 사회에서는 오직 소수(왕이나 대장원주 혹은 지주)만이 누렸던 삶을 현대사회에서는 많은 사회 구성원이 향유할 수 있게 되었다. 저명한 에너지 학자인 바츨라프 스밀(Vaclav Smil)의 증언은 우리가 현재 사용하는 에너지의 양이 얼마나 큰 것인지를 보여준다.

미국 상류층 가정에서…… 평균 3대의 자가용 또는 SUV는 각기 100kW이상의 동력을 사용하며, 보트 또는 레크리에이션 차량 등을 합한다면 한 가정에서 사용할 수 있는 총 동력은 무려 1MW에 이른다!…… 이 정도의 동력을 사용할 수 있었던 것은 건장한 노예 6000명을 거느리던 로마제국의 대장원주나, 일꾼 3000명과 말 400마리를 부리던 19세기의 대지주밖에 없을 것이다(Smil, 2008: 89~90).

이처럼 엄청난 양의 에너지를 사용해서 편리함을 얻은 대신에, 현대사회는 에너지 사용으로 인한 환경 위기 즉, 화석연료의 사용으로 인한 기후변화 및 대기오염과 원자력에너지 사용으로 인한 원자력발전소 사고의 위험성 등을 경험하고 있다. 이러한 현상은 현대사회의 새로운 위기로 중요하게 인식되고 있다. 한편 에너지의 사용과 관련한 위기에 대응하는 여러 전략 중 가장 집중적으로 조명되고 있는 것은 에너지의 생산과 공급에 대한 내용이다. 환경 위기를 해소하기 위해 에너지의 생산과 공급에 관련하여 재생 가능 에너지 기술을 사용하거나, 에너지 절약이나 효율성을 높이는 기술을 선호하는 행동 변화로 문제를 해결하거나, 시민 참여를 높이는 것에 대한 다양한 방법들이 제시되었다. 또한 지속 가능한 에너지 체제, 에너지 전환, 에너지 자립, 에너지 시민성 등 이런 방안들을 개념화하여 설명한 관점들은 매우 다양하다. 그러나 스밀이 이야기했듯이, "현대사회는 너무나 복잡하기 때문에 가장 유망한 기술이나 행동 변화라도 그것 하나만으로는 에너지 사용의 일부만 변화시킬"(Smil, 2008: 412) 뿐일지도 모른다. 또한 그의 주장처럼, 하나의 관점만으로 접근해서 문제를 바라봄으로 인해, 전체 그림을 놓칠 우려가 존재한다.

따라서 이 글에서는 위에서 언급한 기존에 존재하던 다양한 개념들을 통합하여 논의한 후, 에너지 생산과 사용에 관련된 각 관점을 개별적으로 분석해보고, 이를 통해 우리가 문제 해결 과정에서 무엇을 놓쳤는지 살펴보고자 한다. 이를 위하여 먼저 지속 가능한 발전의 개념을 상세히 분석한 뒤, 지속 가능한 에너지 체제를 설명한다. 지속 가능한 에너지 체제를 설명하기 위해서는 그 구성 요소가 무엇인지 살펴보고, 에너지 전환, 에너지 자립, 에너지 시민성 등의 개념과의 상호 연관성을 살펴본다. 그리고 마지막으로 이들 개념들 간의 상호 연관성을 통해 에너지의 생산과 사용으로 인한 환경 위기를 해결하는 데 도움이 되는 새로운 시각을 도출한다.

2. 지속 가능한 발전과 지속 가능한 에너지 체제

1) 지속 가능한 발전

'지속 가능한 발전(Sustainable Development)'이라는 개념은 1987년 세계 환경발전위원회(World Commission on Environment and Development, WCED)가 발행한 「우리 공동의 미래(Our Common Future)」의 발표 이후에, 1992년 UN 리우회의에서 UN 차원으로 그 개념이 채택되면서, 세계적으로 널리 사용하게 되었다(Dryzek, 2005; 최병두, 1997). 지속 가능한 발전 개념이 「우리 공동의 미래」에서 "미래 세대가 그들의 필요를 충족시킬 능력을 저해하지 않으면서 현세대의 필요를 충족시키는 것"(WCED, 1987: 43)으로 정의된 이후, 학자들은 다양하게 그 의미를 파악하기 위해 노력했다.

지속 가능한 발전을 다양한 측면에서 살펴본 후, 데일리(Daly, 1996)는 지속 가능한 발전을 그가 주장하는 정상상태경제(steady-state economy) 즉, 양적인 성장은 멈추되 질적인 개선(improvement) 혹은 질적인 발전(development)이 계속되는 경제 시스템이라고 주장한다.[1] 그는 또한 지속 가능한 발전 담론에서 인간 사회(경제시스템)와 자연(환경)과의 관계는 기존의 경제학자들이 주장했던 것처럼, 자연이 자원으로서 인간 사회의 경제 시스템의 한 부분이라는 '경제 시스템 〉 자연'이 아니라, 오히려 경제 시스템이 거대

---

[1] 구도완(1996)은 개발과 발전을 구분했는데, 전자가 자연을 착취의 대상으로 본다면 후자는 "사물의 상태가 보다 좋은 상태로 진전된다는 의미"(구도완, 1996: 296)이며 인간이 자연을 착취함이 없이 "인간과 자연이 공존"한다는 것을 의미한다고 주장한다(구도완, 1996: 297). 김은경(2012: 36)도 발전과 성장을 분리해서 설명하고 있는데, 발전은 질적인 측면, 인간 사회와 자연계의 건강성을 경제성과 동시에 고려하는 반면, 성장은 양적인 팽창에만 관심을 두고 대기오염으로 환자가 늘어나는 것과 같이 자연계의 건강성이 훼손되는 행위 자체도 경제 성장으로 간주된다고 한다. 이들의 주장에 동의하여 이 글에서는 Sustainable Development를 '지속 가능한 개발'이 아닌 '지속 가능한 발전'으로 번역하여 사용한다.

한 생태계 시스템의 일부라고 하는 '경제 시스템 〈 자연'이라고 주장한다. 센게 외(Senge et al., 2008)도 같은 내용을 주장했는데, 경제 시스템을 포함한 "인간 사회는 전체 생태계의 일부로 생태계의 한계와 작동 원리를 벗어날 수 없다는 것"을 이야기하고 있다(Senge, 2008; 김은경, 2012: 39 재인용).

또한 글래드윈 외(Gladwin et al., 1995)는 지속 가능한 발전 개념은 포괄성(Inclusiveness), 연계성(Connectivity), 형평성(Equity), 신중성(Prudence), 안전성(Security)을 구성 요소로 포함한다고 주장했다. 포괄성은 "시간적으로 미래 세대를 고려하며, 공간적으로 지구 전체를 포괄하는 특성", 연계성은 "경제적, 사회적, 환경적 측면이 연계되어 있어 통합적 접근을 필요로 하는 특성", 형평성은 "세대 간, 세대 내 그리고 생물종 간의 형평성, 공정함, 정의가 유지될 것을 요구하며, 최소한 비용의 전가가 없을 것을 요구하는 특성", 신중성은 "불확실성, 예측 불가능성, 비선형적 상호관계, 알 수 없는 한계, 복잡한 생태·사회 시스템의 역동성 등등에 대응하는 기술적, 과학적, 정치적 관리와 예방에 대한 요구", 안전성은 "현재와 미래 세대의 안전하고 건강하며 높은 삶의 질을 보장해야 한다는 요구로, 생태 및 사회 시스템의 건강성과 중요한 자연 자원의 감소, 생존 시스템의 용량, 인간의 권리와 자유 등이 감소하지 않을 요구 등을 포함"하는 특성을 가지고 있다(Gladwin et al., 1995; 김은경, 2012: 37 재인용).

한편 국내 학자들이 정의한 지속 가능한 발전의 개념도 다양한데, 먼저 이정전(2011: 227)은 「우리 공동의 미래」의 "미래 세대가 그들의 필요를 충족시킬 능력을 저해하지 않으면서 현세대의 필요를 충족시키는 것"이라는 지속 가능한 발전에 관한 정의를 "우리가 물려줄 환경과 자연 자원의 여건 속에서 우리의 미래 세대도 최소한 우리 현세대만큼 잘 살 수 있도록 담보하는 범위 안에서 우리에게 주어진 환경을 이용하고 자연 자원을 이용함을 의미"한다고 했다. 임성진(2009: 210)은 이에 대한 해석을 국제적 영역으로도 확대하여 지속 가능한 발전의 핵심은 "환경과 경제 그리고 사회의 조화이며 국내와 국제 영역, 현세대와 미래 세대를 포괄하는 것"이라고 했다. 즉 "자연과 어우러지면서 세대와 국경을 초월하는 형평성을 달성하는 개발만이 미래의 경쟁력을 키우고 지속적인 복지를 가져다주는 길"(임성진, 2009: 210)이라고 설명했다. 한편 윤순진(2003: 274)은 지속 가능한 발전의 주요한 두 가지 원칙으로 지속 가능성과 형평성을 이야기하면서, 전자의 원칙은 "환경이 갖는 부양 능력(carrying capacity)의 한계를 인식하면서 발전이 이루어져야 한다는 것"이고, 후자에 관한 원칙은 "세대 간 그리고 세대 내에서 환경 이용의 편익과 비용이 형평성 있게 배분되어야 한다는 것"이라고 정의했다.

이러한 학자들의 정의와는 달리, 다양한 이해관계자에 의해 지속 가능한 발전은 그들의 입맛에 맞게 정의되기도 한다. 환경 및 생태에 가치를 두는 이해관계자들은 지속 가능한 발전의 의미에 생태적 한계 등을 내포하고, 경제적 가치를 최상으로 두는 '지속가능발전기업협의회(BCSD)' 같은 조직들은 무한한 경제성장을 지속 가능한 발전의 핵심적 의미로 이해하기도 한다(Dryzek, 2005).

위에서 살펴본 것처럼 지속 가능한 발전 개념은 이처럼 학자들마다, 또는 다양한 이해관계자들마다 서로 다른 의미로 혹은 정리되지 않는 의미로 받아들인다. 그렇다면 지속 가능한 발전 담론과 관련한 이러한 다양한 입장에 대하여, 그 개념이 모호하다고 해서 사용하지 말 것인가 하는 질문이 생길 수 있다. 이에 대하여 데일리(Daly, 1996)는 명쾌한 답변을 내린다. 지속 가능한 발전이 분석적(analytic)이지 않고 변증법적(dialectical)인 개념이어서 모호하다는 주장에 대하여, 현대사회가 아무런 문제없이 사용하는 많은 개념들(예를 들어 화폐, 민주주의, 정의, 복지 등)은 분석적이지 않고 변증법적이라는 점을 지적한다. 데일리(Daly, 1996)는 우리가 분석적인 개념들만 사용한다면, 변화(change)라든지 진화(evolution)를 다루지 못한다고 한다. 따라서 지속 가능한 발전 담론은 오히려 명확하게 무엇이라고 정의되는 분석적인 개념보다는 오히려 약간의 모호성을 지녀서 많은 의미를 포함할 수 있는 변증법적인 특성을 가지는 것이 더 낫다고 주장한다.

이러한 데일리(Daly, 1996)의 주장에 대해 드라이젝(Dryzek, 2005)도 지속 가능한 발전을 하나의 개념이 아닌 경계가 있는 담론으로 이해할 것을 요구한다. 드라이젝(Dryzek, 2005: 24)에 의하면 담론은 "세계를 이해하는 공동의 방식"이며 "언어 속에 감추어져 있으면서", "정보를……해석하고 모아서 일관된 설명이나 이야기를 할 수 있도록 해주는" 것이다. 드라이젝이 분석한 바에 따르면 지속 가능한 발전 담론은 다음과 같은 몇 가지 핵심적 요소를 포함하고 있다. 먼저 지속 가능한 발전 담론은 전 지구적인 측면에서 지속 가능성이 어떻게 실현되어야 하는지에 대한 관심뿐만 아니라, 그 구체적인 실천 방안으로서 지역적인 차원에서 지속 가능성이 현실화되는 것도 강조하고 있다. 둘째, 「우리 공동의 미래」에서 묘사하는 지속 가능한 발전은 지구 생태계의 한계에 대한 입장이 명확하지 않다. 물론 생태계를 끝없이 소모하는 방식으로 경제성장을 하는 것에 대해 찬성한다는 식으로 묘사되어 있는 것은 아니지만, 생태계의 한계에 대한 인식 없이 경제성장을 끝없이 할 수 있을 것인가, 아닌가에 대한 입장이 모호하다. 셋째, "경제성장, 환경보호, 분배정의, 장기적 지속 가능성"(Dryzek, 2005: 233)은 어느 하나를 이루기 위해 다른 하나를 희생해야 하는 상반되는 개념들이 아니라, 서로가 보완하는 특성을 나타내는 개념들이다. 넷째, 지속 가능한 발전은 시민 참여를 강조함으로써 다양한 이해관계자 간의 협력적 관계에 큰 비중을 둔다. 시민 사회의 참여를 강조한 나머지, 기존의 정책 결정 과정에서 중요한 역할을 했던 전문가, 정책 결정자 및 국정 행위자들을 오히려 덜 강조해서 "시민사회를 위한 담론"(Dryzek, 2005: 233)

이라는 평가를 받는다. 다섯째, 「우리 공동의 미래」에서 설명된 지속 가능한 발전은 진보(progress)라는 개념에 의문을 제기하지 않으며, 인류가 진보를 이루어야만 지속 가능한 발전이 가능하다고 본다(Dryzek, 2005).

이렇게 다양하게 논의된 지속 가능한 발전이라는 개념은 1992년 UN 리우회의 이후에 세계적인 인지도를 얻고 세계의 흐름을 주도하는 한 시대의 담론 혹은 용어가 되었지만, 상당히 많은 비판을 받아왔다. 예를 들어, 드라이젝(Dryzek, 2005)은 지속 가능한 발전이 시장을 대체하려는 불필요한 시도라는 경제적 합리주의자들의 비난, 발전이 영속할 수 없다는 근본적 환경주의자의 비판, 생태적 한계와 수용 능력을 인지하지 못한다는 생존주의자들의 비판을 받고 있다고 주장한다. 그러면서 그는 지속 가능한 발전은 "모든 곳에서 환경주의가 기업의 이윤과 경제성장에 분명히 이롭다는 것을 증명해낼 수 없다면 틀림없이 실패할 것"이라고 주장한다(Dryzek, 2005: 242). 한편 최병두(1997)는 지속 가능한 발전 담론은 경제 발전의 지속 가능성을 추구하기에 기술중심주의나 경제적 합리주의의 면모를 가지고 있으며 동시에, 사회 발전과 생태적 환경의 조화와 세대 간, 국가 간, 지역 간, 계층 간의 형평성을 강조한다는 측면에서 "'보수적' 생태중심주의"라고 명명했다(최병두, 1997: 63). 최병두(1997)가 지속 가능한 발전을 보수적 생태중심주의라고 설명한 이유는 인간과 자연과의 관계 설정에 있어 이 개념이 중요시하는 조화는 경제적 합리성을 옹호하는 인간의 입장을 지지하는 것이지, 자연의 입장에서 본 조화가 아니라는 것 때문이다. 따라서 그는 지속 가능한 발전 담론은 애초에 환경문제 발생의 가장 큰 원인인 유연적 축적체제에 대한 비판이 없는 환경 이데올로기라고 비판한다(최병두, 1997). 한편 이홍균(2000)도 지속 가능한 발전이 자연계의 균형과 인간 사회의 성장을 동시에 추구한다는 측면에서, 이 개념 자체가 달성할 수 없는 어떤 목표를 지향하고 있다고 비판하고 있다. 왜 이 목표를 달성할 수 없는가에 대한 그의 설명이 상당히 흥미로운데, 둘 간의 조화를 이루려고 하는 이 목표의 달성 불가능성을 서로 다른 체계를 같은 수준에서 바라보는 오류 때문이라고 한다. 즉, 닫힌 체계인 자연과 확대재생산을 하는 열린 체계인 인간 사회를 같은 체계로 놓고 조화를 논의하는 것 자체에 대해 근본적으로 문제를 제기하고 있다(이홍균, 2000).

한편 이러한 다양한 비판에도 불구하고, 지속 가능한 발전 담론은 2015년 새천년개발목표(Millenium Development Goals, MDGs)의 폐지 이후, UN 차원의 국제적 목표로서 지속가능발전목표(Sustainable Development Goals, SDGs)가 제시되면서, 새롭게 조명 받고 있다. 지속가능발전목표(SDG)는 모두 17개의 목표로 구성되어 있다. 제1목표는 모든 국가에서 모든 형태의 빈곤 종식, 제2목표는 기아의 종식, 식량 안보 확보, 영양 상태 개선 및 지속 가능 농업 증진, 제3목표는 모든 사람의 건강한 삶을 보장하고 웰빙을 증진, 제4목표는 모든 사람을 위한 포용적이고 형평성 있는 양질의 교육 보장 및 평생교육 기회 증진, 제5목표는 성평등 달성 및 여성·여아의 역량 강화, 제6목표는 모두를 위한 식수와 위생 시설 접근성 및 지속 가능한 관리 확립, 제7목표는 모두에게 지속 가능한 에너지 보장, 제8목표는 지속적·포괄적·지속 가능한 경제성장 및 생산적 완전고용과 양질의 일자리 증진, 제9목표는 건실한 인프라 구축, 포용적이고 지속 가능한 산업화 진흥 및 혁신, 제10목표는 국가 내·국가 간 불평등 완화, 제11목표는 포용적인·안전한·회복력 있는·지속 가능한 도시와 거주지 조성, 제12목표는 지속 가능한 소비 및 생산 패턴 확립, 제13목표는 기후변화와 그 영향을 대처하는 긴급 조치 시행, 제14목표는 지속 가능 발전을 위한 해양·바다·해양자원 보존과 지속 가능한 사용, 제15목표는 육지 생태계 보호와 복구 및 지속 가능한 수준에서의 사용 증진 및 산림의 지속 가능한 관리, 사막화 대처, 토지 황폐화 중단 및 회보 및 생물다양성 손실 중단, 제16목표는 지속 가능한 발전을 위한 평화적이고 포괄적인 사회 증진과 모두가 접근할 수 있는 사법제도, 모든 수준에서 효과적·책무성 있는·포용적인 제도 구축, 그리고 마지막으로 제17목표는 이행 수단 강화 및 지속 가능 발전을 위한 글로벌 파트너십 재활성화이다(UN, 2015).[2]

한편 지속가능발전목표(SDG)가 제시된 이래, 지속 가능한 발전은 새롭게 자리매김(reframe)되어야 한다는 주장이 제기되고 있다(Hajer et al., 2015). 지난 수십 년 동안 지속 가능한 발전 담론에 대한 논의와 실천이 다양하게 이루어졌음에도 불구하고 인류 전체 차원에서 큰 성공을 거두지 못했기에, 하제르 외(Hajer et al., 2015)는 지속가능발전목표(SDG)가 다음과 같은 네 가지 관점에서 명확해진다면 전 세계적으로 보편적인 힘을 획득해 실질적인 변화를 이끌어낼 수 있을 것이라고 보았다. 첫째, 각 국가가 환경문제 해결의 긴급성을 강조하고 지구적 차원의 공공재를 보호하는 것에 책임을 가지는 것을 목표로 해야 한다. 둘째, 환경과 사회의 연결성과 그것의 분배적 측면을 고려하여 안전하고 정당한 공간을 창출해야 한다. 셋째, 전 세계의 다양한 행위자들이 적극적으로 행동함으로써 모두 함께 이익을 얻을 수 있는 활기 있는 사회를 건설해야 한다. 마지막으로 혁신과 새로운 사업들을 실행할 것을 장려하는 녹색 경쟁을 강화해야 한다.

2) 지속 가능한 에너지 체제

에너지의 사용과 공급에 따른 특성으로 인해 지속 가능한 발전의 논의 과정에서 에너지가 중요한 이슈가 되어왔다(김종달, 1995). 에너지의 사용

---

2 지속 가능한 발전목표의 우리말 해석은 지속가능발전포털(http://ncsd.go.kr/app/sub02/20_tab2.do)의 해석을 따랐다.

및 공급과 지속 가능한 발전이 서로 상관관계를 갖는 이유는 에너지원의 사용과 공급과 관련한 적정한 비용 수준, 사회적으로 부정적인 영향을 미치지 않는 방안의 필요성, 그리고 지속적인 공급 가능성의 중요성 때문이다(Rosen, 1996). 이러한 이유로 인해 지속 가능한 발전과 에너지와의 관계를 모색하는 다양한 연구가 존재해왔다. 예를 들어, 룬드(Lund, 2007)는 지속 가능한 에너지 발전 전략을 이야기하면서 수요 부문에서의 에너지 절약, 에너지 생산 부문에서의 에너지 효율성 증진, 화석연료를 대체하는 다양한 재생 가능 에너지원의 사용과 같은 변화가 그 전략에 포함되어야 한다는 것을 지적하고 있다. 또한 오메르(Omer, 2008)는 지속 가능성과 에너지를 결합한 논의에서 항상 염두에 두어야 할 요소들을 소개했다. 그에 따르면, 에너지원이나 연료의 장기적인 사용 가능성(availability), 에너지원이나 연료의 가격 안정성, 생산 과정에서의 부산물에 대한 수용 가능성, 그리드 서비스, 기술적 안정성, 기술을 적용하는 지식 기반, 가동 주기(life of the installation), 그리고 발전소의 유지 보수 필요성 등이 고려되어야 한다고 보았다(Lund, 2008: 2278). 또한 스크레이즈와 매커런(Scrase & MacKerron, 2017: 102)은 "지속 가능한 발전은 장기적으로 전 세계의 세대 내, 그리고 세대 간에 깨끗한 에너지로의 공평한 접근을 의미하는 중요한 사회적 특징을 가지고 있다"고 했다.

이러한 논의와 더불어, 지속 가능한 에너지 체제라는 개념이 등장하여 관련 논의가 한층 더 심도 있게 진행되어오고 있다. 국내에서 지속 가능한 에너지 체제에 관한 개념은 윤순진(2002, 2003, 2008)의 연구에서 많이 논의되었다. 윤순진(2002: 149~150)은 에너지 체제를 설명함에 있어 어떤 사회적 체제 안에서 에너지의 생산, 유통, 분배, 소비 등이 이루어지는 체제라고 한 위너(Winner, 1982)의 논리와 에너지 공급 측면보다는 수요 측면을 강조하는 연성에너지경로(Soft Energy Path)를 주장한 로빈스(Lovins, 1976)의 논리를 지속 가능한 발전 개념과 결합하여 지속 가능한 에너지 체제라고 정의했다.

한편 지속 가능한 에너지 체제는 지속 가능성과 형평성을 가장 중요한 속성으로 가지고 있다(윤순진, 2002: 150). 윤순진(2003: 275)은 지속 가능성의 원칙이라는 측면에서 에너지는 지구의 부양 능력 안에서 공급 가능해야 하고, 형평성의 원칙이라는 측면에서는 "에너지 이용의 편익과 비용이 세대 간에 그리고 세대 내에서 고르게 배분되어야 하며, 형평성이 제대로 실현되기 위해서는 다양한 사회 구성원들이 에너지 정책 결정 과정에 참여하여 토론과 합의가 이루어질 수 있도록 민주적인 의사 결정 구조"가 필요하다고 주장한다. 드바인라이트(Devine-Wright, 2007: 71)도 윤순진(2002, 2003)의 의견과 비슷하게 주장하는데, 에너지 생산의 규모가 더 작을수록 시민들이 참여할 수 있는 여지는 더 커지고, 에너지와 관련한 의사 결정에 시민 참여가 활발하게 진행될 필요가 있다는 관점을 제시한다. 이 체제의 내용적 측면은 분산형에 기반을 둔 재생 가능 에너지의 사용을 확대하고, 에너지 효율성을 향상하고, 로빈스(Lovins)가 네가와트(negawatt)라고 불렀던 에너지 절약을 포함한다(윤순진, 2002, 2003, 2008; 임성신, 2009). 한편 룬드(Lund, 2007)도 지속 가능한 에너지 발전(sustainable energy development)을 이루기 위한 요소는 에너지 수요에서의 절약, 에너지 생산에서의 효율성, 재생 가능 에너지 자원이라고 설명한다.

지속 가능한 에너지 체제의 내용적 측면 중 "인간에게 에너지를 자연에 합당하게 지속적으로 공급할 수 있는 다른 가능성이 없기 때문"에 "돌이킬 수 없을 생존의 위협을 그나마 피할 수 있는 마지막 방법"(Scheer, 2012: 13)이라는 주장에서 보듯이, 지속 가능한 에너지 체제를 논의할 때 재생 가능 에너지의 사용이 크게 강조되고 있다. 재생 가능 에너지의 사용은 전세계에서 지난 몇 십년간 확대되어왔다. 그러나 재생 가능 에너지 생산의 이러한 확대에도 불구하고, 현대사회가 경험하는 에너지로 인한 환경 위기의 크기와 강도에 비하여, 재생 가능 에너지로의 전면적인 전환은 지난 몇 십 년 동안 신속하게 일어나지 않았다. 셰어(Scheer, 2006)는 이 부분을 예리하게 주목하면서 이 전환을 불가능하게 만드는 재생 가능 에너지기술과 관련한 일곱 가지 가정을 설명하고 있다. 먼저 첫 번째 가정으로 재생 가능 에너지는 가용 잠재력이 기존 전통적인 에너지원에 비하여 부족하고, 재생 가능 에너지 활성화를 위해서는 오랜 시간이 걸린다는 점이다. 그다음 가정들로 현대사회의 모든 필요를 충족시키기 위해서는 거대 에너지 설비가 요구되며, 재생 가능 에너지에 투자하는 것보다는 에너지 효율성에 투자하는 것이 더 이익이라는 것이다. 또한 재생 가능 에너지는 이 새로운 에너지원의 사용으로 인해 기존 에너지 업계가 피해를 입지 않는 방식으로 도입되어야 하고, 기존 중앙집중형의 에너지 생산 구조에 적합한 방식으로 도입되어야 한다는 가정이 존재한다는 점이다. 마지막으로 재생 가능 에너지를 도입하는 것은 경제적 부담을 동반한다는 강력한 가정이 존재한다(Scheer, 2006: 31~33).

다행스럽게도 이러한 가정들에 도전을 던진 재생가능에너지 관련 사례가 최근 들어 다양하게 나타나고 있다. 예를 들어, 먼저 독일에서 태양광은 2012년 5월의 경우 24일 연속 전체 전력 수요의 20%에 달하는 생산을 부담했고, 유럽에서는 2011년에 새롭게 건설된 발전소의 47%가 태양광 발전소였고, 21%는 풍력발전소였다. 한편 미국에서도 태양광 발전 시설이 상당히 증가했는데, 2011년까지 건설된 모든 태양광 시설을 합한 것보다 2013년에 건설한 태양광 발전 시설의 용량이 더 크다(Seba, 2015: 50~51).

한편 재생 가능 에너지의 생산과 이용에서 셰어(Scheer, 2006)가 이야기한 가정들이 어떻게 붕괴되어가는지 세바(Seba, 2015)가 잘 설명하고 있다. 먼저 경제적 부담이라는 부분에 대해서 세바(Seba, 2015: 57~58)는 자신 있게 1970년대 태양광 패널의 가격은 와트당 100달러에서 2013년 시장가격은 와트당 65센트로 내렸고, 미국 캘리포니아 주에서는 이미 태양광이 기존 전력망에서 오는 전력보다 저렴해졌다는 것을 증언하고 있다. 한편 세바(Seba, 2015)가 사례로 든 미국의 랭커스터 시의 경우를 보면 전력 도매시장에서 기존 재래식 발전소가 이미 태양광발전 때문에 심각하게 영향을 받고 있다. 이는 기존 에너지 생산구조에 적합한 방식으로 도입되어야 하며, 기존 에너지 업계가 몰락하지 않도록 도입되어야 한다는 가정 자체가 존립할 근거가 없는 상황이 된 경우가 있다는 것을 보여주고 있다.

그리고 세바(Seba, 2015)가 재생가능에너지의 활성화와 관련해 흥미로운 관점을 하나 제시했는데, 재생가능에너지 회의론자들이 재생가능에너지가 가격경쟁력이 있다 하더라도 수많은 재생가능에너지 설비를 짧은 시간 안에 설치할 수 없다는 주장에 대해 "회의론자들이 이해하지 못하는 사실은 붕괴가 일단 일어나면 매우 신속하게 진행된다는 점"(Seba, 2015: 66)이라고 일갈했다. 이런 관점을 가지고 세바(Seba, 2015)는 재생 가능 에너지의 미래를 다음과 같이 그리고 있다.

어떤 기술의 산물이 임계량을 넘어서면 시장의 성장은 실제로 가속된다. 태양광이 전 세계의 많은 시장에서 임계량에 도달하면 시장의 선순환으로 태양광 시장의 성장은 다음과 같은 특징을 보이면서 점점 더 가속될 것이다. 자본 조달능력은 증가하고 자본비용은 감소할 것이다. 지역으로 분산된 에너지 발전이 증대될 것이다. 센서, 인공지능, 빅데이터, 모바일통신 등의 기술 이용이 폭발적으로 늘어날 것이다. 자원 기반 에너지의 원가가 상승할 것이다. 풍력, 전기자동차, 자율주행자동차와 같은 상호보완적인 시장이 기하급수적으로 성장할 것이다. 태양광, 풍력, 전기자동차, 자율주행자동차와 공유할 수 있는 에너지 저장기술에 대한 투자가 증대될 것이다. 기존의 지휘 통제적 에너지 비즈니스모델은 가격 상승의 악순환을 겪으며 '좌초된 자산'이 될 것이다(Seba, 2015: 76).

한편 셰어(Scheer, 2006)는 재생가능에너지를 전면적으로 도입하기 위해서 세 가지 원칙을 제시했다. 첫째, 재생가능에너지를 광범위하게 분산 설치해 독립적으로 에너지를 사용할 수 있도록 해야 한다. 둘째 정치적 탈 중심주의를 목표로 하고, 이것이 국제적 기관을 설립한다거나 '시장 조정' 정책보다 우선적이라는 것을 인지한다. 셋째, 국가나 에너지 업체가 주도하는 투자 계획보다는 자율적으로 투자할 수 있도록 유도한다(Scheer, 2006: 290~291).

세바(Seba, 2015)가 그리는 재생 가능 에너지 미래와 셰어(Scheer, 2006)가 말하는 재생 가능 에너지의 전면적 도입을 위해서는 몇 가지 고려해야 할 사항이 존재한다.

먼저 재생 가능 에너지의 전면적 도입을 위해서는 중간 단계가 필요하다는 것을 인식해야 한다. 재생 가능 에너지 기술이 좀 더 혁신을 이루고 확산되기 위해서 중간 단계에서는 기존 에너지 생산 기업과 신규 비즈니스 모델 및 기업이 혼합되어 그 과정이 이루어진다(Scrase & MacKerron, 2017: 103). 예를 들어 재생 가능 에너지의 제조, 설치, 유지 보수를 위해서는 태양광 건축에서 보듯이 신기술을 조합하는 것이 필요하며, 배관 기술 등에서 보듯이 이미 정립된 기술도 새롭게 실행해볼 필요가 있고, 기존 에너지 인프라가 재생 가능 에너지 시스템으로 옮겨간다고 해서 버리는 것이 아니라, 풍력 설비와 같은 재생 가능 에너지 시스템은 기존 에너지 인프라를 개조해서 연결하거나 운영할 수 있다는 것이다(Scrase & MacKerron, 2017: 104).

둘째, 기존의 체제에서 지속 가능한 에너지 체제로의 변환은 새로운 제도를 필요로 한다(Scrase & MacKerron, 2017: 91). 즉 재생 가능 에너지를 전면적으로 확대하기 위해서는 전통적인 에너지가 "부수적" 에너지원으로 고려되고 재생 가능 에너지가 주인공이 되는 제도의 변화가 필요하다(Scheer, 2006: 293). 이러한 제도에는 먼저 이미 많은 국가에서 실행되고 있듯이 재생가능에너지 시설 운영자에게 보조금을 지급하여 이윤을 만들 수 있도록 하는 정책적 지원과 전력망 운영자들이 재생 가능 에너지로 생산된 전력을 우선적으로 구매하도록 하는 내용들이 포함될 수 있다(Scheer, 2006). 재생 가능 에너지를 우선적으로 구매하도록 하는 이런 종류의 정책적 제도들은 "전력공급시스템 운영체계를 재생가능에너지 중심체제로 전환시킬 것이고, 이에 따라 전력생산업체 또한 어쩔 수 없이 생산시스템을 재생가능에너지 중심으로 전환할 수밖에 없을 것이다"(Scheer, 2006: 293). 한편 에너지 시장도 변화할 필요가 있는데, 재생 가능 에너지가 전면적으로 확대되기 위해서는 시장은 회계 및 규제를 변경할 필요가 있다. 또한 재생 가능 에너지와 관련한 서비스가 기존 다른 에너지원에 대한 서비스처럼 편리해야 하고, 이용자들이 이 기술은 믿을 만하며, 유지 보수 시스템이 좋다는 확신을 주어야 한다. 이처럼 관련 제도, 시장, 장소, 기술 과정을 조정해야만 재생 가능 에너지의 이용이 가속화될 것이다(Scrase & MacKerron, 2017: 104).

셋째, 재생 가능 에너지의 전면적 도입과 관련하여, 재생 가능 에너지의 환경적, 사회적 이익에 대한 강조뿐만 아니라 경제적 이익에 대한 논의가 함께 논의되어야 한다. 셰어(Scheer, 2006)가 주장했듯이, 재생 가능 에너지로의 전환을 실현시키기 위해 행정적, 기술적, 경제적 문제들과 정치적 장애물들을 극복해야겠지만, 우리가 한 발자국도 앞으로 내딜 수 없도록 만드는 심적 장애물, 즉 재생 가능 에너지는 너무 비싸다거나, 충분한 잠재량이 없다거나 혹은 재생 가능 에너지 활성화에 너무 오랜 시간이 걸린다는 "의식적인 편협함"(Scheer, 2006: 36)을 극복할 필요가 있어 보인다. 하지만 우리는 또한 이 "의식적인 편협함"이 존재하는 것을 인정하고 이것을 실질적으로 극복하는 것을 고민해야 한다. 그 고민을 해결하는 첫걸음으로 스크레이즈와 매커런(Scrase & MacKerron, 2017)이 이야기하는 "국가의 의무 사항"에 대한 인식을 재생 가능 에너지와 관련하여 진행할 필요가 있다. 그들이 논의한 바에 따르면, "국가는 경제 성장을 지속하고 법적 정통성을 유지해야 하는 의무"가 있으며, "그렇기 때문에 국가는 시민과 투자자의 이익을 항상 명심해야만 한다"(Scrase & MacKerron, 2017: 68). 즉 에너지 정책과 관련하여 국가가 이러한 핵심적인 의무와 일치하게 정책을 실행해야 한다는 것이다. 이렇게 정책이 실행되면 "'프레임을 만드는' 참여자는 에너지 정책에 영향을 미칠 가능성이" 더 많으며, 이것이 바로 재생가능 에너지 확대를 통하여 지속 가능한 에너지 체제를 달성하는 것과 관련하여 이러한 "신기술이 새로운 경제성장의 기회를 가져다줄 것이라는 기대를 중심으로 구성되는 이유"라고 주장한다(Scrase & MacKerron, 2017: 69). 그들은 또한 바로 이런 이유로 인해 "재생 가능 에너지의 경제적 이익은 배제하고 환경적, 사회적 이익만을 강조하도록 구성된 담론은 정책에 영향을 주지 못하는 경우가 많다"라고 주장한다(Scrase & MacKerron, 2017: 69).

재생 가능 에너지 생산 확대와 관련하여 재생 가능 에너지의 환경적, 사회적 이익에 대한 강조뿐만 아니라 경제적 이익에 대한 논의가 함께 병행되어야 한다는 스크레이즈와 매커런(Scrase & MacKerron, 2017)의 논리는 셰어(Scheer, 2006)의 논리와 다른 듯하면서 유사성을 가진다. 셰어(Scheer, 2006: 326)는 "에너지 시스템 내부에서 이물질로 여겨지는 것은 경제 시스템 내부에서도 이물질로 간주되"는 것을 설명하면서 대규모 중앙집중형 에너지 생산과 공급에 치중하고 있는 대규모 에너지 업계의 입장에서는 재생 가능 에너지가 "올바르지 않게" 받아들여진다고 설명한다. 에너지 업계의 입장에서 올바르지 않기 때문에 경제계의 입장에서도 재생 가능

에너지는 올바른 것이 될 수 없다. 셰어(Scheer, 2006: 326)는 바로 이런 이유로 인해 재생 가능 에너지 생산 기업들이 "경제계의 사생아"로 취급받는다고 주장한다. 따라서 재생 가능 에너지 생산 확대와 관련하여 경제성에 대한 논의가 함께 진행되고 발전해나가야 한다.

넷째, 재생 가능 에너지 생산의 전면적 확대를 위해서 셰어(Scheer, 2006)의 아래의 이야기를 경청할 필요가 있다.

> 재생 가능 에너지 옹호자들은 자신들이 몸담고 있는 장소와 지역, 국가를 중심으로 실현 가능한 구체적인 방안들을 모색하는 한편, 재생 가능 에너지를 통해 에너지 수요를 충족시킬 수 있는 방안들을 홍보하고 현재의 기술 수준만으로도 그것이 충분히 가능하다는 사실을 사람들에게 적극적으로 알려야 할 것이다. 이때 재생 가능 에너지 옹호자들이 핵에너지 옹호자들로부터 반드시 배워야 할 것이 한 가지 있다. 모든 것을 포괄하는 위대한 전망을 제시한다는 점이다. 핵에너지 옹호자들은 이러한 방법으로 1950년대에서 1970년대에 이르기까지 한 세대 전체를 자기편으로 끌어들일 수 있었다(Scheer, 2006: 320~321).

그리고 마지막으로 재생 가능 에너지의 전면적 확대를 위해서 재생 가능 에너지 분야 학자들이 한 가지를 간과하고 있는데 바로 국제적 차원에서의 재생 가능 에너지의 위상과 관련한 것이다. 원자력에너지와 화석에너지에 대해서는 각종 국제기구의 설립으로 그 지위를 보장하고 무역과 관련하여 면세조치 등을 보장하는 것에 반해, 재생 가능 에너지의 확산을 도모할 수 있는 관련 국제기구가 없고 무역에서 특혜가 존재하지 않는다(Scheer, 2006: 303). 이러한 특혜들이 원자력에너지와 화석에너지에 주어지는 것처럼 재생 가능 에너지에 주어지거나 아니면 기존의 전통적인 에너지원들에 주던 특혜들을 제거해야 한다.

한편 에너지 효율은 지속 가능한 에너지 체제를 만들어나가는 데 있어 또 다른 중요한 축을 차지하고 있다. 에너지 효율은 "에너지 투입에 대한 에너지 서비스의 비율이 증가하면서, 연료와 전력의 초기 사용이 줄어 에너지 가격은 낮아지고 에너지 전환으로 인한 다양한 환경 영향은 약해진다"고 설명될 수 있다(Smil, 2008: 407). 에너지 효율이 지속 가능한 발전에 있어 매우 중요함을 지적한 대표적인 학자로는 로센(Rosen, 1996)이 있다. 로센(Rosen, 1996)은 에너지의 사용으로 인한 환경문제는 피할 수 없는 문제여서 지속 가능한 발전에 저해 요인으로 작용하는데, 에너지 효율성을 증가시킨다면 이런 부정적인 측면을 줄일 수 있기 때문에 에너지와 관련하여서 효율성을 따지는 것은 당연하다고 주장한다. 로센(Rosen, 1996: 142)은 경제성, 지속 가능성, 안전, 사회적 및 정치적 수용성 등을 에너지원을 선택하고 이용하는 기준으로 보았던 과거의 태도는 에너지 효율성을 증가시키는 데 장애로 작용한다고 언급하며, 에너지원을 선택하고 이용하는 데서 에너지 이용 효율을 극대화하는 것을 선택해야 한다고 주장했다. 그렇다면 에너지 이용 효율을 어떻게 극대화할 것인가? 비록 한국에서 에너지를 가장 많이 소비하고 있는 산업계의 에너지 효율성에 한정해서 설명한 논문이지만, 이(Lee, 2015)는 에너지 효율 관리를 이끌어내는 요인과 에너지 효율 관리의 장애 요인을 잘 설명하고 있어 이 글에서 소개하고자 한다. 먼저 에너지 효율 관리를 끌어내는 큰 요인으로는 에너지 사용 감소로 인한 비용 절감, 소유주의 요구, 에너지세, 에너지 가격 상승, 에너지 효율 기술에 대한 보조금, 세금 감면과 관련한 자발적 협정, 장기 에너지 절약 등이다. 반면, 에너지 효율 관리의 장애 요인으로는 기술적 위험성, 예산 범위 내에서만 사용, 비용 효율성 분석에 드는 비용, 에너지 관리자의 영향성 부족, 구매한 장비의 에너지 정보의 부족, 실무자의 지식 부족 등이다(Lee, 2015: 22).

로센(Rosen, 1996)이나 이(Lee, 2015)가 주장하는 에너지 효율성 증가의 장애 요인에 대한 기술적 해결책으로 스밀(Smil, 2008)은 "에너지 사용 효율이 가장 낮은 부분에서 비교적 큰 폭으로 효율을 높이고, 수백만 인구에게 채택되어 결과적으로 증식 효과를 낳을 수 있는 부문에서는 비교적 작은 폭으로 효율을 높이는 것"이 방안이 될 수 있다고 했다(Smil, 2008: 412). 예를 들어, 전기 시스템의 효율을 높이는 것뿐만 아니라 차량의 속도를 제한해 운전할 때 에너지 효율을 높이는 것과 우리가 흔히 놓치기 쉬운 습관이나 생활 방식을 조금만 바꿈으로써 에너지 효율을 높일 수 있는 것에 대한 고민이 필요하다는 것을 이야기하고 있다(Smil, 2008: 418).

한편 에너지 효율성 향상과 관련하여 스밀(Smil, 2008)은 중요한 문제를 제기하고 있다. 에너지 효율성 증진을 이루려는 노력은 개별 소비자, 가정, 사업체들이 비용을 절약하는 기술에 의존해왔고, 어느 정도 성과가 있었다고 볼 수 있다. 그러나 스밀(Smil, 2008: 424)은 국가 전체적인 거시적 관점에서 본다면 에너지 효율을 높이는 기술이 발전한 만큼 에너지 소비량이 줄지 않은 것이 문제라고 지적한다.[3] 자동차의 예를 들면, 알루미늄, 플라스틱, 합성 물질 등의 사용으로 차량의 무게가 많이 가벼워지면서 주행에 필요한 에너지가 줄어든 측면이 분명히 있었다. 그러나 미국의 예를 보면, 미국 시민들이 선호하는 SUV 등의 사용으로 인하여, 1980년에 비해 2000년에 미국의 차량이 소비하는 에너지는 30% 증가하여 기술 발전과

---

[3] 셰어(Scheer, 2006)는 에너지와 관련한 개념을 무분별하게 사용하는 것에 주의를 기울일 필요가 있다고 지적한다. 예를 들어 우리가 "에너지 소비"라는 단어를 무심코 사용하는데, 이는 "전통적인 에너지에만 부합되는 개념"이라는 것이다(Scheer, 2006: 158). 왜냐하면 이 표현은 "에너지가 '모두 소모된다는' 사실을 함축하고"있는데, 재생 가능 에너지의 경우 "그 정의상 완전 소모가 불가능"한 점을 간과하고 있다. 이런 점에서 셰어(Scheer, 2006)는 "'에너지 소비'라는 단어는 재생 가능 에너지가 지닌 핵심 장점을 은폐하려는 명칭"이라고 주장한다(Scheer, 2006: 158~159).

에너지 사용의 반비례 관계를 현대사회는 목격하고 있다(Smil, 2008: 426). 마찬가지로 건축에서도 에너지 효율을 높이는 기술을 적용해 신축 가옥에 사용하는 에너지 밀도는 낮아졌지만, 1970년 이래 그 면적이 평균 50% 증가함으로써 에너지 사용을 증가시키고 있다(Smil, 2008: 427). 이러한 현상을 스밀은 "허구적인 탈물질화"(Smil, 2008: 428)라고 명명한다. 더 나아가 스밀은 좀 더 신랄한 비판을 제기하는데, 에너지의 생산과 사용과 관련된 효율성의 논의를 깊이 들여다보면, "더 많이 만들어 더 많이 파는 것이 지상 목표인 현대 세계 경쟁 사회 속에서 효율성은 일종의 주문과도 같은 것이며…… 루딘의 경멸 어린 표현을 빌리자면, '자원을 무제한으로 효율적으로 쓰기 위한'(Rudin, 1999: 1) 정당화 과정(Smil, 2008: 430)으로 볼 수 있다고 꼬집는다.

에너지 효율에 대한 스밀의 이러한 지적에 대하여, 바로 그런 점 때문에 셰어(Scheer, 2006)는 재생 가능 에너지에 정책적 지원을 투입하는 것을 고민할 것이 아니라 효율성(혹은 에너지 절약)에 초점을 맞추는 것이 온실가스 감축 측면에서 훨씬 낫다고 주장하는 사람들은 전체 그림을 보지 못한다고 비판한다. 그리고 그러한 주장의 또 하나의 위험성은 에너지 절약, 에너지 효율성 증진, 재생 가능 에너지 생산과 관련하여 존재하지도 않는 대결 구도를 억지로 만들어내어 오히려 문제 해결을 어렵게 하는 것이라고 이야기한다(Scheer, 2006). 셰어(Scheer, 2006)는 이러한 논의의 배경에는 전통적인 에너지 생산 시스템을 변화시키고 싶지 않기 때문이라고 주장한다. 그는 바로 이러한 생각이야말로 효율성을 방해하는 "가장 큰 걸림돌"이며, 효율성과 관련한 "가장 위대한" 혁명은 "바람과 흐르는 물 그리고 파도 등을 단 한 번의 전환 과정을 거쳐 전기로 변화시키는 방법"(Scheer, 2006: 87)이라며 생각의 전환을 촉구하고 있다.

같은 의미에서 스크레이즈와 매커런(Scrase & MacKerron, 2017)도 지속 가능한 에너지 체제를 뒷받침하는 중심적인 역할을 이끌어 가기에는 에너지 효율성이 약하다고 주장한다. 에너지 효율성은 "공급과 비교할 때 정책적 관심도 끌지 못하고 재정 지원도 받지 못하다가 갑자기 등장한 신데렐라 같은 존재"였고, 에너지 효율에 관한 논의가 급부상하는 측면은 오히려 지속 가능한 에너지 체제의 허브를 약화시키는 것을 의미한다고 이야기한다(Scrase & MacKerron, 2017: 101).

이런 의미에서 보면 지속 가능한 에너지 체제의 내용적 측면인 재생 가능 에너지의 활발한 이용, 에너지 효율성의 증대와 더불어 에너지 절약에 다시 한번 주목할 필요가 있다. 1970년대의 오일쇼크로 인한 충격에서 전 세계 국가들이 에너지 절약을 강조했고, 한국도 예외가 아니었지만, 현재 에너지 절약은 뭔가 심리적으로 낡은 것이라는 이미지를 준다. 이런 시점에 에너지 효율성에 지나치게 집중하는 것을 경계한 스밀(Smil, 2008), 셰어(Scheer, 2006)와 스크레이즈와 매커런(Scrase & MacKerron, 2017)의 주장은 에너지 절약이 새로이 조명 받는 데 탄력을 주고 있다. 지속 가능한 에너지 체제는 화석연료를 재생 가능 에너지로 바꾸는 에너지원의 변화뿐만 아니라, 끊임없이 에너지 소비를 가능하게 하는 에너지 체제의 근본적인 변화가 필요하다는 것을 주장한다. 이런 의미에서 임성진(2009)이 주장한 에너지 절약이 "현재의 기술 수준으로도 절반 이상의 에너지 소비량을 줄일 수 있으며 그에 드는 비용이 공급 조절이나 새로운 에너지원을 개발하는 데 드는 비용보다 훨씬 저렴"(임성진, 2009: 213)하기에 에너지 절약은 "훨씬 싸고 손쉬운 방법으로 단기간에 달성할 수 있는 에너지 혁명의 효율적인 수단"(임성진, 2009: 213)이라는 것은 타당한 논리이다.

그렇다면 어떻게 에너지 절약을 달성할 수 있을까? 우리는 앞서 에너지 효율성을 논의할 때 에너지 효율성이 증가한다고 해서 에너지 소비가 줄어드는 것이 아니라는 것을 살펴보았다. 그런 이유로 스밀(Smil, 2008: 407)

은 "결국 연료와 전력의 사용에 일정한 제약을 가해야 한다는 점을 받아들여야 한다"라고 주장했다. 그러나 그러한 제약은 대중이 적극적으로 받아들여 실천하고 행동을 변화시키고 생활 습관을 바꾸지 않는다면 불가능할 것이다. 이런 의미에서 스밀(Smil, 2008: 431)은 에너지 절약을 "모든 문명의 도덕적 기반을 형성하고 있는 공공선을 위한 절제(희생이 너무 강한 느낌을 준다면), 검소, 협력을 위한 더욱 광범한 호소의 일부"라고 주장했다. 그러나 "아무리 수수하고 심지어 소심하다 하더라도 덜 가진 채로 살도록 요구"하고 더 불편하게 살도록 요구하는 것은 "현대 자본주의 경제의 핵심 사상, 즉 단순한 성장이 아니라 건전하고 지속 가능한 성장과는 일치하지 않는 것"(Smil, 2008: 433)이라는 스밀의 주장은 우리에게 에너지 절약과 관련하여 깊이 고민해볼 여지를 제공한다. 스밀의 이러한 선언은 서울시 성북동 절전소 운동으로 유명해진 석관두산아파트의 아파트 대표였던 심재철이 주장하는 내용과 일치한다. 심 대표는 "누군가의 고통을 동반하는 관리비 내리기는 '나쁜 관리비 내리기'"(심진용, 2014)라고 주장하며, 관리비를 절감하기 위해 고용한 경비원들을 해고하거나, 에너지 절약을 입주민들에게 강요해 생활의 불편을 야기하지 말아야 한다고 주장한다. 특히 그는 아파트 단지 내 에너지 절약을 위해 주민들이 고통을 감내하는 것이 아니라, 단순하게 냉장고 온도를 약간 올리고, 사용하지 않는 전기 코드를 뽑고, TV는 절전 모드로 바꾸고, 잠잘 때나 외출할 때 인터넷 전원을 끄는 활동을 통해, 에너지가 절약됨을 실증적으로 보여주었다(심진용, 2014). 석관두산아파트에서 실행한 주민에게 큰 고통을 주지 않으면서 에너지를 절약한 사례는 에너지 절약이 '고통', '제약', '절제' 등과 동의어가 아닌 자연스러운 '생활'의 한 부분이 될 수 있음을 보여주었다. 이러한 사례는 에너지 절약의 방향이 어디로 향해야 하는지를 설명해준다.

지금까지 지속 가능한 에너지 체제의 내용적 측면으로 재생 가능 에너지의 사용 확대, 에너지 효율성 향상, 에너지 절약에 대하여 설명했다. 지속 가능한 에너지 체제의 이 세 가지 내용적 측면은 대부분의 논의에서 서로 같은 크기의 중요성을 가진 것으로 언급된다. 그러나 환경을 위협하는 요소들 중 가장 큰 요소는 전통적인 에너지 소비이고, 따라서 "재생 가능 에너지로의 전환이 다른 어떤 환경보호 방안보다 우선시되어야"하고 "에너지 절약과 에너지 효율 향상"은 "부차적인 목표"(Scheer, 2006: 247)라고 셰어가 이야기한 것처럼 지속 가능한 에너지 체제의 세 가지 내용적 측면 간에 우선순위가 필요함을 알 수 있다. 위의 논의를 종합해본다면, 지속 가능한 에너지 체제를 이루기 위해서는 재생 가능 에너지의 사용 확대를 가장 우선순위에 두고 에너지 절약과 에너지 효율성 향상을 다루어야 할 것이다. 비록 셰어(Scheer, 2006)가 부차적인 목표로 에너지 절약과 에너지 효율성 향상을 같은 범주로 묶어버리기는 했지만, 지속 가능한 에너지 체제는 앞에서 스밀이 이야기한 것처럼 에너지 효율성의 향상보다는 에너지 절약을 강조해야 한다. 한편 지속 가능한 에너지 체제의 속성이라고 하는 지속 가능성과 형평성 등은 다음 절에서 소개하는 에너지 전환, 에너지 자립, 그리고 에너지 시민성의 관점에서 함께 논의하는 것이 그 두 속성을 더 잘 이해할 수 있다고 판단되어 다음 절에서 상세하게 논의하고자 한다.

3) 지속 가능한 에너지 체제, 에너지 전환, 에너지 자립, 그리고 에너지 시민성

지속 가능한 에너지 체제의 속성인 지속 가능성, 형평성 혹은 공평성과 내용적 측면인 재생 가능 에너지 생산 확대, 에너지 효율성 향상, 에너지 절약만 달성되면 지속 가능한 에너지 체제가 될 것인가? 그리고 이렇게 지속 가능한 에너지 체제를 이해하는 것은 문제가 없는가? 이러한 질문들에 답하기 위해 이 글에서는 개별적으로 논의되는 에너지 전환과 에너지 자립, 그리고 에너지 시민성에 관한 논의를 지속 가능한 에너지 체제 개념과 함께 논의할 것을 제안하고 있다.

먼저 에너지 전환에 대한 논의는 국내외에서 다양하게 진행되고 있다. 초창기의 에너지 전환이라는 개념은 환경오염을 유발하는 전통적 에너지원에서 친환경적인 에너지원으로 에너지원 자체를 전환하는 것으로 생각되었다(이태화, 2016). 조금 더 나아가 뒤에 언급할 셰어(Sheer, 2006)의 논의처럼 전통적 에너지원에 대한 수요를 줄여나가는 것도 에너지 전환 논의에 포함되었다.

> 신속한 에너지 전환이란 단지 재생 가능 에너지의 사용 확대만을 의미하는 것이 아니라, 화석에너지 및 핵에너지의 수요도 함께 줄여나가는 것을 의미한다. 즉 재생 가능 에너지의 도입과 화석에너지 및 핵에너지의 폐기를 동시에 추진해나가는 것을 말한다. 또한 이것은 화석연료발전소와 핵발전소 신설에 수십 억 달러를 쏟아붓는 행위와 이를 통한 전통 에너지 공급 구조의 고착화를 막는 것을 의미한다. 마지막으로 이것은 현재 각 정부가 마련해놓은 재생 가능 에너지 활용 프로그램을 질적, 양적으로 강화하는 것을 뜻한다(Scheer, 2006: 41~42).

에너지 전환에 대한 논의가 다양해질수록 에너지 전환을 이해하려는 노력은 초창기의 에너지원을 친환경 에너지원으로 바꾼다는 단순한 인식 또는 에너지원에 대한 수요를 줄이는 것을 포함하는 인식에서 좀 더 복잡한 개념 인식으로 변화되었다. 예를 들어 몬슈타트(Monstadt)와 볼프(Wolff)는 에너지 전환을 "좀 더 지속 가능한 방식으로 에너지 공급과 이용을 추구하는 급진적인 변화이며, 사회적·기술적 구조(configuration)의 특성을 근본적으로 변화시키고, 새로운 기술을 포함할 뿐만 아니라 행정조직, 정책 및 문화 담론, 이용자 행태, 시장에서의 상응하는 변화를 포함"하는 것이라고 정의하고 있다(Monstadt & Wolff, 2014: 2; 이태화, 2016: 51~52 재인용).

국내에서도 임성진은 에너지 전환을 "에너지 기술의 환경 친화적 발전뿐만 아니라 생산과 소비 방식, 가치관, 산업과 정치 구조의 전반적인 변혁을 포함하는 근원적이고 포괄적인 개념"으로 정의했다(임성진, 2012: 185; 이태화, 2016: 52 재인용). 최병두도 에너지 전환을 "단지 화석에너지와 원자력에너지로부터 재생 가능 에너지로의 전환만을 의미하는 것이 아니라, 기존 에너지 시스템의 한계, 즉 공급 주도적, 중앙 집중적, 시장 의존적 생산 및 관리를 전제로 한 에너지 시스템에서 수요 관리 중심이고 지역분산적이며 시민 참여형의 지역 에너지 거버넌스에 생산, 관리되는 에너지 시스템으로의 전환"이라고 정의했다(최병두, 2013: 667; 이태화, 2016: 52 재인용).

한편 에너지 전환을 설명하는 관점은 여러 가지가 있지만 특히 다층적 관점에 대한 논의가 많이 소개되고 있다. 다층적 관점은 거시적 환경(landscape), 레짐(regime), 틈새(niche) 간의 상호 관련성을 설명하는 관점이다. 여러 가지 이유로 거시적 환경의 변화가 발생하면 기존에 견고하게 존재하던 레짐에 압박을 가하게 되고, 이러한 압박으로 인해 새로운 기술 등을 받아들일 수 있는 틈새가 만들어지게 된다(Geels, 2002; 이태화, 2016: 54 재인용). 이러한 틈새는 새로운 혁신을 만들어내는 역할을 하며, 실험적 혁신이 틈새로서 작용해 사회 전반에 확산되어 전환의 기반을 마련하는 데 성공한다면 새로운 사회기술체제로 전환 가능하게 하는 역할을 한다(이정필·한재각, 2014: 77; 이태화 2016, 54 재인용).

스크레이즈와 매커런(Scrase & MacKerron, 2017: 89)에 따르면, 지속 가능한 에너지 체제를 이루기 위해 관련 정책들을 수행하는 것은 "조직과 인간의 다양하고 복잡한 네트워크, 에너지 시스템의 수요와 공급의 다층적 구조에 걸쳐서 운영되는 기술과 실행을 조정해야 하는 상당히 힘든 과제"라고 한다. 레이븐(Raven, 2007)도 이에 동의하며, 지속 가능한 에너지 체제가 현 지속 불가능한 에너지 체제에서 바로 전환되지는 않는다는 것을 이해할 필요가 있다고 주장한다.

레이븐(Raven, 2007)은 우리가 틈새 축적(niche accumulation)전략과 혼합(hybridization)전략을 개발하고 그것들을 이용해야만 지속 가능한 에너지 체제로 사회가 옮겨갈 수 있다고 주장한다. 또한 현실에서는 틈새 축적전략과 혼합전략을 함께하는 경우에 실제로 전환이 일어난다고 한다. 그가 이야기하는 틈새 축적은 서로 다른 틈새시장에 기술들을 적용하는 것을 의미하는데, 이렇게 적용함으로써 기술과 시장의 결합이 강해진다고 주장한다. 네덜란드의 경우가 이를 잘 설명해주는데, 1970년대에 화학 산업과 같은 대규모 산업의 열 공급을 위해 열병합발전 기술이 적용되었고, 전기는 단지 부산물일 뿐이었지만, 1990년대 초반에는 열병합발전 기술은 대규모 건물 난방이 필요한 원예 산업을 위한 시장에 나타났고, 전기 생산은 더 이상 부산물이 아닌 열병합발전 시설을 건설하는 데 중요한 것이 되었다(Raven, 2007). 특히나 전력 공급과 관련하여 유리한 발전차액제도를 통한 보호 등으로 인해 열병합으로 하는 전력 공급이 훨씬 이익이 되었다. 이런 보호 장치는 주류 시장이 새로운 기술을 재빠르게 거부하는 것을 방지할 수 있었고, 2000년대 들어와서는 가정에서 사용하는 열병합 기술이 테스트되었다. 이런 분야와 관련된 참여자들은 이제 기술적 문제뿐만 아니라 규제 등에 대해서도 수정을 가하려고 하며, 이런 가운데 새로운 틈새 시장이 형성되고 있다(Raven, 2007: 2393).

한편 레이븐(Raven, 2007)이 이야기하는 혼합전략에서 혼합(hybridization)은 신기술과 구기술이 서로 작용해 하이브리드 기술디자인을 형성하는 과정을 의미한다. 예를 들어, 전력 시스템에서 가스터빈의 도입이 혼합전략과 관련하여 설명할 수 있는 적절한 예일 것이다. 원래 가스터빈은 전력시스템 내 피크(peak) 수요 시 사용되었는데, 혼합전략과정을 통해, 즉 1960년대와 1970년대에 대규모 전기화학회사들이나 보일러회사들이 가스터빈과 관련하여 주 구성 요소인 복합사이클(combined cycle)을 개발하여 사용했다. 이러한 과정을 통해 가스터빈은 스팀엔진의 지배적인 자리를 대체하게 되었다. 이처럼, 기술 개발자들은 지배적인 레짐에서 특정 문제를 혁신과 관련시킬 수 있고, 레짐 행위자들이 지배적인 디자인에 새로운 혁신을 더함으로써 혁신을 받아들이게 만들 수 있다(Raven, 2007: 2394). 한편 발전소와 같은 기술들은 전력망과 같은 인프라가 있을 때 가능한 것들이다. 다른 유형의 인프라가 필요한 새로운 기술은 시장에 진입할 때 그런 이유로 불이익을 받을 수 있다. 따라서 하이브리드 형태를 만듦으로써, 사용자들의 선택의 여지가 커질 수 있다. 예를 들어 새로운 인프라가 있을 경우에는 혁신적인 방식을 사용할 수 있고, 새로운 인프라가 없을 경우에는 구 기술을 그대로 사용하는 것과 같은 경우이다(Raven, 2007: 2396).

룬드(Lund, 2007)도 지속 가능한 에너지 체제를 달성하기 위해 에너지 절약, 에너지 효율성, 재생 가능 에너지 등이 필요하지만 이러한 주요소만으로는 지속 가능한 에너지 발전을 이룰 수 없고, 융통성 있는 에너지 기술(flexible energy technologies)과 통합적인 에너지 시스템 해법(integrated energy system solutions)이 필요하다고 말한다. 덴마크의 예를 들면서, 다음과 같이 상황이 변하면 100% 재생 가능 에너지로 전환할 수 있다고 설명한다. 첫째, 수송 분야에 쓰이는 석유가 다른 에너지원으로 대체되어야 한다. 둘째 소규모 열병합 발전소와 히트펌프(heat pump)를 사용해야 한다. 셋째, 전기분해장치를 시스템에 포함시켜야 하고, 풍력터빈을 에너지 공급에 관한 전압과 주파수 규제에 포함시켜야 한다(Lund, 2007: 918).

한편 에너지 전환과 관련해 흥미로운 관점을 셰어(Scheer, 2006)가 제시했는데, 그는 에너지 전환과 관련해 가장 중요한 철칙으로 정신적 자율성을 되찾을 필요가 있음을 강조했다. 그가 말하는 정신적 자율성은 "당면한 현실을 있는 그대로 인식하는 것을 의미"하고 "전통적 에너지 공급 구조가 미래 대응 능력을 갖추고 있다고 생각하거나 혹은 갖추게 되리라고 믿는 등의 자기기만을 끝내는 것"을 의미한다(Scheer, 2006: 337). 즉 전통적 에너지원에서 탈피하여 다른 에너지원을 확대하고, 산업 구조를 변화시키고, 시장에 영향을 미치고, 행정 구조 등을 변화시키고, 가치관을 변화시켜야 하는 에너지 전환은 무모한 실험이며 값싸고 안정적인 에너지 공급에 실패하고 말 것이라는 그런 생각의 오류에서 자유로워져야 한다는 것을 강조하고 있다.

한편 지속 가능한 에너지 체제는 "동력, 장비 운영, 빛, 이동성, 난방 등의 서비스를 다양하고 분산된, 환경 친화적인 소량의 에너지원을 이용해 공급하는 방안에 관심을 쏟음으로써, 이러한 공급-수요의 분리를 극복"(Scrase & MacKerron, 2017: 101)하는 것을 중요하게 생각한다. 이렇듯 지속 가능한 에너지 체제는 공급과 수요의 분리를 없애는 것을 목표로 하는 에너지 자립 개념과도 밀접한 관련성이 있다. 다양한 학자들의 논의를 종합하면서 최병두(2013: 653)는 "기술적으로 높은 에너지 자립도"를 달성하기 위해서는 "에너지 효율성의 증대, 재생 가능 에너지 자원의 잠재적 실현, 그리고 탈집중화된 에너지 체계"를 구축해야 한다고 언급하고 있다. 탈집중화된 에너지 체계는 분산형(decentralized) 에너지 체계라고도 하는데, 에너지를 생산하고 공급하는 체계를 중앙집중형(centralized) 에너지 체계에서 탈피하는 것을 의미한다.

중앙집중형 에너지 체계에서는 대규모의 에너지 생산 설비가 인구가 많지 않은 지역에 설치되어 전국에 에너지를 공급한다. 에너지 설비 설치에 따른 지역 주민의 저항을 보상을 통해 해결하며, 이 체계하에서의 에너지 정책의 목표는 낮은 에너지 가격으로 안정적으로 에너지를 공급하는 것이다(Devine-Wright, 2007: 69). 또한 이 체계에서는 시민은 에너지 시스템과는 동떨어진 단순한 에너지 사용자, 즉 에너지의 생산과 분배에 관한 의사 결정에서 거의 관여하지 않는 존재이다. 이 체계에서는 시민이 에너지와 관련된 결정을 하는 것이 아니라, 전문가(technocrats)가 한다(Devine-Wright, 2007: 69). 또한 이 체계에서 재생 가능 에너지 생산을 독려한다 하더라도, 기존의 경성에너지경로의 한 부분으로서 통합된 것으로 재생 가능 에너지를 바라보며, 재생 가능 에너지 설비를 빠르게 대규모로 짓는 것을 선호하게 된다(Devine-Wright, 2007: 70).[4]

한편 탈집중화된 에너지 체계는 다른 말로 분산형(decentralized) 에너지 체계라고 부른다. 분산형 에너지 체계는 중앙집중형 에너지 체계가 대규모 에너지 설비 건설을 선호하는 것과는 반대로 좀 더 작은 지역적 규모의 에너지 생산을 선호한다(Devine-Wright, 2007).

에너지를 외부의 간섭 없이 독자적으로 사용하려면 에너지를 기술적으로 '획득'하는 장소와 그것을 활용하는 장소가 최대한 가까워야 한다. 다시 말해 공간적인 근접성이 전제되어야 하는 것이다. 따라서 재생 가능 에너지 기술은 다른 무엇보다 전통적 에너지 공급 체계의 망상 결합구조에 가능한 한 의존하지 않는 에너지 설비 및 사용 구조 개발에 집중되어야 한다. 멀리 떨어진 에너지원에서 재생 가능 에너지를 끌어와 사용하려면 기존 공급 시스템으로의 편입이 불가피하다. 이런 방법은 자연히 종속성을 야기할 수밖에 없다(Scheer, 2006: 291).

4 중앙집중형 에너지 체계와 관련하여 흥미로운 사실은 이 체계가 원래 초창기부터 경제적으로 더 나은 선택이었기 때문에 인류 사회에 도입된 것이 아니라는 점이다. 전력 공급 초기에 에디슨은 전기에너지를 각 가정에서 자체적으로 생산하자고 제안했지만 에디슨의 아이디어대로 한다면 모든 가정에 훨씬 오염을 많이 배출하는 화석연료를 직접 공급하자는 말이었기에, 석탄의 사용으로 검은 도시가 된 그 당시 사회에서는 더러운 화석연료보다는 깨끗한 전기를 신속하게 제공받는 것을 훨씬 더 선호했기에 중앙집중형 에너지 체계가 도입된 것이다(Scheer, 2006: 89).

이렇듯 에너지 자립은 "타율이 아닌 자율적인 에너지 사용을 지향"한다 (최병두, 2013: 653). 한편 지속 가능한 에너지 체제에서 중요한 측면 중 하나 는 스크레이즈와 매커런(Scrase & MacKerron, 2017: 89)이 명명한 "지속 가능 한 에너지 거버넌스"를 구축하는 것이다. 지속 가능한 에너지 체제를 제 대로 작동하도록 하기 위해서는 "정책 결정자와 그 밖의 다른 이해관계자 들이 지닌 다양한 목적이나 이해관계들을 통합하는 노력"이 필요하다 (Scrase & MacKerron, 2017: 89). 이러한 지속 가능한 에너지 거버넌스에서 중 요한 역할을 하는 것이 바로 에너지를 사용하는 시민의 역할이라고 볼 수 있다. 물론 에너지의 가장 큰 부분을 사용하는 산업계의 의식이나 행동의 변화가 매우 중요한 것은 분명한 사실이지만, 그 산업계를 구성하는 가장 작은 단위가 바로 '시민'이기 때문에, 에너지 생산과 사용에서 시민의 에 너지 의식을 제고하는 것이 매우 중요하다. 바로 이런 이유로 드바인라이 트(Devine-Wright, 2007)는 에너지 시민성(energy citizenship) 개념을 소개했 다. 먼저 드바인라이트(Devine-Wright, 2007)는 에너지 시민을 "기후변화에 대한 책임 인식을 강조하고 에너지 빈곤뿐만 아니라 부지를 둘러싼 논란 과 연관해서는 평등과 정의를 강조하고 소비 행위와 에너지 협동조합과 같이 공동체 재생 가능 에너지 프로젝트를 추진하는 것과 같은 에너지 행 동 잠재력을 지닌" 시민으로 이해한다(Devine-Wright, 2007: 72~80; 박진희, 2015: 180 재인용). 따라서 그가 설명하는 에너지 시민성은 중앙집중형의 에 너지 생산 및 분배 시스템에서 그저 주어지는 에너지를 아무런 관심 없이 사용하는 수동적인 시민이 아니라 "에너지 시스템에서 더 적극적인 이해 관계자로 에너지 소비 결과에 대한 책임감도 인식하고 에너지 문제와 연 관한 새로운 시민의 권리를 주창하고 행동에 나서는"(Devine-Wright, 2007: 72~80; 박진희, 2015: 180 재인용) 시민이 가진 특성이다.

이상의 논의를 요약해보면 지속 가능한 에너지 체제는 에너지 전환, 에너지 자립 그리고 에너지 시민성의 개념과 밀접한 연관관계를 가지고 있다. 지속 가능한 에너지 체제의 속성은 지속 가능성과 형평성 혹은 공평성이고 내용적 측면은 재생 가능 에너지 생산 확대, 에너지 효율성 향상, 에너지 절약이다. 단순히 에너지원을 바꾸거나 에너지 수요를 줄이는 것과 관련한 협의의 에너지 전환 개념에서 광의의 에너지 전환 개념은 에너지원 변화, 생산과 소비 방식, 시장, 산업구조의 변화, 사회기술적 구조의 변화, 시민 참여의 변화, 행정조직의 변화, 가치관의 변화 등을 포함한다. 에너지 자립은 에너지 공급과 수요의 분리를 탈피하고 탈집중화된 에너지 체계를 달성하는 것을 말한다. 또한 에너지 시민성은 에너지 생산과 사용에 무관심한 단순 소비자가 아니라 그것에 주도적으로 참여하는 시민의 탄생과 관련된 개념이다. 이 모든 개념들을 개별적으로 보면 같은 이야기를 하고 있는 것이 보이지 않는다. 그러나 이들을 함께 이해하면, 어떤 특별한 상관관계가 이들 사이에 존재함을 알 수 있다. 지속 가능한 에너지체제는 지속 가능성과 형평성의 속성으로 인해, 에너지의 생산과 사용에 능동적으로 참여하는 에너지 시민이 있어야 가능해진다. 또한 지속 가능한 에너지 체제는 탈집중화된 에너지 체계를 이루어야만 형평성을 만족시킬 수 있다는 측면에서 이 체제는 에너지 자립을 근거로 하고 있다. 이상의 논의를 종합해보면 에너지 자립과 에너지 시민이 존재해야 지속 가능한 에너지 체제가 이루어질 수 있다는 것이다. 그러면 지속 가능한 에너지 체제와 에너지 전환은 어떤 관련성으로 설명 가능한가? 기존 학자들의 논의를 종합해보면 지속 가능한 에너지 체제에서는 논의되지 않았던 사회적·기술적 구조의 변화, 산업 및 시장 그리고 가치관의 변화 등을 포함하는 광의의 에너지 전환 개념이 지속 가능한 에너지 체제보다 더 큰 개념 범주인 것을 알 수 있다. 그런 의미에서 간과하지 말아야 할 것은 광의의 에너지 전환 개념보다 작은 범주의 개념이기는 하지만, 그 안에 포함되기 때문에 지속 가능한 에너지 체제를 어떤 고정된(fixed) 체제로 이해하지 말아야 한다는 것이다. 따라서 지속 가능한 에너지 체제는 에너지 전환의 역동성을 포함하여 목표로 하는 에너지 전환의 최종 단계로 전환이 일어나기 전까지 끊임없이 진화(evolve)하는 체제로 이해할 필요가 있는 개념이다.

3. 결론

이 글에서는 지속 가능한 발전에 대한 논의와 그 개념에서 이후에 도출된 지속 가능한 에너지 체제에 대하여 논의했다. 또한 지속 가능한 에너지 체제와 관련성이 있는 에너지 전환, 에너지 자립 그리고 에너지 시민성 등도 함께 논의했다. 논의의 결과, 지속 가능한 에너지 체제를 이루기 위해서는 내용적 측면에서 재생 가능 에너지의 사용 확대를 가장 우선순위에 두고 그다음 순위로 에너지 절약을 강조하고, 마지막으로 에너지 효율성 향상을 다루어야 한다는 것을 알 수 있었다. 한편 지속 가능한 에너지 체제와 다른 개념들과의 상관관계를 논의한 결과, 지속 가능한 에너지 체제는 에너지 자립과 에너지 시민성을 그 안에 포함하고 있으며, 전환의 실험들이 끊임없이 일어나는 체제이며 궁극적으로 기존의 체제와는 완전히 다른 광의의 의미의 에너지 전환을 가능하게 하는 진화하는 체제라는 것을 이해할 수 있었다.

그렇다면 이렇게 진화하는 체제로 지속 가능한 에너지 체제를 이해하는 것이 왜 중요한가? 바로 재생 가능 에너지 생산을 확대하고, 분산형 체계를 이루고 하는 등의 에너지의 생산과 사용과 관련해 전체적인 변화를 이루는 데는 너무 많은 노력과 시간이 걸린다는 "의식적인 편협함"(Scheer, 2006: 36)을 극복하고, "우리가 무력화되는 것을"(Scrase & MacKerron, 2017:

358)막는 데 적절한 방법이기 때문이다. 즉 진화하는 체제로 지속 가능한 에너지 체제를 이해하면 너무 많은 노력과 인고의 시간을 들여 먼 시점에 일어날 고정된 어떤 체제를 만들기 위해 우리가 고군분투하는 것이 아니라(그리하여 그 과정에서 이미 지쳐버리는), 지금 바로 여기(here and now)에서 에너지와 관련하여 우리가 하는 모든 사고와 행위의 변화를 바로 실행할 수 있는 가능성을 제공하기 때문이다. 이러한 즉각적인 변화들이 쌓이고 쌓여 지속 가능한 에너지 체제로 이행이 가능하고, 최종적으로 우리가 목표로 하는 (비록 정확하게 그 모습을 현재 그리는 것은 불가능하겠지만) 광의의 개념의 에너지 전환이 일어나게 되는 것이다. 지속 가능한 에너지 체제를 이렇게 진화하는 것으로 이해하는 것은 바로 그 '변화'의 가능성을 품고 그 '변화'를 즉시 실행하여 우리 인류가 직면하고 있는 최대의 도전 과제인 에너지의 생산과 사용으로 인한 위기를 극복할 지혜와 수단을 제공할 수 있기 때문에 의미가 있다.

참고문헌

구도완. 1996. 「지방자치시대의 환경과 개발 - 지속가능한 지역사회를 위한 사회·환경정책의 방향」. ≪공간과 사회≫, 제7권, 282~307쪽.

김은경. 2012. 『3차 산업혁명으로 가는 길: 성장에서 지속 가능한 발전으로』. 한국미래발전연구원.

김종달. 1995. 「국토개발, 에너지 그리고 환경-지속가능한 발전과 에너지정책의 방향」. ≪환경과 생명≫, 봄호, 58~75쪽.

드라이젝, 존(John Dryzek). 2005. 『지구환경정치학 담론』. 정승진 옮김. 서울: 에코리브르.

박진희. 2015. 「재생가능에너지 협동조합의 현황과 과제-에너지 시티즌십의 관점에서」. ≪ECO≫, 제19권 1호, 173~211쪽.

세바, 토니(Tony Seba). 2015. 『에너지혁명 2030: 석유와 자동차 시대의 종말, 전혀 새로운 에너지가 온다』. 박영숙 옮김. 서울: 교보문고.

셰어, 헤르만(Hermann Scheer). 2006. 『에너지 주권』. 배진아 옮김. 서울: 고즈윈.

_____. 2012. 『에너지 명령』. 모명숙 옮김. 서울: 고즈윈.

스밀, 바츨라프(Vaclav Smil) 2008. 『새로운 지구를 위한 에너지 디자인』. 허은영 외 옮김. 서울: 창비.

스크레이지(Ivan Scrase)·매커런(Gordon MacKerron) 2017. 『지속가능한 에너지를 위한 과제: 에너지의 미래』. 이경훈 옮김. 서울: 교보문고(감수: 에너지경제연구원).

심진용. 2014. 11. 28. "아파트 주민들이 전기 아껴서 경비원 임금 올리고 고용 보장". ≪경향신문≫. http://news.khan.co.kr/(검색일: 2018.03.31).

윤순진. 2002. 「지속가능한 발전과 21세기 에너지정책 − 에너지체제 전환의 필요성과 에너지 정책의 바람직한 전환방향」. ≪한국행정학보≫, 제36권 제3호, 147~166쪽.

_____. 2003. 「지속가능한 에너지체제로의 전환을 위한 에너지정책 개선방향 - 재생가능에너지 관련 법·제도에 대한 비판적 검토를 바탕으로」. ≪한국사회와 행정연구≫, 제14권 제1호, 269~299쪽.

_____. 2008. 「한국의 에너지체제와 지속 가능성- 지속 불가능성의 지속에 대한 분석을 중심으로」. ≪경제와 사회≫, 통권 제78호, 12~56쪽.

이정전. 2011. 『환경경제학 이해』. 서울: 박영사.

이태화. 2016. 「파리협정과 도시에너지 전환」. ≪공간과 사회≫, 제26권 1호, 48~78쪽.

이홍균. 2000. 「지속가능한 발전 개념에 대한 비판 - 열린 체계와 닫힌 체계」. ≪한국사회학≫, 제34집 겨울호, 807~831쪽.

임성진. 2009. 「1차 국가에너지기본계획의 문제점 분석: 지속가능한 에너지체제전환의 관점에서」. ≪서석사회과학논총≫, 제2집 제2호, 207~229쪽.

최병두. 1997. 「환경의 근대성과 탈근대성」. ≪공간과 환경≫, 제9권 제0호, 31~73쪽.

_____. 2013. 「대구의 도시에너지전환과 에너지 자립」. ≪한국경제지리학회지≫, 제16권 제4호, 647~669쪽.

Daly, Herman. 1996. *Beyond Growth.* Boston: Beacon Press.

Devine-Wright, Patrick. 2007. "Energy Citizenship: Psychological Aspects of Evolution in Sustainable Energy Technologies." in J. Murphy(ed.). *Governing Technology for Sustainability*, pp.63~86. London: Earthscan.

Dincer, Ibrahim. 2000. "Renewable energy and sustainable development: a crucial review." Renewable and Sustainable Energy Reviews, 4(2), pp.157~175.

Hajer, Maarten, et al. 2015. "Beyond Cockpit-ism: Four Insights to Enhance the Transformative Potential of the Sustainable Development Goals." *Sustainability*, 7(2), pp.1651~1660.

Kuzemko, Caroline et al. 2016. "Governing for sustainable energy system change: Politics, contexts and contingency." *Energy Research & Social Science*, 12, pp.96~105.

Lee, Ki-Hoon. 2015. "Drivers and barriers to energy efficiency management for sustainable development." Sustainable Development. 23(1), pp.16~25.

Lund, Henrik. 2007. "Renewable energy strategies for sustainable development." *Energy*, 32, pp.912~919.

Omer, A.M. 2008. "Energy, environment and sustainable development." *Renewable and Sustainable Energy Reviews*, 12(9), pp.2265~2300.

Raven, Rob. 2007. "Niche accumulation and hybridisation strategies in transition processes towards a sustainable energy system: An assessment of differences and pitfalls." *Energy Policy*, 35, pp.2390~2400.

Rosen M. A. 1996. "The role of energy efficiency in sustainable development" *Tech. Soc.*, 15(4), pp.21~26.

Rosen, Marc & Ibrahim Dincer. 2001. "Exergy as the confluence of energy, environment and sustainable development." *Exergy Int. J.* 1(1), pp.3~13.

United Nations (UN). 2015. "Sustainable Development Goals." https://sustainabledevelopment.un.org/?menu=1300(검색일: 2018.1.23.)

World Commission on Environment and Development(WCED). 1987. *Our Common Future.* London: Oxford University Press.

02

장기 저탄소 발전 전략 수립과
기후 기술 혁신

권세중·김연규

1. 파리협정 이행 노력과 대개도국 협력 확대

1) 파리협정의 발효와 이행을 위한 후속 협상 동향

2015년 12월 197개 유엔 기후변화협약 당사국들은 제21차 기후총회 (COP21)를 개최하고 역사적인 파리협정을 채택하였다. 협약 당사국의 보편적인 참여를 기반으로 하는 파리협정은 신기후체제의 도래를 알리는 신호탄이었다. 비록 선진국과 개도국 간의 구분과 이에 따른 공통의, 그러나 차별적인 책임(common but differentiated responsibility, CBDR) 원칙은 파리협정에서도 원용되었지만, 교토의정서 체제하에서의 부속서1국가와 비부속서1국가 간의 이분법적 구분을 통한 일부 선진국만의 배출 감축 의무 조항은 효력을 상실하였다. 바야흐로 모든 국가가 자발적인 결정과 책임하에 글로벌 기후변화 대응에 나서도록 요청받는 체제가 탄생한 것이다.

〈표 2-1〉주요국의 온실가스 관련 대응 정책 동향

국가	주요 내용	
	2030년 감축 목표(INDC)	에너지 정책 방향
🇺🇸	2005년 대비 26~28% 감축 (목표년도 : 2025년)	▶ 신재생에너지 발전 비중 28% 달성 (2030) * 당초 목표 대비 상향 조정 (6%p↑) ▶ 전기차 100만대 보급 목표 발표 (~2015)

🇨🇳	2005년 대비
	60~65% 감축
	(원단위)
		▶ 태양광 100GW, 풍력 200GW 구축 (~2020)
		  * 2015년 신규 태양광 발전 17.8GW 목표
		▶ 전기차 500만대 보급 (~2020)
		  * 전기차 1,000억 위안(17조원) 예산 투입
		   (2011~2020)

🇯🇵	2013년 대비 26% 감축	▶ 태양광 발전 총 68GW 규모 승인 * 2016년까지 약 52GW 태양광 설비 구축 예상 ▶ 스마트 미터 1,700만대 보급 (~2017)
🇪🇺	1990년 대비 40% 감축	▶ 신재생에너지, 전기차 50억 유로 지원 ▶ 전기차 470만대 보급 (英, 獨, 佛, ~2020)
🇦🇺	2005년 대비 26~28% 감축	▶ 신재생에너지 발전 비중 20% 달성 (2020) ▶ 배출량감축펀드(ERF) 3억 달러 조성 (2018~2019)

파리협정 체결에 앞서 당사국들은 2015년 6월 30일까지 의도된 국가결정기여(INDC)를 유엔 기후변화협약 사무국에 제출하도록 요청받았다. 2018년 12월 기준 195개 서명국 중 184개국이 파리협정을 비준하였으며, 181개국이 최초의 NDC를 제출하였다. 당사국들은 2030년까지의 국내 여건과 능력에 맞게 자발적으로 감축목표를 설정했으며 어떤 분야에서 얼마만큼 감축할지의 여부를 포함하여 온실가스 감축 방식도 다양하게 정하도록 하였다. 주요국의 온실가스 감축 목표와 에너지 정책 방향은 〈표 2-1〉과 같다.

국제사회는 파리협정 체결 이후 충실한 이행을 위한 기후변화 대응 국제 모멘텀을 이어나가면서 조기 발효를 위해 신속하게 움직였다. 미국과 중국은 2016년 8월 항저우 개최 G20 정상회의 계기 파리협정 비준서를 기탁하였으며, EU와 인도, 남아공, 브라질 등을 필두로 많은 나라들의 비준이 이어지면서 예상보다 빠른 같은 해 11월 4일 발효할 수 있었다. 이에 따라 제22차 기후총회 계기 제1차 파리협정 당사국회의(CMA1)가 모로코 마라케시에서 개최되었다. 그러나 예상보다 조기에 파리협정이 발효되어 막상 파리협정 당사국 회의에서는 다루어야 할 의제에 대한 준비가 되어 있지 않았다. 이에 따라 CMA1에서는 절차적 협의만 이루어졌으며 파리협정 이행을 위한 세부 규칙을 2018년 개최되는 제24차 기후총회(COP24) 시까지 완료하라는 결정만 내렸다.

그러나 마라케시 기후총회 개막 다음 날 미국에서 반(反)기후론자로 알려진 트럼프 대통령 당선으로 기후변화체제는 도전을 받게 되었다. 마라케시에서 각국 정상이 서명한 기후변화 성명[1]은 각국이 기후변화에 긴급히 대응해야 할 의무가 있다고 전제하고 파리협정이 불가역적이며 파리협정 이행을 위한 글로벌 기후행동의 실천을 역설했다. 그러나 새로운 미국 행정부의 정책 방향은 반(反)오바마 노선을 명확히 하였다. 미국 트럼프 대통령은 결국 2017년 6월 1일부로 미국은 파리협정을 탈퇴할 것이라고 하면서 미국 정부가 약속한 파리협정상 자발적 감축 공약을 이행하지 않을 것이며 녹색기후기금(GCF)에 대한 재정 공여도 중단하겠다고 선언하였다. 미국의 이러한 일방적 조치로 전 세계에 파리협정 체제를 포함한 기후변화체제 전반에 대한 우려가 이어졌다. 파리협정으로 다자주의에 대한 믿음이 회복되는 경향을 보였으나 미 트럼프 대통령의 선언은 다자

---

1   Marrakech Action Proclamation for Our Climate and Sustainable Development.

주의에 대한 불신과 타격을 안겨주었고 선진국의 지원을 전제로 파리협정 이행을 공약한 많은 개도국 정부에게 이행의 고삐를 느슨하게 할 가능성과 여지를 높여주었다.

비록 EU가 미국이 빠진 빈자리를 메우려 하고 중국도 파리협정 준수를 강조하였지만 당분간 국제적인 기후변화 리더십의 약화는 불가피해 보인다. 2017년 7월 독일 함부르크에서 개최된 G20 정상회의는 1대 19의 구도로 나뉘면서 단합된 공조를 이끌어내지 못했다. 다만, 미국 국내적으로는 뉴욕, LA, 시카고 등 '기후 시장들(Climate Mayors)' 소속 187개 도시 시장들이 파리협정 이행 의지를 표명하는 등 각 주정부와 도시 등 비국가행위자들의 파리협정의 동력을 살려가려는 움직임은 활발히 전개되었다.

개도국들을 대표하는 G77+중국의 동향과 관련해서는 대체적으로 파리협정의 이행을 강조하는 분위기를 이어갔으나 소협상그룹별로 온도 차도 보였다. 군소도서국연합(AOSIS)이나 최빈개도국그룹(LDC) 등 기후변화의 피해를 많이 받는 국가들은 파리협정의 이행에 적극적인 행동을 요구하고 있으며, 강성그룹인 유사개도국그룹(LMDC) 등은 선진국과 개도국 간 차별화를 강조하고 선진국의 개도국에 대한 재정 및 기술 지원과 역량 배양이 선행되어야 함을 주장하였다. 중국은 강화된 리더십을 요구받고 있으나 선제적인 기후변화 대응 조치를 취하기보다는 개도국의 입장에서 여타 개도국을 대변하고 개도국으로서의 자신의 역할과 책임을 다하겠다는 입장이다. 결국 개도국 내 분화와 차별화로 역할과 기능 배분에 있어 이전보다 녹록지 않은 상황이 전개되고 있어 파리협정 이행을 위한 후속 협상도 더 큰 도전에 처하게 되었다.

한편, 마라케시 기후총회에서 2018년 말 제24차 기후총회(COP24) 시까지 세부 규칙을 완료한다는 목표를 세운 이래 2017년 5월 독일 본에서 개최된 부속기구회의를 계기로 처음으로 본격적인 협상이 개시되어 협상

그룹 및 국가별로 치열한 탐색전이 전개되었다. 각국은 기후 대응에 있어 각자의 사정과 관심을 반영하기 위해 팽팽한 줄다리기를 진행하면서 대립하였고 결국 회의는 대체적인 목차와 골격만 합의한 채 결과문서도 결의문 형태가 아닌 비공식 노트(informal note) 형태로 채택되었다.

파리협정 체결 시의 타협 분위기와 달리 파리협정 이행 세칙을 마련하는 데 있어 국가 간의 구심력보다 원심력이 더 작용하였다. 이러한 이유로는 크게 세 가지를 들 수 있다.

첫째, 보편적인 신기후체제를 만들어간다는 파리협정 체결이라는 글로벌 대의를 위해 각국은 장기간의 협상과 조정을 통해 공식 및 비공식 협의체를 거치며 어느 정도의 양보를 할 의지를 보였다. 그러나 파리협정이 체결되고 이를 이행할 수 있는 세부적인 규칙에 대한 협상에 돌입하자 각국은 글로벌 대의보다는 파리협정을 실제로 이행하면서 나타날 국내 영향에 보다 더 관심을 가지게 되었다. 특히 개도국으로서는 선진국들이 얼마나 많은 재정과 기술이전을 제공할 것인지가 중요했다.

둘째, 기후변화로 인한 영향과 피해가 국가별로 상이하고 특히 저개발국일수록 취약한 상황에 놓여 있어 개도국 협상그룹에 있어서도 분화와 분절 현상이 보다 분명하게 드러났다. 개도국 협상그룹 간 분화현상은 기후변화 협상의 동력과 복잡성을 더해 주었다. 그러다 보니 각국은 자국 이익의 향방에 보다 민감하게 반응하게 되었다.

셋째, 미국 트럼프 대통령의 반기후변화 정책 등으로 인한 다자협력에 대한 우려이다. 미국 트럼프 정부의 정책이 기후변화 협력에 결정적 타격을 가하지는 않았지만 기후변화에 소극적인 개도국들에게 힘을 넣어주면서 협력 분위기를 저해하는 발언이 나오기도 하였다. 특히 사우디와 터키는 기후변화 대응을 위한 동력 확보에 소극적인 입장을 피력하기도 하였다.

그렇긴 해도 2018년까지 이어지는 협상의 여정을 시작한 단계에서 기선 싸움은 불가피한 측면이 있다. 그리고 파리협정의 문구를 놓고도 해석과 입장이 다르기 때문에 충분히 의견을 교환하고 상호 입장을 충분히 이해할 필요가 있다. 기후변화협약이 체결된 이래 파리협정에 이르기까지 준용되고 있는 원칙인 '공통의 그러나 차별적인 책임(CBDR)'에 대해서도 선진국과 개도국 간, 그리고 국가 간에도 해석이 다양하다. 그리고 각종 세부 협상 이슈에 이 원칙을 어떻게 적용할지 여부에 대해서도 천양지차이다. 그리고 후속 이행규칙 적용에 있어서 선진국과 개도국 간 차별화를 어떤 방식으로 할 것인지에 대해서도 이견이 해소되지 않고 있다. 이런 인식차는 향후 이어지는 파리협정 이행 후속협상에서 감축, 투명성, 시장 메커니즘 등 민감한 이슈를 둘러싸고 다시 한번 치열한 격돌을 예고하고 있다.

선진국과 개도국 간 의제별로 이견과 대립이 해소되지 않은 상황에서 폴란드 카토비체에서 개최된 제24차 기후변화협약 당사국총회(COP24)는 폐막일을 연장하면서 마라톤 회의를 거친 진통 끝에 파리협정 이행규정(rulebook)을 채택했다. 이로써 2016년 마라케시 총회(COP23)에서 3년 기한으로 파리협정 이행규정을 마련하라고 결정한 마감 시한을 지킬 수 있게 되었다. 비록 온실가스 산정 기준과 기후 재원에 대한 주요 부분은 추가로 협의해야 하지만 미국이 기후협상의 발목을 잡던 사우디와 러시아와 동조하는 기이한 현상 속에서 200개에 가까운 회원국들이 이행규정에 합의한 것은 의미가 깊다고 할 수 있다.

190여 국가가 벌이는 기후변화협상에서 각자의 입장을 이해하는 데도 수많은 시간과 인내가 필요하다. 많은 나라가 모여 각자의 입장을 피력하다 보면 다소 시간 낭비 같아 보이고 효율성이 떨어지는 측면이 분명히 있다. 그러나 각국이 벌이는 설전의 양상은 기술적 협상을 통해 상대방의 입장을 좀 더 명확하게 이해하도록 함으로써 추후 문안 협상에서 타협안을 이끌어내는 토대가 되어 말싸움을 반드시 부정적으로만 볼 수도 없다.

2) 한국의 온실가스 감축 목표

한국의 2016년도 국가 온실가스 총배출량은 694.1백만 톤으로 전년 692.9백만 톤 대비 0.2% 증가했다.[2] 온실가스 배출이 증가한 주요 원인은 저유가 상황에서 도로 수송 연료 소비량 및 석유제품 생산이 증가한 데 있다. 한편, 한국의 온실가스 배출 최고치는 2013년 696.7백만 톤이었는데, 2014년에는 690.9백만 톤을 배출하여 전년도 대비 0.8% 감소한 바 있다. 순배출량 역시 648.1백만 톤으로 전년 653.8백만 톤 대비 감소세를 보였다. 2014년 온실가스 배출량이 감소한 주요 요인으로는 2012년 시설 점검으로 인해 감소한 원전 발전량이 회복되어 화력 발전량이 전년 대비 약 6.9% 감소하였고, 가축 사육 두수 및 소각량의 감소, 온실가스 감축 정책 등이 복합적으로 작용했기 때문으로 해석된다.[3] 에너지 부문 배출량은 599.3백만 톤으로 전체 배출량의 86.7%를 차지하며 산업공정 부문까지 합할 경우 전체 배출량의 94.7%를 차지하고 있다.[4]

특히 2014년 한국의 경제 성장률이 3.3% 성장한 데 비해 온실가스 배출량이 0.8% 감소한 것은 상당히 의미가 있다고 볼 수 있다. 이러한 경제성장과 온실가스 배출 간의 비동조화(decoupling) 추세가 장기적으로 이어질지 여부는 현시점에서 확언할 수 없다. 그러나 적어도 온실가스 배출이 정점고지(peaking plateau)에 정체해 있거나 하향 추세를 그릴 가능성도 배제할 수 없다. 당초 2030 온실가스 감축 목표 작성 시 어떤 정책적 조치도 취하지 않을 경우 향후 한국의 배출 전망치가 2030년까지 일정 부분 지속적

2　여기서 a온실가스 배출량 단위를 표시하는 톤은 이산화탄소 환산톤($tCO_2eq.$)을 뜻한다.
3　온실가스종합정보센터, 『2016 국가 온실가스 인벤토리 보고서』.
4　분야별 국가 온실가스 인벤토리(1990~2014), 온실가스종합정보센터 홈페이지(www.gir.go.kr) 참조.

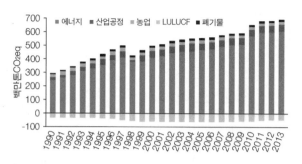

〈그림 2-1〉 한국 온실가스 배출량 추이(1990~2013)

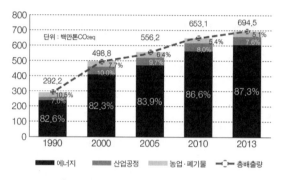

자료: 온실가스종합정보센터, 『2015 국가 온실가스 인벤토리 보고서』.

으로 증가할 것으로 전망한 것에 비해 온실가스 배출량이 실질적으로 감
소한 것은 한국의 온실가스 감축 노력을 인정받는 근거가 될 수 있다.

한편, 한국의 2030년 배출 전망치는 851백만 톤으로서 이 중 에너지 부
문은 739만 톤으로 총 배출량의 87%를 차지하고 있으며, 전망 기간 중에
연평균 1.32% 증가하는 것으로 추정되었다. 이에 비해 비에너지 부문은
112백만 톤으로 총 배출의 13%를 차지하며, 전망 기간 중 연평균 1.43%
증가할 것으로 전망되었다.

이러한 전망치에 근거하여 우리 정부는 우리의 감축 여력과 GDP 등 거
시경제에 미치는 효과, 국제적 요구 수준 등을 종합적으로 고려하여 4개

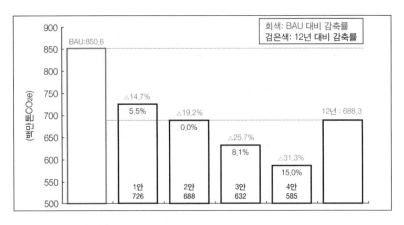

자료: 관계부처 합동, 기후변화대응계획(2016.12).

감축 목표 시나리오를 마련하였다.[5]

- 제1안: BAU 대비 14.7% 감축(감축 후 배출량 726백만 톤, 2012년 대비 △ 5.5%)

- 제2안: BAU 대비 19.2% 감축(감축 후 배출량 688백만 톤, 2012년 대비 0%)

- 제3안: BAU 대비 25.7% 감축(감축 후 배출량 632백만 톤, 2012년 대비 △ 8.1%)

- 제4안: BAU 대비 31.3% 감축(감축 후 배출량 585백만 톤, 2012년 대비 △ 15.0%)

그런데 문제는 어느 방안도 2009년 우리 정부가 대외적으로 공표한 2020 감축 목표 이행경로보다 후퇴하고 있다는 점이다. 대내외적인 압력

---

5 관계부처 합동 보도자료, "정부, 2030 온실가스 감축목표안 제시"(2015.6.11).

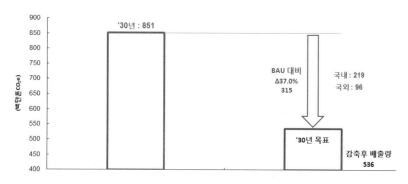

〈그림 2-3〉 한국 2030 온실가스 감축목표

자료: 관계부처 합동,『기후변화대응계획』(2016.12).

요인 등을 감안하여 우리 정부는 결국 3안을 바탕으로 하여 2030년 배출
전망치(BAU) 대비 37%를 감축한다는 목표를 세우고 부족한 11.3%는 해
외 감축을 통해 달성한다는 계획을 추가하였다.

한편, 우리 정부는 2015년 6월에 우리의 감축 목표를 담은 의도된 국가
결정기여(INDC)를 유엔기후변화협약 사무국에 제출하였다. 파리협정 체
결 1년 뒤인 2016년 12월에 한국은 파리협정 이행을 위해 '기후변화대응
계획'과 '2030년 국가온실가스감축 기본로드맵'을 마련하였다. 기후변화
대응계획은 ① 저탄소 에너지정책으로의 전환, ② 탄소시장 활용을 통한
비용효과적 감축, ③ 기후변화대응 신산업 육성 및 신기술 연구투자 확대,
④ 이상기후에 안전한 사회 구현, ⑤ 탄소 흡수 및 자원 순환 기능 증진,
⑥ 신기후체제 대응을 위한 국제협력 강화, ⑦ 범정부적 실천 기반 마련
등 7개 정책 방향에 대한 구상을 담았다.

6 관계부처 합동,『기후변화대응기본계획』, 2016년 12월.

<표 2-2> 한국 2030 온실가스 부문별 감축량　(단위 : 백만 톤)

부문	2030 BAU	2030년 감축목표	
		감축률**	감축량
산업	481	11.7%	56.4
수송	105.1	24.6%	25.9
건물	197.2	18.1%	35.8
농축산	20.7	4.8%	1
폐기물	15.5	23.0%	3.6
공공기타	21	15.8%	3.6
6대 부문 총계		14.8%	126.3
전환		7.6%	64.5
에너지신산업	851*	3.3%	28.2
국내 감축		25.7%	219
국외 감축		11.3%	96

* 배출량 총계(851백만 톤)은 공정배출, 가스제조 등으로 인한 배출량(약 2백만 톤) 및 탈루배출량(약 8.4백만 톤)이 추가된 수치임.

** 6대 부문은 2030년 부문별 BAU 대비 감축률, 전환·에너지신산업 부문은 2030년 전체 BAU 대비 감축률로 표기.[6]

자료: 관계부처 합동, 『기후변화대응계획』(2016.12).

2030년 국가온실가스감축 기본 로드맵은 기후변화 대응 계획에 따라 달성해야 할 온실가스 감축 목표를 어떻게 이행할지에 대한 부문별 방안을 기술하고 있다. 감축 분야는 크게 국내 감축과 해외 감축으로 나뉘어 있는데 국내에서 8개 부문에서 219백만 톤(25.7%)을 감축하고, 해외에서 96백만 톤(11.3%)을 감축한다는 것이다.

국내 감축을 위한 8개 부문을 세분해보면, 전환(발전) 부문에서 가장 많은 64.5백만 톤을 감축(감축률 19.4%)하고 산업 부문은 56.4백만 톤을 감축(감축률 11.7%)하며, 건물 부문은 35.8백만 톤을 감축(감축률 18.1%)할 계획이다. 에너지 신산업 부문은 26.2백만 톤을 감축하며 수송 부문은 25.9백만 톤을 감축하고(감축률 24.6%), 공공/기타 부문과 폐기물 부문은 각각 3.6백만 톤을 감축(17.3%와 23%)하되 농축산 부문은 1.0백만 톤을 감축(감축률

4.8%)하도록 하였다.

그러나 2016년 12월에 마련한 기후변화대응계획과 2030 국가 온실가스 감축 기본 로드맵은 과도한 국외 감축량 할당으로 감축 수단과 예산 확보에 대한 우려가 제기되고, 무엇보다 에너지 전환 및 국내 온실가스 감축 노력 강화에 대한 의지를 반영할 필요가 있어 한국 정부는 2018년 6월 수정 보완된 로드맵을 발표하였다. 수정안의 기본 내용은 한국의 온실가스 감축 목표인 배출전망치(BAU) 대비 37% 수준인 536백만 톤을 유지하되 국내 및 국외의 감축분 구분을 없애고 국내 감축 비중을 확대하기로 하였다. 이에 따라 국내 감축분이 25.7%에서 최대 32.5%까지 확대되어 배출량 규모도 632백만 톤에서 574.3백만 톤으로 줄어들게 되었다. 잔여 감축량(4.5%)은 산림 흡수원, 개도국 등과의 해외 감축 사업 등을 통해 달성하기로 하였다.

한편, 해외 감축과 관련해 국제시장메커니즘(International Market Mechanism, IMM)과 개도국과의 양자협력사업 등을 통해 감축한다는 계획이다. 그러나 국제시장메커니즘을 통한 해외 감축은 시장을 규정한 파리협정 6조상의 국제협상 동향, 글로벌 시장 논의 전개 방향, 사업 발굴 및 재원 조달 여부 등 여러 변수를 고려해야 한다.

파리협정 체결을 앞두고 우리 정부가 마련한 2030 온실가스 감축목표 설정 과정에서는 여러 아쉬움이 남아 있다. 가장 큰 문제는 전문가와 이해관계자들이 충분히 납득할 만한 공론화 과정을 거치지 않았다는 것이다. 녹색성장위원회 → 차관회의 → 국무회의라는 형식적인 절차를 거치고 공청회 등의 단계를 밟았음에도 최종적 정책결정 과정은 상향식이라기보다 하향식으로 이루어졌다. 37% 목표 수치는 당초 실무선에서 준비한 4개의 옵션에 포함되어 있지 않은 것으로서 하향식으로 정한 목표에 맞추어 부문별 이행 방안을 수립하다 보니 국내 부문 간 및 국내와 해외 부문

간 감축 부담 배분 구조를 심층적으로 고려할 수 없었다.

또한 37%의 목표 중 국내 감축분을 차지하고 있는 25.7%(3안) 수치 달성에 있어 산업, 발전, 교통 등 부문별 저감 정책과 함께 원자력 비중 확대, CCS 도입·상용화, 그린카 보급 등 막대한 비용이 수반되는 감축수단 적용을 전제로 하고 있다. 따라서 문재인 정부가 추진하고 있는 신기후체제하 에너지 전환과정에서 별도의 대책이 없는 한 국내적인 감축 계획 달성이 여의치 않을 수 있다. 이러한 문제는 국내 산업 부문을 12% 이내로 제한한 것과 깊은 관련이 있다. 고비용 고배출의 에너지 다소비 위주의 국내 산업 부문은 여타 부문에 비해 상대적으로 배출량이 많음에도 불구하고 감축량 배분에서 일종의 특혜를 받은 셈이다. 이러한 상황에서 우리의 NDC 달성을 위해 국내 산업의 감축 여력을 크게 증대해야 하며 이는 수정된 온실가스 감축 로드맵에 반영되어 있다. 문제는 어떻게 산업계에 일관된 정책 신호를 주면서 기술 혁신과 산업 구조 개편을 원만하게 이끌어내고 재설정한 온실가스 감축 목표를 실현하느냐이다.

한국이 제출한 의도된 국가결정기여와 관련, 파리협정 발효로 인해 국가결정기여로 확정되었다. 향후 2020년까지 확정된 NDC를 그대로 제출하거나 업데이트해서 낼 수 있는데 업데이트를 검토할 필요가 있다. 이 과정에서 한국 NDC상의 목표 설정과 이행 방안이 우리의 국가 위상과 능력에 맞게 적절하게 이루어졌는지, 그 수준이 기후변화 대응에 효과적이며 실행 가능한 것인지, 우리가 취하고 있는 목표 달성을 위한 이행 시스템과 방안이 적절한지 등에 대해 원점에서 재차 점검하는 것이 필요하다.

NDC 목표와 이행 방안에 대한 재검토는 크게 세 가지로 나누어볼 수 있다. 첫째로 NDC 유형과 관련하여 배출전망치(BAU)를 절대량 목표(ab-solute target)로 변경할지 여부이다. 파리협정은 NDC 유형을 각국이 자율적으로 정하도록 하고 있으나 경제 전반에 걸친 절대량 방식을 권장하고 있으며 절대량 목표치 채택은 보다 야심차고 진전된 것으로 평가받을 수 있다. EU 등 선진국 전문가들은 한국의 경제 여건과 수준을 감안할 때 절대치로 목표를 설정해야 한다고 조언하고 있다. 다만 절대치로 수정할 경우 한국이 부속서1국가나 선진국 대열에 진입한다는 인상을 주지 않도록 분리 대응하는 것이 바람직하다.

한국의 배출전망치 산정 방식이 우리의 인구증가율이나 경제성장률 등을 감안하여 전망 기간 내 1.32% 배출량이 증가할 것이라고 전망하였으므로 일정 부분 신축성을 둔 것으로 볼 수 있다. 따라서 배출전망치 자체를 재산정하여 조정하면 더 불리할 수 있으므로 절대량 기준을 채택하는 것이 목표치 달성에 유리할 수 있다. 또한 절대량 목표를 채택한다 하더라도 배출전망치에 해당하는 추정치를 이미 대외적으로 발표한 바 있어 추가적인 절대량 수치 발굴을 위해 노력을 기울일 필요가 없다.

다만, 이 경우 기준 연도를 어떻게 잡을지에 대해 논란이 있을 수 있다. 그러나 EU와 미국, 일본 등의 예를 보더라도 대체적으로 정점을 찍었을 것으로 추정되거나 자국의 사정상 가장 유리한 연도를 기준 연도로 삼은 것을 참고할 필요가 있다. EU에는 이미 와해된 동유럽 국가들의 경제가 편입되기 시작하는 1990년을, 미국은 금융위기 이전 경제가 호황을 누리던 2005년을, 일본은 2011년 동일본 대지진 이후 경제에 어려움이 가중되고 원전 가동이 중지되어 온실가스 배출이 증가한 2013년을 기준 연도로 삼았다. 한국의 경우 정점 고지 현상을 보이는 2013년을 기준 연도로 하여 2030년 목표 연도 감축량인 536백만 톤 배출을 달성할 경우 23% 가량 감축한 것으로 인정받을 수 있다. 2013년 대비 2030년까지 온실가스 23% 감축 목표는 여타 선진국들과 비교해도 뒤지지 않는 수치이다.

두 번째로는 단일 연도 목표인지 다년도 목표인지 여부와 관련해 일정한 합의를 이룰 필요가 있다. 우리 정부가 추정한 2030년 배출 전망치는

850.6백만 톤인데 이 중 315백만 톤가량을 줄여야만 한다. 그런데 2030년까지 줄이게 되는 3억여 톤 감축은 2030년 단년도에 해당하는 목표치로서 단년도 목표만 고집할 경우 파리협정 이행 의지를 의심받을 여지가 있다.

한국이 기후변화 협상에서 단년도 목표를 염두에 두고 협상에 임하고 있으나 기후변화협상에 있어 단년도와 다년도 목표 설정과 그 이행에 있어 기술적인 부분까지 의제목록에 오를 수 있다. 불가피하게 단년도 목표를 최종적으로 재확인하더라도 목표 연도에 이르는 기간 중 온실가스 배출에 대한 시나리오를 마련하여 이행 노력을 기울여야 한다. 2020년 NDC 업데이트 시 구체 이행 로드맵 관련 세세한 부분에 이르기까지 국내 전문가와 이해관계자 간 공감을 확대할 필요가 있다.

파리협정이 본격 가동할 것으로 예상되는 2021년부터 2030년까지의 이행경로를 감안한 목표를 설정할 경우 우리의 부담은 상당히 가중될 수밖에 없다. 어떤 경로를 택하여 2030년 목표를 달성할 것인지, 이 경우 어느 정도의 부담을 질 것인지에 대해 정부 부처 내에서도 논의가 더 필요하다. 국제사회에서도 한국이 어떤 방식으로 2030년까지의 감축 경로를 그리며 목표치를 도달할지 주목하고 있어 내부적인 목표 설정과 대외적인 홍보 부문에 있어 세심한 주의와 관리가 요구된다.

세 번째로는 해외 감축 등 시장 메커니즘 활용 여부 및 활용할 경우 어느 정도의 수준에서 얼마만큼 활용할지 여부이다. 한국의 INDC에는 시장 메커니즘을 통한 온실가스 감축을 얼마나 달성할지 기술하지 않고 단지 '부분적으로' 활용한다는 계획을 담았다. 그러나 국내적으로 온실가스 감축 목표를 설정하면서 11.3%에 해당하는 온실가스 감축량을 해외 시장을 통해 확보한다는 매우 야심찬 계획을 내보였다. 목표 연도인 2030년도에 확대된 국내 감축량(32.5%)을 제외하더라도 4.5%에 해당하는 38.3백만 톤을 산림 흡수원이나 해외 감축을 통해서 목표를 달성해야 한다. 산림 흡수원은 방법론을 포함한 기술적 세부 사항에 더욱 신경을 써야 하고, 우리 정부나 기업의 해외 감축 사업의 경우에도 국제 배출권 시장의 활용 가능성을 염두에 두고 파리협정 제6조하의 시장메커니즘 협상과 배출권 시장 운영에 신중하게 임해야 한다.

그러나 현 단계에서 해외 시장이 어떻게 형성될지 매우 불확실하고 경우에 따라서는 막대한 국부 유출이라고 비난 받을 우려가 있어 정치적으로도 민감할 수밖에 없다. 따라서 해외 감축의 달성에 대해 조건부 목표로 변경하는 방안을 긍정적으로 검토할 필요가 있다. 이와 관련, 멕시코가 제출한 INDC를 참고할 필요가 있다.[7] 우리는 대외적으로는 해외 감축을 통해 달성하고자 하는 구체적인 목표치를 밝히기보다 NDC 달성을 위해 해외 감축도 활용할 수 있다는 정도로만 입장을 밝히는 것이 바람직하다. 실제로 시장 메커니즘 활용 여부는 파리협정 세부이행 규칙과 국제 배출권 거래시장 동향, 사업 발굴 능력, 배출권 구입을 위한 재원 조달 등 여러 상황에 따라 달라질 수밖에 없다. 따라서 해외 시장을 통한 온실가스 감축 달성에 있어 다양한 시장적 기제를 통해 노력한다는 모습을 보이되 사실상 국내 감축분을 통해 목표를 달성하려는 노력을 배가해야 한다.

3) 정정당당한 기후변화협상과 대개도국 기후대응 지원 협력 확대

기후변화 협상에서 우리가 글로벌 기후변화에 기여하면서 국내적으로 설득력 있는 협상 전략을 마련하는 것이 필요하다. 유엔 기후변화협약상 역사적 책임이 없는 비부속서1국가인 우리의 경우 당분간 개도국 입장과

---

7   멕시코는 2030년 BAU 대비 25%를 무조건 감축한다는 계획이며, 글로벌 차원의 탄소가격과 국경세 조정, 기술협력, 저리의 재정자원에의 접근과 기술이전 등의 조건이 충족될 경우 40% 감축하겠다는 목표를 유엔 기후변화사무국에 제출했다.

마인드를 벗어날 수는 없다. 공통의 차별적인 책임(CBDR) 원칙하에 협상에 임하되 미래에 대한 책임을 공유하는 국가로서 우리의 능력에 맞는 이행 노력을 보여야 한다. 개별 이슈에서도 건설적이고 창의적인 제안을 통해 협상의 방향을 끌어가고 이슈를 선점하는 노력을 전개해 우리의 위상을 제고하고 국제 협상무대에서의 정당성을 확보하는 것이 바람직하다.

정정당당한 협상은 우리의 능력과 마인드가 일치되고 국내외적으로 설득력 있는 입장을 취할 때 가능하다. 협상에서의 주장과 국내에서의 노력이 따로 가면 정정당당하게 협상에 임하기 어렵다. 특히 국내 저탄소 경제 전환이나 에너지 전환에 있어 협상에 힘이 실릴 수 있도록 보조를 맞추는 것이 바람직하다. 그렇다고 해서 협상을 위해 인위적으로 국내 조치를 취할 필요는 없지만 적어도 국제사회의 동향을 감안하여 우리의 경제와 산업구조를 바꾸고 저탄소로 체질을 개선하여 성장 동력을 동시에 육성해나가야 한다. 이렇게 국내 정책 전환을 착실히 이루어갈 때 협상장에서의 우리의 위상이 제고되고 국익을 증대할 수 있다.

파리협정 이행을 위한 전향적 입장을 마련하는 것 못지않게 중요한 것이 개도국에 대한 지원 문제이다. 대부분의 많은 개도국들은 파리협정 이행을 위한 재원과 기술, 역량이 부족하다. 조건부로 이행하겠다는 국가들은 외부의 지원을 염두에 두고 NDC를 제출하였다. 미국이 파리협정 탈퇴를 선언하고 녹색기후기금(GCF)에 대한 지원을 철회한 마당에서 개도국들의 이행 의지는 약화될 가능성이 커졌다.

한국이 설정한 온실가스 감축 목표 중 해외 감축을 부분적으로 활용한다고 할 때 두 가지의 여건을 조성해야 한다. 첫째, 해외에 온실가스 감축 잠재력을 가진 개도국과 파트너십을 형성해야 한다. 둘째, 해외 온실가스 배출권을 가져오거나 거래할 수 있는 제도적 장치나 시장이 존재해야 한다. 즉, 한국 온실가스 감축 목표를 이행하는 데 도움이 되는 국가와 시장과 거래 규칙이 존재해야 하는 것이다.

시장 메커니즘은 통상 탄소시장을 지칭하는데 이는 탄소세 부과나 배출권거래시장으로 구분된다. 한국의 경우 세금에 대한 저항도 클뿐더러 세금 인상이 정치적인 부담도 있어 배출권거래시장을 통해 시장메커니즘을 운영하고 있다. 따라서 우리의 NDC 이행에 있어 국내적으로는 배출권거래소를 안정적으로 운영함으로써 국내적 감축에 실질적으로 기여하도록 할 계획이다.

국내 배출권 거래시장 이외에 해외 감축을 이행하기 위해서는 해외에서의 감축사업 이행이 필수적이라 할 수 있다. 특히 일본의 경우 공동인증메커니즘(Joint Credit Mechanism, JCM)을 통해 17개 개도국을 대상으로 감축사업을 진행하고 있다. 일본은 2030년까지 JCM을 통해 5천만 톤에서 1억톤의 온실가스 감축을 이행하여 자국의 국가결정기여 달성에 활용할 계획을 갖고 있다.

파리협정 이행을 위해서는 우리의 목표 수행과 함께 대개도국 협력이 긴요하다. 실제로 파리협정 제6조 2항은 국가 간 협력적 접근(cooperative approach)을 장려하고 있다. 선진국이나 역량 있는 국가가 그렇지 못한 국가들에게 지원하거나 상호 협력하는 것도 권장하고 있다. 한국의 경우 개도국과의 기후변화 대응을 위한 양자 간 포괄적 파트너십을 구축하고자하며 이를 통해 파리협정 이행을 위한 파트너십을 다져나가는 것이 필요하다.

감축 여력이 비교적 큰 주요 개도국과의 협력은 개도국의 NDC 이행을 지원하면서 우리가 계획하고 있는 해외 감축사업을 수행해나갈 수 있는 포괄적 협력의 플랫폼이 될 수 있다. 이러한 과정에서 우리 정부 및 지자체가 해당 개도국과 추진하고 있는 사업을 효율적으로 정비할 수 있다. 또한 한국의 친환경 기업을 참여시키도록 하고 국제기구 등과의 다자협력채널을 통해 상호 윈윈 협력을 만들어나갈 수 있다.

<표 2-3> 기후변화 관련 기본계획 비교표

구분	기후변화대응 기본계획	녹색성장 5개년 계획	배출권거래제 기본계획	에너지 기본계획	기후변화대응 적응대책
현행	1차(2016년) (2017~2022)	2차(2014.6) (2014~2018)	1차(2014.1) (2015~2024) ※ 2차 수립 중	2차(2014.1) (2014~2035)	2차(2015.12) (2016~2020)
근거 법령	저탄소녹색성장 기본법 제40조	저탄소녹색성장 기본법 제9조	온실가스배출권의 할당 및 거래에 관한 법률 제4조	저탄소녹색성장 기본법 제41조	저탄소녹색성장 기본법 제48조
계획 기간	계획기간 20년, 매 5년마다 수립	2050년까지 매 5년마다 수립	10년 단위로 매 5년마다 수립	계획기간 20년, 매 5년마다 수립	5년 단위로 수립
주체	국무조정실	국무조정실	기획재정부	산업통상자원부	환경부
내용	· 국내외 기후변화 경향 및 미래 전망과 대기 중의 온실가스 농도 변화 · 온실가스 배출·흡수 현황 및 전망 · 온실가스 배출 중장기 감축 목표 설정 및 부문별·단계별 대책 · 기후변화의 감시·취약성 평가 등 적응 대책 · 기후변화대응 연구개발, 국제 협력, 인력 양성 등	· 효율적 온실가스 감축 · 탈석유·에너지 자립 강화 · 기후변화 적응 역량 강화 · 녹색기술개발 및 성장동력화 · 산업의 녹색화, 녹색산업 육성 · 산업구조의 고도화 · 녹색경제 기반 조성, 녹색 국토·교통 조성 · 생활의 녹색혁명	· 국내외 현황 및 전망 · 배출권거래제 운영 기본방향 · 배출권 거래제 계획기간 운영 · 경제성장과 부문별·업종별 신규 투자 및 시설 확장 등에 따른 온실가스 배출 전망 · 국제 탄소시장과의 연계 방안, 국내산업 지원대책, 국제협력, 재원조달, 교육 등	· 국내외 에너지 수요·공급의 추이 및 전망 · 에너지의 안정적 확보, 도입·공급 및 관리대책 · 에너지 수요 목표, 에너지원 구성, 에너지 절약 및 에너지 이용 효율 향상에 관한 사항 · 친환경적 에너지의 공급 및 사용 대책 · 에너지 안전 관리 대책 · 에너지 관련 기술개발·보급, 인력 양성, 국제 협력 등	· 기후변화에 대한 감시·예측·제공· 활용 능력 향상 · 기후변화 영향, 취약성 평가, 적응 대책 · 취약계층·지역 등의 재해 예방 · 적응을 위한 국제협약 등

파리협정의 충실한 이행을 위한 국내온실가스 감축 노력에 기반한 당당한 기후변화협상과 기후와 에너지 통합적 고려, 녹색산업의 개발, 개도국 협력 확대는 한국 기후변화외교 2.0이 추구해야 하는 방향이다.

2. 저탄소 발전 전략

1) 에너지 전환과 장기 저탄소 발전 전략 수립

파리협정은 산업화 이전 대비 지구 평균기온 상승을 2℃ 이하로 유지하는 것을 목표로 하고 있으며 1.5℃까지 억제할 수 있도록 노력할 것을 요구하고 있다. 아울러 금세기 중반까지 지구상의 탄소 배출과 흡수가 같은 수준인 탄소중립(Carbon Neutrality)에 도달하도록 하여 궁극적으로는 저탄소 사회 구현을 목표로 한다. 이를 위해 각 회원국은 5년마다 제출하는 국가결정기여(NDC) 제출과 별도로 2030 온실가스 감축로드맵을 작성토록 하였으며, 2050년경에 탄소 중립을 달성토록 한다는 차원에서 장기 저탄소 발전전략(mid-century long-term low greenhouse gas emission development strategy)을 마련하도록 하였다.

즉, 파리협정은 저탄소 발전전략 마련과 관련하여 모든 국가를 대상으로 하고 2050년을 목표 연도로 정했으며, 2020년 이전에 제출토록 하여 수립 대상과 기한, 목표 연도 등을 구체화하였다. 다만, 장기 저탄소 발전전략의 수립은 모든 당사국의 의무 사항이라기보다는 권고 사항으로 보는 것이 타당하다.[8]

유엔 기후변화협상 무대에서 저탄소 발전전략에 대한 의제가 등장한 것은 2008년 개최된 장기협력행동 특별작업반(AWG-LCA)[9]에서였다. 당시 EU는 기후변화 대응을 위한 전 지구적 노력을 높여나가는 방안으로 저탄소 경로에 관한 정보를 제공하는 것이 중요하다고 강조하면서 이를 의제

---

8   파리협정 제4조 19항은 "All Parties should strive to formulate and communicate long-term low greenhouse gas emission development strategies……"라고 규정하고 있다.
9   Ad-hoc Working Group on Long-term Cooperative Action under the Convention.

화하였다. 이후 2009년 '코펜하겐 합의(Copenhagen Accord)'에 저탄소 발전 전략이 지속 가능 발전을 위해 필수 불가결하다는 것이 명시되었고, 이후에도 지속적인 논의를 거쳐 결국 파리협정 제4조 19항과 결정문 35항에 반영되었다.

장기 저탄소 발전 전략은 온실가스 배출을 획기적으로 감축하고 기후 친화적이고 기후 회복적인 경제 성장을 지속해나가며, 기후안전사회를 지향하는 국가의 발전 전략이라 할 수 있다. 다만 국가 전략상 어느 부분에 더 중점을 둘지는 국가의 상황적 요건에 따라 다를 수 있다.

탄소 중립을 목표로 장기 저탄소 발전 전략을 마련하기 위해서는 에너지 분야의 일대 혁신이 이루어져야 한다. 대다수의 국가에서 온실가스 배출의 70%가량을 점하는 에너지 분야의 일대 혁신과 전환 없이는 목표 실현이 불가능하기 때문이다. 에너지 전환의 핵심은 전통적 화석연료에서 새로운 재생에너지로의 이행으로 일종의 에너지 혁명이다. 그러나 혁명적인 에너지 전환 과정은 매우 어려운 고통을 수반할 수 있다. 무엇보다 재생에너지로의 전환에는 비용이 따른다는 것이다. 에너지 안보적 측면에서 안정된 전력 공급을 확보해야 하고 에너지 믹스를 적절히 균형 있게 가져가야 하며, 전력 요금 등 소비자 후생 측면에서도 정책적 조정을 이루어 나가야 한다.

기후변화에 관한 정부 간 패널(IPCC) 제5차보고서에서는 2℃ 목표 달성을 위해 탄소포집저장(carbon capture and storage, CCS) 등 저탄소 에너지 기술을 활용한 온실가스 감축을 권고하고 에너지 최종 소비 부문의 수요 관리를 핵심 수단으로 고려하면서 수송, 건물, 산업 등에서 에너지 수요 관리를 권고하였다. 이는 에너지 공급 분야만큼 수요 관리에도 관심과 역량을 투입해야 함을 시사하고 있다. 이를 위해 향후 저탄소 환경 친화적 인프라에 투자하고 체계적이고 지속적인 에너지 수요 관리를 수행해나가는 것이 필요하다.

파리협정에 따라 2017년 3월 말을 기준으로 장기 저탄소 발전 전략을 마련하여 유엔기후변화협약 사무국에 제출한 국가는 프랑스, 독일, 미국, 멕시코, 캐나다, 베냉 등 6개국이다. 이외에 EU, 영국, 아이슬란드, 남아공 등은 이미 장기 저탄소 발전 전략을 수립한 바 있으며, 이를 갱신하거나 새로운 전략 수립을 추진 중에 있다. 미국의 경우 캐나다, 멕시코와 함께 공동 작업을 거쳐 동 전략을 마련하고 2016년 11월 마라케시 개최 제22차 기후총회에서 발표까지 했으나 트럼프 행정부가 들어서면서 재검토로 선회한 바 있다.

글로벌한 차원에서의 장기 저탄소 발전 전략 수립에 대해서는 에너지 전환의 선두 주자인 독일이 주도하고 있다. 독일은 2017년 7월 함부르크에서 개최된 G20 정상회의에서 장기 저탄소 발전 전략 작성을 의제화하였다. G20 정상회의 준비 실무회의에서 독일은 2018년까지 작성하도록 회원국에 요청하기도 하였으나 결국 2020년까지 완료하도록 권유하였다. 동 정상회의에서 문재인 대통령은 한국의 장기 저탄소발전 전략을 2020년 이전까지 마련한다는 내용으로 발표하였다.

현재 우리 정부는 기후변화 대응과 에너지 믹스를 반영하여 장기 저탄소발전 전략 마련을 위한 기초 연구를 수행 중에 있다. 정부는 동 연구결과를 토대로 전문가 간담회와 공청회, 관계부처 협의를 거쳐 2020년까지 장기 저탄소발전 전략을 완료한다는 계획이다.

한국의 경우 장기 저탄소발전 전략의 수립은 탄소집약도가 높은 경제구조와 산업생태계를 저탄소로 전환해야 하므로 기후변화 대응 전략에 대한 전반적인 재점검이 필요한 실정이다. 에너지 전환과 저탄소 경제전환은 매우 복잡한 단기와 장기 변수를 다뤄야 하고 이들 변수 간 상호작용과 정책의 효과 등을 예측하고 분석해야 한다. 특히 인구 추계와 GDP 변화, 산업생태계 동향 등에 대한 면밀한 관찰이 선행되어야 한다.

장기 저탄소 발전 전략을 마련하는 데 우선적으로 요구되는 것은 2050년에 한국 사회가 도달해야 할 온실가스 배출 목표치(target) 설정이다. 한국은 2030년까지 배출전망치(BAU) 대비 37% 감축 목표를 설정했으나, 이 목표의 도달 가능성이나 확신이 많지 않은 상황에서 20년 이후에 성취해야 할 더 야심찬 목표를 잡으려면 내부의 반발이나 장애 요소도 거셀 수 있다. 따라서 지구 평균 기온 상승을 2℃ 이내로 유지한다는 목표에 따라 국제적으로 요구되는 우리에게 기대되는 감축 규모와 국내 온실가스 감축 잠재량에 따른 배출 저감 가능치의 간극을 메우고 균형을 잡아야 할 것이다. 이를 위해 정부와 전문가 회의에서 1차적으로 목표를 정하고 이 목표에 대해 사회적 합의를 거치는 것이 중요하다.

이러한 목표를 이행하고 성과를 거두고 평가를 받기 위해서는 정부 차원의 강력하고 일관된 의지가 있어야 한다. 야심찬 목표에 대한 이행을 전적으로 보장하지는 못하더라도 일종의 나침반과 같이 가야 할 목표를 설정하고 이러한 목표를 기후변화 대응 계획과 적응 계획을 포함한 주요 국가 계획에 반영해야 한다. 특히, 2017년에 수립한 제8차 전력수급계획, 2018년에 마련하는 제3차 에너지기본계획 등에서도 저탄소 발전전략이라는 장기 전략을 염두에 두고 각 계획 간 조율 작업을 진행해야 한다. 또한 지방정부 차원에서 실시하는 주요 경제 시책과 기후변화 대응 계획 수립 시에도 저탄소 장기발전 전략의 주요 요소가 고려되어야 한다.

장기 저탄소발전 전략 작성에서 유의할 점은 2030 UN지속가능발전 어젠다를 반영한 국가지속가능발전 전략과도 일정한 정합성을 유지하는 것이다. 지속가능발전목표(SDGs) 역시 에너지, 기후변화, 수자원, 생산과 소비 등 국가 발전에 관련된 핵심 요소들이 포함되어 있기 때문이다. 2050 장기 전략에 이르는 중간 단계에서 2030 온실가스 감축 로드맵과 2030 의제에 관련된 지속가능발전목표 간의 연계 이슈에 있어 대응의 중복성이나 효율성 제고 문제를 고민해야 한다.

2) 기후 기술 혁신과 녹색 일자리 창출

2030 온실가스 배출 목표와 2050 장기 저탄소 발전 전략목표를 달성하는 데 있어 핵심 변수는 기술이 가져올 새로운 변화라 할 수 있다. 제4차 산업혁명에 수반되는 기술혁신은 온실가스 감축과 에너지 전환에 어떠한 돌파구를 마련할 수 있을지 주목된다. GeSI(Global e-Sustainability Initiative)는 정보통신기술(ICT)의 광범위한 사용 및 영향력에 주목하면서 2020년까지 배출전망치(BAU) 대비 16.5% 감축분인 9.1GtCO2e를 줄일 수 있다고 추산했다.[10] 이는 2014년도 한국 온실가스 배출량인 690백만 톤보다 13배 많은 배출 규모로 ICT를 통한 온실가스 배출 감축 잠재량은 매우 크다 할 수 있다.

4차 산업혁명하 기술혁신은 교통협업형 지능정보 교통체계에서 그 효과가 비교적 명료하게 발휘될 수 있다. 스마트카로 대변되는 자율주행차 도입과 아울러 차량과 인프라 간, 차량과 차량 간 쌍방향 소통으로 안전하고 편리한 협업형 지능정보 교통체계가 구축될 전망이다. 이러한 시스템은 위성항법장치(GPS), 교통 환경 정보, 차량 주행 정보를 실시간으로 분석, 공유토록 하여 교통 흐름을 원활하게 해줄 것이다. 이러한 시스템은 불필요한 운전과 연료 소비를 줄여 온실가스 감축에 기여할 것이다.

녹색기술은 기후와 에너지 기술의 측면을 통합적으로 고려하고 있다.

---

10 GeSI, "GeSI SMARTer 2020: The Role of ICT in Driving a Sustainable Future," file:///C:/Users/%EA%B8%B0%ED%9B%84%EB%B3%80%ED%99%94%ED%99%98%EA%B2%BD%EC%99%B8%EA%B5%90/Downloads/SMARTer_2020_-_The_Role_of_ICT_in_Driving_a_Sustainable_Future_-_December_2012.pdf

특히 미국의 경우 수압파쇄법과 수평형 드릴링 등 시추 기술이 획기적으로 향상되면서 셰일 원유와 가스 생산이 획기적으로 증대하고 있고, 배출된 탄소를 수집하고 가두는 탄소포집 및 저장(CCS) 분야의 기술이 상당한 수준으로 발전하였다. 아직 상업화는 이루어지지 않았지만 향후 성장 가능성이 높아지고 있어 이 분야에서 미국 등과 활발히 협력할 필요가 있다.

그러나 녹색기술에 대한 투자를 확대하기 위해서는 정부 차원에서 단기와 장기 목표를 이어주는 R&D 투자가 중요하다. 미국 오바마 행정부는 특히 혁신 미션(Mission Innovation, MI)을 발족시켜 2016년부터 2021년까지 청정 기술에 대한 R&D 투자를 2배로 증액하도록 합의한 바 있다. 한국도 동 기간 내 4.9억 달러에서 9.8억 달러로 늘릴 것이라고 공약하였다.

트럼프 행정부 이후 혁신 미션(MI)은 미국이 소극적으로 임하면서 EU가 주도하는 모양새로 가고 있지만 기본적인 목표, 방향, 사업은 변함없이 이루어지고 있다. 혁신 미션회의는 매년 청정에너지장관회의(Clean Energy Ministerial, CEM)와 연계하여 개최되고 있다. 혁신 미션회의에서는 녹색기술에 대한 투자와 함께 각국이 관심을 두고 극복해나가야 할 도전 영역을 설정하고 관심국별로 공동으로 노력해가고 있다.

그러나 녹색 기술은 단순한 투자 확대만으로 발전시키기 어렵다. 기업 등 민간 차원에 유인을 제공하고 시장과 제도적 인프라를 구축하며 무엇보다 정부 차원에서 장기적인 신호를 일관되게 주어야만 한다. 한국이 녹색성장을 국가 전략으로 채택하고 국제 어젠다로 키워 국제기구 설립까지 성과를 이루었지만 이후 녹색성장에 대한 국가적 관심이 줄어들면서 국내적으로나 국제적으로 녹색기술과 성장에 대한 모멘텀이 약화되는 결과가 발생했다. 결국 국제적인 주도권까지 확립할 정도로 대내외에 축적한 우리의 소중한 국제 자산에 대한 소유권을 우리가 스스로 소홀히 한 측면은 반성할 필요가 있다.

〈그림 2-4〉 에너지 신산업 활성화 및 핵심 기술 개발 전략

자료: 관계부처 합동, 『에너지 신산업 활성화 및 핵심기술 개발전략』 이행 계획 (2015.4.22).

많은 기술 투자가 그렇듯이 제한된 자원과 환경하에서 선택과 집중을 전개해나가야 한다. 지속적인 기술 혁신과 투자에 대한 메시지는 주되 우리가 강점을 보이는 분야에서는 더욱 노력을 배가해야 한다. 이와 관련하여 우리 정부는 2015년 4월 제8차 경제관계장관회의에서 2020년까지 기후변화 대응 핵심기술 개발에 필요한 30개 과제 추진 내용을 담은 '에너지 신산업 활성화 및 핵심 기술개발 전략'을 공표했다.[11] 이는 기술 분야별로 '성숙 시장', '초기 시장', '미래 시장'으로 구분하여 정부의 기술 개발 전략을 차별화하고, 매년 4300억 원을 투자해 2020년까지 기후변화 대응 기술 수준을 선진국 대비 93%까지 끌어올린다는 계획이다.

11 ≪중앙일보≫, "태양전지 등 6대 기후변화 대응 기술 개발," 2015.4.22자.,
　　http://news.joins.com/article/17642888

이와 함께 온실가스 배출의 87%가량을 점하고 있는 에너지 분야의 신시장 창출을 위한 혁신 기술 발굴이 필요하다. 에너지 사물인터넷(IoT)과 데이터 플랫폼 기술은 센싱 데이터가 플랫폼으로 집약되고 빅데이터 분석을 통해 에너지 효율과 절감을 기할 수 있으며 가정, 건물, 공장 등의 특성을 반영한 자동화된 에너지관리서비스 산업을 창출할 수 있는 기반을 마련할 수 있다. 고효율 에너지 변환 저장 기술은 기존 기술의 한계와 한정된 자원을 극복할 수 있는 경제적, 친환경적, 안정적 시스템을 개발하는 것으로 연료전지 시장과 연계하여 시장을 만들어갈 수 있다. 리튬이온 배터리를 포함한 에너지저장장치(Energy Storage System, ESS)와 스마트 그리드 분야는 향후 우리의 유망 분야로서 집중 투자와 육성이 필요하다.

한편, 기술 발전이 급속도로 이루어짐으로써 에너지원 간 단가 차이에 따라 에너지 믹스와 전력 요금에 영향을 미칠 수 있다. 재생에너지 발전에 있어 빠른 기술 혁신이 이루어지고 그리드 패리티[12]가 실현되면 재생에너지 단가가 낮아져 기존의 화석연료에 대해 충분한 경쟁력을 확보할 수 있다. 그럼에도 전력 생산이 일정하지 않은 간헐성(volatility) 문제가 있어 에너지 공급에 조금이라도 차질이 빚어지지 않도록 기저 전력을 충분히 확보해 놓아야 한다.

우리 정부가 취했던 녹색성장의 핵심은 녹색기술에 있다. 녹색성장은 기후변화에 대응하여 온실가스를 감축함과 동시에 경제성장으로 인해 제기되는 제한된 자원수요에 대한 압박을 녹색기술을 통해 효율적으로 완화하고 성장 동력과 일자리 창출을 통해 지속 가능 발전을 이루어나가는 것이다. 문제는 녹색기술과 자원의 효율화, 온실가스 감축, 생산성 향상과 함께

---

12 그리드 패러티 풍력과 태양광 발전 비용이 낮아지면서 세계적으로 신재생에너지와 화석연료 발전 단가가 같아지는 시점.

성장을 지속적으로 도모하면서 일자리를 창출할 수 있는가이다.

녹색일자리의 개념에 대해서는 아직 우리 사회에서 합의된 바는 없으나 UNEP 등의 정의를 참고할 필요가 있다. UNEP/ILO 등은 녹색일자리를 ① 농업, 제조업, 연구개발(R&D), 행정 및 서비스 활동 등을 통해 실질적으로 환경의 질을 보전하거나 회복하는 데 기여하는 일자리로 규정하고 있다. 이러한 일자리는 ② 생태계와 생물 다양성을 보호하거나 고효율 전략을 통해 에너지와 물자, 수자원 소비를 줄이거나, 저탄소 경제에 기여하거나, 모든 종류의 폐기물과 오염 물질의 발생을 감소시키거나 회피하는 활동 등을 포함한다.[13]

녹색일자리 창출을 위해서는 장기 저탄소 발전 전략과 같이 장기적이고 일관된 신호를 시장과 기업에 제공하고 산업 분야의 온실가스 감축 압력 부담과 유인을 동시에 제공함으로써 혁신을 촉발할 수 있도록 해야 한다. 배출권 거래제 운영에 있어서도 녹색기술을 촉진하고 개발할 수 있도록 가격 체계를 유지하고 제도적 장치를 지속적으로 보완해야 한다. 아울러 사회적 기업의 녹색일자리 창출 가능성을 발현시키도록 해야 한다. 사회적 기업은 사회에 대한 채무와 책임성을 중요시하고 환경 보호와 녹색경제 등 사회적 가치를 추구하기에 이들 기업들이 저탄소 경제 전환에 적극 참여토록 하면서 시장과 고용을 창출할 수 있는 지원책이 필요하다.

향후 한국은 4차 산업혁명의 전개에 따른 기술 발전에 유의하면서 에너지 전환과 혁신 노력을 강화하고 주요 국가들과의 과학 기술 협력을 강화해나갈 필요가 있다. 기초과학이나 전통적인 분야에서의 과기 협력뿐만 아니라 기후변화나 에너지 분야에서의 과기 협력은 새로운 차원의 협력

---

13 UNEP/ILO/DIE/ITUC(2008), Green Jobs: Towards decent work in a sustainable, low-carbon world., http://adapt.it/adapt-indice-a-z/wp-content/uploads/2013/08/unep_2008.pdf

을 열어나갈 수 있다. 이러한 차원의 과기 협력은 기존의 과학을 위한 외교(Diplomacy for Science)와 외교를 위한 과학(Science for Diplomacy)에 이어 외교에서의 과학(Science in Diplomacy) 영역으로서 글로벌 이슈를 해결하는 데 과학 기술을 활용하고 과학 기술 발전이 내포하고 있는 외교적 함의를 담아내는 노력이 중요해짐을 시사한다.[14]

3. 저탄소 녹색경제협력 이니셔티브 추진

1) 녹색성장의 재조명

녹색성장 개념은 2000년대 중반에 아태 환경과 개발 관련 장관회의에서 '녹색성장을 위한 서울 이니셔티브'를 채택하면서 국제 사회에서 본격 논의되기 시작하였다.[15] 그러다가 한국 정부가 2008년 경제위기를 극복하는 과정에서 경제사회발전 패러다임의 변화를 위한 전략으로 차용하면서 국가 정책의 영역으로 들어오게 되었다. 녹색성장 자체는 정치적인 용어는 아니나 국가 전략 지위를 부여받으며 정치적인 의미를 과도하게 띠기 시작하면서 부침을 겪었다.

그러나 국가 전략의 측면에서 공과와 잠재력 등을 고려하여 전략적 활용 방안을 재조명할 필요가 있다. 즉, 21세기 한국 기후변화와 에너지 외교 추진에 있어 버릴 것과 취할 것을 구분하고 발전시킬 것과 아닌 것 등

---

14 과학기술외교의 세 가지 개념에 대해서는 영국 Royal Society가 2010년 발행한 New Frontiers in Science Diplomacy에 구체 내용이 기술되어 있다.

15 녹색성장이라는 용어는 2000.1.27 자 《이코노미스트》에서 최초로 언급되었고 동년 개최된 다보스 포럼을 계기로 사용이 확대되었다.

<표 2-4> 녹색성장 5개년 계획

기후변화 적응 및 에너지 자립	신성장 동력 창출	삶의 질 개선과 위상 강화
■ 효율적 온실가스 감축 ■ 탈석유·에너지자립 강화 ■ 기후변화 적응 역량 강화	■ 녹색기술 개발 및 성장 동력화 ■ 녹색산업 육성 ■ 산업구조 고도화 ■ 녹색경제 기반 조성	■ 녹색국토·교통 조성 ■ 생활의 녹색혁명 ■ 세계적인 녹색성장 모범국가 구현

자료: 관계부처 합동, 『에너지 신산업 활성화 및 핵심기술 개발전략』 이행 계획(2015.4.22).

을 구별해서 우리의 글로벌 위상을 높이는 가치외교를 구현한다는 측면에서 녹색성장은 활용도가 있다.

향후 우리의 외교 전략에서 녹색성장을 어떻게 활용할지를 판단하기 위해서는 지난 약 10년간 한국 녹색성장 전략의 구체화 과정을 살펴볼 필요가 있다. 정부는 2008년 8월 15일 대한민국 건국 60주년을 기념하여 저탄소 녹색성장을 국가 전략으로 선포하였다. 이러한 차원에서 녹색성장 전략 이행을 위한 법과 제도의 기반을 마련하였다. 우선 지속가능발전위와 에너지위원회 등을 통합하여 녹색성장위원회(이하 녹성위)를 만들고 녹성위를 주축으로 하는 녹색성장 전략 이행시스템을 정비하였다.

녹성위는 2009년~2013년까지 녹색성장 5개년 계획을 수립했다. 녹색성장 5개년 계획은 '기후변화 적응 및 에너지 자립', '신성장동력 창출', '삶의 질 개선과 국가 위상 강화' 등 3대 전략에 10대 정책 방향이 담겨 있다.

한편, 2010년 4월 기후변화와 에너지 대책, 지속 가능 발전을 포괄적으로 규정한 「저탄소 녹색성장기본법」을 제정, 시행하였다. 2012년 1월에는 온실가스 다량 배출사업장을 대상으로 연도별 감축 목표를 부여하고 관리하는 '온실가스·에너지 목표관리제'를 시행하였으며, 이를 기반으로

'온실가스 배출권의 할당 및 거래에 관한 법률'을 제정해 배출권거래제 도입을 위한 기반을 마련하였다. 이런 측면에서 녹색성장 전략은 온실가스 감축을 위한 법제 마련에 기여한 측면이 있으며 이러한 법제적인 장치를 계승, 발전시켜야 필요가 있다.

우리의 녹색성장 외교는 기후변화외교 2.0 모색을 위한 대외전략 관점에서도 유용성을 제시하고 있다. 한국은 중견국의 국격을 통해 선진국과 개도국 사이의 전략 공간에서 가치외교를 수행할 필요가 있는데 기후변화에 선도적으로 대응하고자 하는 녹색성장 전략은 우리의 글로벌 자산 창출에 기여하였다. 우선 녹색성장 담론을 우리 주도로 국제 의제화하는 노력이 눈에 띄는데, 2009년 6월 한승수 총리가 주재한 OECD 각료회의는 녹색성장 선언을 통해 녹색성장을 새로운 발전 패러다임으로 인정하였다. 2012년 로스 카보스 G20 정상회의 시 한국은 멕시코와 함께 녹색성장 의제를 제안하여 핵심 어젠다로 채택되도록 하였고 심층 토론을 주도하였다.

한국은 녹색성장 담론 주도와 함께 녹색성장 이행을 국제적으로 확산하고 지원하기 위한 기구 마련을 위한 노력도 전개하였다. 특히, 녹색성장의 국제적 협력을 위한 플랫폼 역할을 하면서 개도국의 녹색성장 전략 수립과 이행을 지원하는 글로벌녹색성장연구소(Global Green Growth Institute, GGGI)의 설립과 국제기구화 작업을 단기간 내에 추진하느라 다소 무리한 측면이 있었음에도 불구하고 우리의 위상을 제고하고 역할을 확대하는 수단을 구축한 것은 분명한 사실이다.

GGGI는 2010년 6월 국내 비영리재단으로 출범하였으며 2012년 6월 리우+20 정상회의를 계기로 국제기구 설립협정을 채택하였다. 2012년 10월 설립협정 발효를 계기로 국제기구 발족식과 함께 제1차 총회와 이사회를 개최함으로써 국제기구로서의 출발을 알렸다. 당초 18개국이었던 회원국은 2018년 10월 기준 30개국으로 확대되었고 공여금 규모도 3000여만 달러 수준에서 5000여 만 달러 수준으로 증가했다. 2017년 5주년을 맞은 GGGI의 예산과 조직이 확대되면서 조직이 안정된 측면이 있고, 개도국 현지에 직원을 파견해 수혜국 정부와의 협업을 통해 현장성을 중시하는 방향으로 사업을 추진하고 있다. 그러나 실효성 있는 녹색성장의 가치를 담은 독자적이면서도 효과적인 사업모델 개발은 여전히 진행 중이다.

2012년 우리가 유치에 성공한 녹색기후기금(Green Climate Fund, GCF) 역시 녹색성장 전략의 일환으로 평가할 수 있다. 2010년 칸쿤 개최 제16차 기후총회(COP16) 시 기후변화 대응을 위한 재원기구로 승인된 GCF는 국제환경금융(Global Environmental Facility, GEF)과 함께 파리협정하 기후재원 메커니즘의 양대 기관 중 하나이다. 한국은 국내 소재 국제기구로서의 이점을 살려 GCF와의 긴밀한 협력 채널을 통해 개도국 온실가스 감축과 기후변화 적응사업의 실질적 성과를 제고하는 노력이 필요하다.

녹색성장 전략을 이행하는 데 녹색기술센터(Green Technology Center, GTC)의 역할 역시 무시할 수 없다. GTC는 과학기술정보통신부 산하 국내 기구이지만 한국 기후 기술의 전파와 개도국 협력에서 중요한 역할을 수행하고 있다. 기실 개도국이 필요로 하는 기술을 이전하는 문제는 매우 중요하다. 기술 메커니즘을 어떻게 수립하고 이행하는가 역시 파리협정 이행 후속 협상에서 중요한 쟁점 중의 하나이다. 녹색기술센터는 이러한 측면에서 기후변화 협상에도 적극 관여하고 있으며, 특히 기술 메커니즘 수립을 위한 건설적 제안을 통해 협상 결과 도출에 기여하고 있다. 향후 GTC는 녹색기술 협력을 통해 녹색성장 전략을 이행하는 기구로서 GGGI, GCF와 함께 그린 삼각대(Green Triangle)를 형성함으로써 그 역할과 위상을 확대해나가야 하는 과제를 안고 있다.

이와 같이 한국 녹색성장 전략은 국내적인 온실가스 감축을 위한 법제

정비와 함께 녹색성장 의제를 국제적인 담론으로 이끌어내서 국제 위상 제고에 기여하였으며, 국내 및 국제기구를 설립 또는 유치하여 국제화 전략을 뒷받침하였다. 그러나 녹색성장 전략은 정부 주도하에 무리하게 목표를 이행하는 과정에서 과도하게 정치적 담론으로 흐르게 되었고, 광범위한 여론 수렴 및 공론화 과정 등 시민사회와의 소통이 부재한 단점을 노출하였다. 정책화를 넘어선 정치화, 정권 차원의 브랜드 사업화 등으로 인해 지속적이고 장기적인 차원의 과제들이 정파적이고 당파적인 덧칠이 가해졌고 일관된 정책 추진의 동력을 상실하였다.

녹색성장의 계승이냐 단절이냐의 이슈에서 고려해야 할 점은 우리의 담론 현실과 능력, 국제적인 담론의 전개 방향이다. 국제사회는 지속 가능 발전을 최상위에 놓고 녹색협력을 의제화하고 있다. OECD는 녹색성장 전략 및 지표의 개발을 주도하면서 '녹색성장 및 지속가능발전(GGSD) 포럼을 매년 개최하고 있다. UNEP은 녹색경제이니셔티브(GEI)와 포용적 녹색경제를 제시하고 11개 개도국을 대상으로 녹색경제이행파트너십(Partnership for Action on Green Economy, PAGE)을 주도하고 있다. 중국은 생태문명 국가 건설을 목표로 순환경제(circular economy)와 녹색발전(green development)을 추진하고 있다. 이러한 측면에서 본다면 녹색성장이나 녹색발전, 녹색경제는 지속 가능 발전을 이행하는 단계에서의 브릿지 전략이라 할 수 있다.

다만, 녹색성장이 에너지와 자원의 효율적 사용과 녹색기술과 산업 육성에 초점을 둔 동태적(dynamic) 개념이라 한다면, 녹색경제는 보다 거시적인 관점에서 친환경적인 경제 원칙이 작동되는 경제구조라는 다소 정태적(static) 개념이라 할 수 있다. 이런 측면에서 우리가 지향하는 녹색협력외교는 녹색기술과 산업을 통한 녹색성장을 지속적으로 추진하면서 사회부문의 형평과 배분을 보완하는 포용적 녹색경제를 구현하는 방향으로

갈 필요가 있다.[16] 이러한 정책 방향은 한국의 지속 가능 발전을 가능케 하는 중요한 정책 수단을 제공할 수 있다. 그간 한국이 추진해온 녹색성장전략의 바탕 위에서 녹색경제를 통해 경제구조 패턴을 녹색화하여 지속 가능 발전을 추구하는 것이 필요하다. 즉, 거대한 변환의 시대에 한국이 국내 에너지 전환모델을 구축하고 새로운 기후에너지 외교를 전개함에 있어서 녹색성장을 아우르는 녹색경제협력 파트너십을 통해 협력 플랫폼과 네트워크를 강화하는 외교적 노력이 요구된다.

2) 녹색경제협력 파트너십 및 연대 네트워크 구축

녹색성장은 자원과 에너지를 효율적으로 사용하면서 청정에너지와 녹색기술을 발전시켜 기후변화 대응을 모색하고 환경오염을 줄이면서 경제성장을 추구하는 친환경, 친기후 성장모델이다.[17] 이러한 측면에서 청정에너지와 녹색기술 개발정책은 지속적으로 추진하되 NDC 이행을 위한 대개도국 역량 배양 관련 협력 사업에 있어 녹색성장과 녹색경제 기반 지원을 추진할 필요가 있다. 녹색성장은 경제와 기술, 산업 전반에 걸친 통합적 대응과 기업과 전문가, 지자체를 포함한 시민사회 이해관계자와의 협력이 요구되므로 협업과 연대의 파트너십을 구축하는 것이 바람직하다.

녹색협력 파트너십과 연대 네트워크는 다음과 같은 모습으로 구축해나가는 것이 좋겠다.

---

16 '녹색경제 기반 조성'은 우리 정부가 추진한 녹색성장을 위한 10대 정책방향 중 7번째 과제로 선정되었다.

17 OECD는 녹색성장을 "경제성장과 발전을 추진함과 동시에 우리가 가진 자연 자산이 우리의 복지를 책임질 수 있는 자원과 환경을 계속 제공해주는 것을 보장하는 것"으로 정의하였다. Organization for Economic Cooperation and Development(OECD), *Towards Green Growth*(Paris: OECD, 2011).

저탄소 녹색경제협력 이니셔티브는 신기후체제 외교전략으로서 외교부에 전담조직을 두고 추진해가되, 국내 여타 기후변화 및 환경 담당 부처들과 긴밀하게 협력해나가야 한다. 국내 비정부행위자들을 망라하는 플랫폼 기구를 정비하거나 지정하여 국내 파트너십을 강화함과 동시에 녹색 국제기구를 아우르는 그린라운드 테이블 등을 국제 연계로 활용할 필요가 있다.

저탄소 녹색경제협력 이니셔티브 추진을 위해서는 단계적 전략이 필요하다. 첫째, 국내 소재 녹색 관련 국제기구와 국내 기관과의 협업 체제 강화이다. 국내 소재 녹색 국제기구인 글로벌녹색성장연구소(GGGI), 녹색기후기금(GCF) 등과 공고한 네트워크를 구축하고 이를 효과적으로 활용하여 우리의 기후 및 에너지 분야 국제 어젠다를 발굴하고 국제적인 네트워크 형성에 노력을 집중해야 한다. 우리나라는 2016년부터 국내 소재 녹색관련 기구를 한자리에 모아 상호 정보 공유와 업무 협조 등을 통한 시너지 효과 제고를 위해 그린라운드 테이블을 연 2회 정기적으로 개최하고 있으며 2018년 7월 제4회 그린라운드 테이블을 개최하였다.

둘째, 이러한 국내외 관련 기관과의 공고한 협력을 기반으로 해외 녹색협력구상과의 파트너십 협력을 강화하고 네트워크를 확대할 필요가 있다. 녹색협력 연대에서 중요한 축은 녹색동맹국인 덴마크와의 공고한 연대이다. 덴마크는 호주와 함께 GGGI를 결성하는 데 초기부터 협력을 아끼지 않은 핵심국이며 500만 달러를 제공하는 비지정공여국으로서 덴마크와의 협력 기조를 공고화하는 것이 긴요하다.

덴마크는 녹색성장을 통해 지속가능발전목표(SDGs)와 파리협정하의 온실가스 감축목표 달성을 가속화한다는 목표 아래 2017년 9월 유엔총회 계기에 '녹색성장과 2030 목표를 위한 파트너십'(Partnering for Green Growth and the Global Goals 2030, P4G) 설립하였다. P4G는 에너지, 물, 식량 및 농업, 순환경제, 도시 등을 중점 분야로 정해 여러 나라 정부, 국제기구, 도시, 기업, 학계, 시민사회 등과 폭넓은 파트너십을 형성하고 있다.

UNEP이 추진하는 녹색경제이행파트너십(PAGE) 역시 우리의 주된 협력 대상이다. 2013년 2월 개최된 제27차 UNEP 집행이사회 시 본격 발족된 PAGE 사업은 2013년부터 2020년까지 20개 개도국의 녹색경제 이행 지원을 목표로 개도국의 녹색경제 전략 수립 및 이행을 지원하고 역량 강화 사업을 실시하고 있다.[18]

이외에 기존에 수립된 OECD 차원의 녹색성장 지원 협력을 보다 긴밀히 하여 녹색성장 전략 및 지표 발전에 있어 더욱 의미 있는 역할을 할 필요가 있다. OECD는 한국 녹색성장 전략 국제화를 위한 중요한 기회를 제공했으며 여타 국제 무대에서 녹색성장 담론을 형성하는 데 기여하였다. 향후 녹색성장을 위한 모델 발굴이나 실천력 있는 정책과 조치 개발을 위해 협력할 필요가 있다.

셋째, 저탄소 녹색경제협력 콘텐츠를 개발하고 개방적 국제협력 플랫폼을 구축하여 다자개발은행 등과 녹색 관련 협력 프로젝트를 발굴, 수행하는 것이 필요하다. 물, 에너지, 토지 이용, 스마트시티 등 주요 협력 분야에서의 노하우와 경험을 활용하여 최적 사례를 발굴하고 개도국에 대한 지원을 강화해야 한다. 우리의 대개도국 개발협력 예산을 활용하여 기후와 녹색성장 지원 사업을 발굴하는 데 기여할 수 있도록 노력할 필요가 있다.

한편, 정부는 주요 녹색기구와 다자개발은행(MDBs)과의 연계를 통해 기후재원을 동원하고 사업에 따른 리스크를 완화함으로써 실질적인 사업으로 발전할 수 있도록 교량 역할을 주도할 필요가 있다. 녹색사업과 같이

---

18 PAGE 사업은 2016년 말까지 한국을 포함, 8개 공여국과 5개 국제기구가 참여하여 11개 개도국의 녹색경제 이행을 지원하였다. PAGE의 신탁기금은 2016년 7월 기준 11백만 달러로 한국은 2013년~2016년간 331만 달러를 공여하였다.

사업성이 쉽지 않은 분야에서 투자로 인한 위험과 장애 요인을 제거 내지 완화해주고 민간 재원이 유입될 수 있도록 유인 장치를 마련하기 위한 노력이 필요하다.

3) 글로벌 녹색협력 리더십 회복

저탄소 녹색경제협력 이니셔티브는 저탄소 녹색경제로의 전환을 준비하기 위해 한국형 전환모델을 구축하고 대외적으로는 당당한 기후변화 협상을 바탕으로 중견국으로서 국제사회에서 우리의 녹색협력 리더십을 회복하는 데 목적을 두고 있다. 21세기 4차 산업혁명시대를 대비하여 탄소의 자원 활용 기술을 포함한 미래형 녹색 신기술을 개발하여 녹색산업을 육성하고 저탄소 산업생태계를 지원하려는 외교적 노력도 포함하고 있다. 이러한 이니셔티브는 기후와 에너지를 통합하는 기후변화외교 2.0 과의 시너지를 추구하기 위한 수단으로서도 의미가 있다.

저탄소 녹색경제협력 이니셔티브는 세 가지 방향에서 우리의 외교의 전략적 공간 창출을 추구하고자 한다. 첫째는 중견국 외교 전략의 다변화이다. 우리의 중견국 외교는 선진국을 대상으로 하는 외교와 중견국과 함께 하는 외교, 그리고 국제사회에서의 가치 창출을 통해 글로벌 문제 해결에 기여하는 콘텐츠 외교로 나눌 수 있다. 선진국을 대상으로 하는 외교는 특히 동북아에서 미국과 중국, 러시아, 일본 등 주변 4강과의 외교적 대응 방안 차원에서 중요하며, 중견국과 함께 하는 외교는 기존의 MIKTA(멕시코, 인도네시아, 한국, 터키, 호주)나 ASEAN(필리핀, 말레이시아, 싱가포르, 인도네시아, 타이, 브루나이, 베트남, 라오스, 미얀마, 캄보디아) 등 여타 중견 개도국 그룹과의 전략적 공조 모색에 방점을 두고 있다. 국제사회에서의 가치 창출 외교로서의 중견국 외교는 대상 국가 다변화 보다는 이슈의 다변화와 이슈

창출 능력 및 발언권 강화에 초점을 둔다. 저탄소 녹색경제협력 이니셔티브는 이 중 특히 세 번째 외교에 초점을 맞추고 있다.

기후변화와 에너지 외교 분야에서의 가치 창출은 국제사회가 추구하고 있는 파리협정을 통한 온실가스 감축과 기후변화 적응 능력 제고와 17개 지속가능발전목표(SDGs) 달성을 지원하는 등 글로벌 가치 구현에 이바지할 때 극대화될 수 있다. 글로벌한 차원에서 저탄소 녹색경제 실현은 앞으로 인류 사회가 직면할 중대 도전과제로서 우리의 녹색성장 경험을 바탕으로 구체적 이슈를 선점하고 국제사회의 협력을 확보하기 위해 노력해야 한다.

둘째는 기후변화외교의 구체적 성과 구현을 통해 실천적 정당성을 창출하는 것이다. 기후변화외교는 국제무대에서의 협상에서 그쳐서는 안 된다. 실천적인 의제를 가지고 협력 성과를 만들어가야 우리의 기후변화외교도 힘과 정당성을 확보할 수 있다. 저탄소 녹색경제협력 이니셔티브는 단순한 협력 네트워크를 만들어가는 데 그치는 것이 아니라 저탄소 협력 사업을 발굴하고 지원하는 네트워크 확충까지도 염두에 두어야 한다.

이를 위해서는 양자 및 다자 협력을 통한 녹색 ODA 사업을 강화해나가야 한다. 2017년도 한국의 개발협력 사업과 관련, 정부는 △ 통합적 ODA, △ 내실 있는 ODA, △ 함께 하는 ODA 원칙하에 총 42개 기관(지자체 9개 포함), 1295개 사업에 걸쳐 약 2조 7286억 원을 배정하였다. 이는 전년도 예산 2조 4394억 원에 비해 2892억 원 늘어난 수치이다.[19] 동 계획은 전통적인 ODA 이외에 기후변화 대응 등 새로운 ODA 분야를 발굴함으로써 ODA 사업의 영역과 지평을 확대한다고 하였으나 별도로 범주화하거나 구체적인 사업을 적시하지는 않고 있다. 향후 개발협력과 기후대응 노력

---

19 관계부처 합동, 『2017년 국제개발협력 종합시행계획』(2016. 5. 30).

간 정책적인 접점을 확대하여 신기후체제하 실질적인 대개도국 지원 노력을 확대할 필요가 있다.

셋째는 미래 녹색산업 육성을 위한 기술과 혁신 리더십을 거양하는 것이다. 미래 저탄소 산업을 주도해가는 기술과 혁신을 통해 저탄소 경제 전환과정을 주도할 수 있는 리더십을 제고할 필요가 있다. 향후 투자해야 할 분야는 4차 산업혁명 시대를 대비해 각국이 사활을 걸고 있는 인공지능(AI), 바이오기술, 사물인터넷(IoT), 빅데이터, 블록체인 기술 등을 망라하고 있다. 특히 블록체인 기술은 국제탄소시장 연계와 재생에너지 및 전력 거래, 투명성 등 검증 체제의 디지털화, 배출 인벤토리의 상호 인증 등 온실가스 감축 달성에서 매우 커다란 잠재력을 보유하고 있어 적극적인 활용 방안을 모색할 필요가 있다.

대한민국은 2018년도 녹색성장 전략 선포 10주년을 맞이했다. 그간 각종 국제회의를 계기로 상당수의 개도국들이 우리의 기후변화 대응과 녹색 리더십의 후퇴 조짐에 대해 우려 섞인 시선을 보내면서도 새로운 기대를 표명하고 있다. 한국은 지속 가능 발전 전략과 유기적으로 연계해 우리가 주도하는 녹색경제 협력을 위주로 국제적 리더십을 발휘해야 한다. 아울러 기후변화와 SDGs 간의 통합적 이슈 영역에서 우리만이 장점을 가지는 실천적 어젠다를 선점하고 글로벌, 지역적 협력 외교를 선도해가야 한다.

참고문헌

관계부처 합동. 2016.12.『제1차 기후변화대응 기본계획』.
관계부처 합동 보도자료. 2015.6.「정부 2030 온실가스 감축목표안 제시」.
글로벌녹색성장연구소 홈페이지. https://www.gggi.org.
녹색성장위원회. 2009.『녹색성장 국가 전략』.
백영미. 2015. "태양전지 등 6대 기후변화 대응 기술 개발". 《중앙일보》.
온실가스종합정보센터 홈페이지. https://www.gir.go.kr.
온실가스종합정보센터. 2015.『2015년 국가 온실가스 인벤토리 보고서』.
유엔환경계획 홈페이지. 2018. www.unenvironment.org(검색일: 2018.9.24).
유엔기후변화협약 홈페이지. 2018. www.unfccc.int(검색일: 2018.8.6).
정성진. 2016.5.『2017년 국제개발협력 종합시행계획』.
_____. 2017.『2016년 국가 온실가스 인벤토리 보고서』.
_____. 2018.『2017년 국가 온실가스 인벤토리 보고서』.
환경부 보도자료. 2018.6.「2030 국가 온실가스 감축목표 달성 전략, 새롭게 만들어 갑니다.」.

Global e-Sustainability Initiative(GeSI). "GeSI SMARTer 2020: The Role of ICT in Driving a
    Sustainable Future." file:///C:/Users/%EA%B8%B0%ED%9B%84%EB%B3%80
    %ED%99%94%ED%99%98%EA%B2%BD%EC%99%B8%EA%B5%90/Downloads/S
    MARTer_2020_-_The_Role_of_ICT_in_Driving_a_Sustainable_Future_-_Decemb
    er_2012.pdf.
Intergovernmental Panel on Climate Change(IPCC). 기후변화 2014 종합 보고서.
    http://www.climate.go.kr/home/cc_data/2015/IPCC%20report%205_korean.pdf.
Organization of Economic Cooperation and Development(OECD). 2011. *Towards Green
    Growth*(Paris: 2011).
Royal Society. 2011. *New Frontiers in Science Diplomacy*(London, 2011).
UNEP/ILO/DIE/ITUC. 2008. *Green Jobs: Towards decent work in a sustainable, low-carbon
    world.* http://adapt.it/adapt-indice-a-z/wp-content/uploads/2013/08/unep_2008.pdf.

2부

4차 산업혁명과 에너지

03

4차 산업혁명과 에너지 기술

김진수

1. 에너지 전환의 시대

1) 주 에너지원의 변천사

인류는 산업혁명 이후 놀랄 만한 경제성장을 이루어냈으며, 그에 따라 에너지 소비량도 급격하게 증가했다. 기술이 발전하고 에너지 소비량이 늘어나면서 주로 사용하는 에너지원(原)도 변화했는데, 아주 오랜 시간동안 사용해오던 나무 같은 바이오매스에서 시작하여 석탄, 석유, 천연가스와 같은 화석연료와 수력 발전, 원자력 발전, 신재생에너지로 점차 새로운 에너지원이 등장했다.

〈그림 3-1〉에서도 확인할 수 있듯이 새로운 에너지원이 등장하고 그 소비량이 폭발적으로 늘어났지만 주 에너지원에 대해서는 여러 가지 주장이 있을 수 있다. 석탄의 경우, 그 역할을 석유가 대체하면서 소비량이 다소 감소하기도 했으나 발전 연료로의 사용량이 늘어나면서 전 세계적으

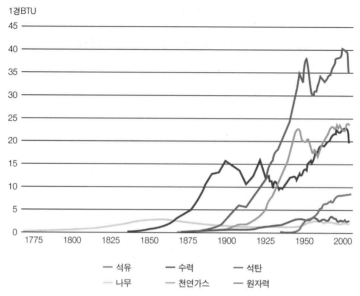

〈그림 3-1〉 미국의 에너지 소비 변화(1776~2009)

1경BTU

범례: — 석유 — 수력 — 석탄 — 나무 — 천연가스 — 원자력

자료: http://www.eia.gov/todayinenergy/detail.php?id=10 (2018. 3. 30 접속).

로 석유와 함께 여전히 가장 많이 사용되는 에너지원이며, 천연가스 소비량도 계속 증가하고는 있으나 아직 석유 소비량에는 미치지 못한다. 그리고 원자력과 신재생에너지는 기대에도 불구하고 주 에너지원이라고 부르기에는 소비량이 많지 않다. 이는 국제에너지기구(International Energy Agency, IEA)에서 발표하는 최신 세계 에너지 전망(World Energy Outlook)에서도 확인할 수 있다(〈표 3-1〉).

2) 에너지 전환의 시대

에너지 전환(energy transition)은 에너지 수급 체계의 구조적인 변화를 의

<표 3-1> 전 세계 1차 에너지 수요

	2000	2016	새로운 정책 시나리오 (기준 시나리오)		현재 정책 시나리오		지속가능 발전 시나리오	
			2025	2040	2025	2040	2025	2040
석탄	2,311	3,755	3,842	3,929	4,165	5,045	3,023	1,777
원유	3,670	4,388	4,633	4,830	4,815	5,477	4,247	3,306
천연가스	2,071	3,007	3,436	4,356	3,514	4,682	3,397	3,458
원자력	676	681	839	1,002	839	997	920	1,393
수력	225	350	413	533	409	513	429	596
바이오 (전통 바이오매스 포함)	1,023	1,354	1,530	1,801	1,507	1,728	1,272	1,558
기타 재생에너지	60	225	490	1,133	441	856	633	1,996
합계	10,035	13,760	15,182	17,584	15,690	19,299	13,921	14,084
화석연료 비중	80%	81%	78%	75%	80%	79%	77%	61%
이산화탄소 배출(Gt)	23.0	32.1	33.4	35.7	35.4	42.7	28.8	18.3

자료: IEA, World Energy Outlook 2017(Paris, International Energy Agency, 2017a), p. 79.

미한다. 앞서 살펴본 바와 같이, 우리는 지난 100년 동안 석탄, 원유, 천연가스, 원자력, 신재생에너지까지 과거에 경험할 수 없었던 주력 에너지원의 변화를 겪었다. 그런데 이전의 에너지 전환이 내연기관이나 전기기기의 발전과 같은 기술과 생활양식의 변화에 따라 이루어진 것이라면, 최근전 세계적으로 활발하게 추진되고 있는 에너지 전환은 환경을 위하여 인위적으로 이루어지고 있다. 다시 말해, 여전히 경제적으로는 석탄과 원자력과 같은 에너지원이 가장 좋은 대안이지만, 환경오염과 안전 문제를 고려하여 더 비싸더라도 깨끗하고 안전한 에너지원으로 전환하고자 하는

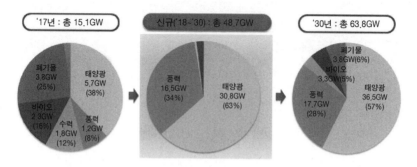

'17년 : 총 15.1GW

폐기물
3.8GW
(25%)

바이오
2.3GW
(15%)

태양광
5.7GW
(38%)

수력
1.8GW
(12%)

풍력
1.2GW
(8%)

신규('18~'30) : 총 48.7GW

풍력
16.5GW
(34%)

태양광
30.8GW
(63%)

'30년 : 총 63.8GW

폐기물
3.8GW(6%)

바이오
3.3GW(5%)

풍력
17.7GW
(28%)

태양광
36.5GW
(57%)

자료: 산업통상자원부, 『재생에너지 3020 이행계획(안)』(세종: 산업통상자원부, 2017a), 2쪽.

것이다. 한국도 이러한 흐름에 동참하여 2017년 7월 '탈원전 정책으로 안전하고 깨끗한 에너지로 전환'을 문재인 정부의 100대 국정과제 중 하나로 포함시키며 에너지 전환을 중요한 정책 의제로 설정했다. 이어 12월에는 '재생에너지 3020 이행계획(안)'을 발표하며 2030년까지 재생에너지 발전량 비중을 20%로 확대하기로 했다(〈그림 3-2〉).

산업의 생산 요소로, 가정의 난방이나 취사용으로, ICT 세상을 움직이는 동력으로 사용되는 에너지는 우리가 현대 생활을 영위하기 위해 없어서는 안 되는 필수재라고 할 수 있다. 자연에 존재하는 에너지를 우리가 사용하기 위해서는 전환(transformation) 과정을 거쳐야 한다. 자연으로부터 얻을 수 있는 석탄, 원유, 천연가스, 지열, 풍력(바람) 등의 에너지원을 1차 에너지라고 하며, 이를 우리가 사용할 수 있는 형태인 연탄, 휘발유, 도시가스, 전력 등으로 전환한 에너지를 2차 또는 최종 에너지라고 한다. 이러한 에너지원의 구성을 믹스(mix)라고 하는데, 에너지 전환은 바로 이 에너지 믹스와 발전 믹스를 앞으로 어떻게 구성할 것인가에 대한 문제이다.

2017년 에너지통계연보(에너지경제연구원, 2017)에 따르면 한국의 2016년 1차 에너지 믹스는 석유 40.1%, 석탄 27.8%, 천연가스 15.4%, 원자력 11.6%, 수력 및 신재생 5.1% 이었으며, 발전에는 석탄 39.6%, 원자력 30.0%, 천연가스 22.4%, 석유 2.6%, 신재생 및 기타 에너지원이 5.4% 사용되었다. 즉, 현재 한국의 에너지 공급은 화석연료(석탄, 원유, 천연가스)와 원자력에 절대적으로 의지하고 있다. 그러나 불행히도 한국에는 동해가스전을 제외하고는 경제성 있는 유·가스전이나 유연탄이 없으며, 원자력 발전의 원료가 되는 우라늄도 수입에 의존하는 상황이다. 따라서 환경적인 측면뿐만 아니라 에너지 안보 차원에서도 에너지 전환은 우리가 반드시 이루어내야 할 과제라고 할 수 있다. 이에 정부도 2014년 제2차 에너지 기본계획을 수립하며 목표로 설정했던 재생에너지 보급률 11%에서 더 나아가 2017년에 '재생에너지 3020 이행계획'을 수립하며 재생에너지 보급 목표를 20%로 상향했다.

깨끗하고 안전한 에너지로의 전환을 성공적으로 이행하기 위해서는 기술의 역할이 매우 중요하다. 신재생에너지원의 비용을 낮춰야 하고, 중요한 단점 중 하나인 간헐성과 그에 따른 계통 안정성 확보를 위한 보완 기술도 발전시켜야 하며, 에너지원의 효율적인 관리도 필수적이다. 그리고 4차 산업혁명은 에너지 전환을 위한 훌륭한 조력자가 될 것으로 보인다. 정부에서도 에너지 분야에 이른바 AICBM, 즉 인공지능(Artificial Intelligence, AI), 사물인터넷(Internet of Things, IoT), 클라우드 컴퓨팅(Cloud computing), 빅데이터(Big data), 모바일(Mobile)을 활용하여 성공적으로 에너지 전환을 달성하고, 더 나아가 에너지 분야의 새로운 성장 동력을 만들기 위하여 노력하고 있다. 이에 이 장에서는 4차 산업혁명이 에너지 부문에 미치는 영향과 최근 주요한 논의가 이루어지고 있는 에너지 기술을 살펴보고자 한다.

<표 3-2> 클라우스 슈밥의 4차 산업혁명 관련 언급

<원문>
"It is characterized by a fusion of technologies that is blurring the lines between the physical, digital, and biological spheres."
"The possibilities of billions of people connected by mobile devices, with unprecedented processing power, storage capacity, and access to knowledge, are unlimited. And these possibilities will be multiplied by emerging technology breakthroughs in fields such as artificial intelligence, robotics, the Internet of Things, autonomous vehicles, 3-D printing, nanotechnology, biotechnology, materials science, energy storage, and quantum computing."

<번역문>
"4차 산업혁명은 물리적, 디지털, 생체 분야의 경계를 흐릿하게 만드는 기술의 융합으로 특징지을 수 있다."
"수십억의 사람들이 전례가 없는 처리 및 저장 능력과 지식 접근성을 가진 모바일 장치로 연결되어 있으며 무궁한 가능성을 가지고 있다. 또한 이러한 가능성은 인공지능, 로봇공학, 사물인터넷, 자율 주행자동차, 3D 프린팅, 나노기술, 생명공학, 재료공학, 에너지 저장 및 양자 컴퓨팅과 같은 첨단기술의 획기적인 발전으로 더욱 확대될 것이다."

자료: http://www.weforum.org/agenda/2016/01/the-fourth-industrial-revolution-what-it-means and-how-to-respond/ (2017. 12. 29 접속).

2. 4차 산업혁명과 에너지

1) 4차 산업혁명의 정의

'4차 산업혁명'은 2016년 세계경제포럼(World Economic Forum, 다보스 포럼)에서 설립자이자 의장인 클라우스 슈밥(Klaus Schwab)이 4차 산업혁명(The Fourth Industrial Revolution)을 주요 주제로 다루면서 널리 알려진 용어이다. 슈밥은 4차 산업혁명이 "물리학, 디지털, 생물학 분야의 경계를 흐릿하게 하는 융합 기술"로 특징지을 수 있다고 설명하면서, 4차 산업혁명을 통해 실제와 가상을 통합하여 사물을 자동·지능적으로 제어하는 사이버 물리 시스템(Cyber-Physical Systems, CPS)이 도래할 것이라고 주장했다(<표 3-2>).

<図 표기>

〈그림 3-3〉 각 산업혁명의 주요어

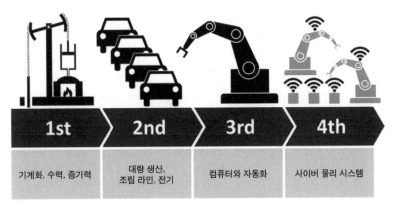

1st	2nd	3rd	4th
기계화, 수력, 증기력	대량 생산, 조립 라인, 전기	컴퓨터와 자동화	사이버 물리 시스템

자료: http://en.wikipedia.org/wiki/Industry_4.0#/media/File:Industry_4.0.png (Christoph Roser at AllAboutLean.com, 2018. 3. 14 접속).

〈표 3-3〉 산업혁명의 전개

	1차 산업혁명	2차 산업혁명	3차 산업혁명	4차 산업혁명
시작연도	1750~1760년	1850~1870년	1945~1960년	2016년~현재
주도국	영국	독일, 미국	미국, 일본	경쟁 중
주요어	수력, 증기력, 기계생산	분업, 전기, 대량생산	전자공학, ICT, 자동화	사이버 물리 시스템
주요 산업	직물, 철강	철강, 화학, 전기, 자동차	정보통신산업, 자동차	정보통신산업, 융합 신산업
주 에너지원	석탄	석유, 전기	전기, 석유	전기(재생에너지)

이와 같은 슈밥의 선언적 논의 이후 4차 산업혁명의 정의와 의미, 실체에 대한 다양한 논의가 진행되었다. 4차 산업혁명을 이해하기 위해서는 앞선 산업혁명을 살펴볼 필요가 있는데, 일반적으로 산업혁명의 전개는

〈그림 3-3〉, 〈표 3-3〉과 같이 정리할 수 있다.

1차 산업혁명은 이른바 '기계혁명'으로 18세기 중반 영국에서 증기기관, 방적기의 발명과 더불어 시작되었다. 1차 산업혁명은 경제구조의 근본적인 변화를 일으켰으며 경제성장률이 비약적으로 상승했다. 이러한 변화는 다른 산업혁명에서는 찾아보기 어렵기 때문에 일부 학자는 1차 산업혁명만이 진정한 산업혁명이라고 주장하기도 한다. 2차 산업혁명은 '전기혁명'으로 당시 기준으로 후발국이었던 독일과 미국이 영국 등 선발국을 추격하는 계기가 되었다. 분업을 통한 대량생산이 본격화되었으며 이 시기에 석유와 전기가 주요 에너지원으로 합류했다. 그러나 경제성장률 측면에서는 19세기 말 30년 동안 1.6% 성장을 기록하는 데 그쳤다.

20세기 중후반에 시작된 것으로 회자되는 3차 산업혁명은 '정보혁명'으로 전자공학과 정보통신기술(Information and Communication Technology, ICT)의 발달에 힘입어 시작되었으며 미국과 일본이 주도했다. 그러나 노벨경제학상을 수상한 솔로(Robert M. Solow)는 3차 산업혁명은 허상이라고 지적하며 ICT가 경제성장에 기여하는 바가 없었고 미국의 생산성은 오히려 1970년대~1990년대 초에 1% 하락했다고 분석하기도 했다. 4차 산업혁명은 ICT가 중요 요인(key)이라는 점에서 3차 산업혁명과 구분하기가 어려울 수도 있다. 그러나 '연결'과 '융합'이 3차 산업혁명과 구분되는 가장 큰 특징이라고 할 수 있다. 4차 산업혁명은 이제 막 태동하기 시작한 개념으로 ICT를 중심으로 기술 간 융합이 활발하게 이루어지고, 가상과 현실의 융합 또한 이루어질 것이라는 것 이외에 아직까지는 다른 모든 것이 불확실하다. 독일, 미국, 일본 등 전통적인 제조업 강국이 4차 산업혁명을 주도하기 위해 노력하고 있으나, 주도국도 아직 명확하지 않다. 4차 산업혁명의 실체에 대해서도 많은 논의가 있는데, 1차와 2차 산업혁명을 통해 농업사회에서 산업사회로 전환했고, 3차 산업혁명으로 시작한 지식기반사

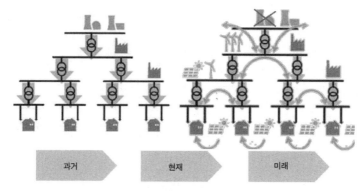

〈그림 3-4〉 에너지 4.0 개념도

자료: Krasser, M., "Energy 4.0 - Ensuring a reliable energy system for the future," *Public hearing EESC*(Brussels: EESC, 2015), p. 7.

회로의 전환이 4차 산업혁명으로 완성될 것이라고 보는 학자도 있는 반면, 4차 산업혁명은 단지 3차 산업혁명의 연장선상일 뿐이라고 보는 학자도 존재한다.

2) 4차 산업혁명과 에너지

앞서 살펴본 대로 4차 산업혁명에서는 전기가 주 에너지 원이 될 것으로 보이며, 전력을 생산하기 위한 수단도 화석연료에서 점차 재생에너지로 바뀌어갈 것으로 전망된다. 4차 산업혁명이 에너지 분야에 어떠한 영향을 미칠 것인가를 분석하기 위해서는 먼저 에너지 4.0(Energy 4.0)이라는 개념을 살펴볼 필요가 있다. 에너지 4.0은 산업(Industry) 4.0 시대의 에너지 체계로 유럽경제사회위원회(European Economic and Social Committee)의 2015년 발표에서 등장한 개념이다.

에너지 4.0은 재생에너지를 활용하는 시대인 에너지 3.0에서 더 나아가

구분		단일 디바이스 영향	디바이스 시스템 영향	전체 효과
절대 수요	개정용	가전, 로봇 증가 등 ⬆	스마트홈(HEMS) ⬇	⬆
	상업용	데이터센터 증가 등 ⬆	스마트빌딩(BEMS) ⬇	⬇
	산업용	스마트공장(FEMS) ⬇		⬇
	운송용	전기차, 드론 증가 등 ⬆		⬆
상대 수요	ESS	신재생에너지 출력 안정화, 피크 수요 대응 등 ⬇		⬇
	Smart Grid	지능형 손배전, AMI 보급 등 ⬇		⬇

자료: 산업통상자원부, 『8차 전력수급기본계획(2017~2031)』(세종: 산업통상자원부, 2017b), 30쪽.

지능적 제품 생산과 스마트한 에너지 사용이 가능해지는 것을 의미하며, 초연결(hyper-connected), 초지능화(hyper-intelligent), 분산화(decentralized)가 에너지 4.0의 핵심 개념이라고 할 수 있다.

4차 산업혁명 시대, 에너지 4.0의 시대에는 전력이 주 에너지원으로 부상하면서 이른바 전력화(electrification) 현상이 심화될 것으로 보이며, 그에 따른 전력 수요 전망 연구가 활발하게 진행되고 있다. 8차 전력수급기본계획(산업통상자원부, 2017b)에서는 4차 산업혁명에 따른 전력 수요 연구용역을 진행하여 그 결과를 〈표 3-4〉와 같이 밝힌 바 있다.

딜로이트(Deloitte)에서 수행한 이 연구에서는 4차 산업혁명으로 인한 미래 전력 수요를 절대수요 관점과 상대수요 관점으로 나누어 분석했는데, 절대수요는 4차 산업혁명의 전개가 직접적으로 전력 수요에 미치는 영향을 의미하고 상대수요는 직접적인 수요는 변하지 않으나 상대적 요인에 의한 수요 변화를 의미한다. 연구 결과에서 확인할 수 있듯이 수요 증가 요인과 감소 요인이 혼재되어 있어 아직까지 4차 산업혁명의 전력 수요에의 영향을 예단하기는 어려운 상황이다.

4차 산업혁명이 전력 수요에 미치는 영향을 정량적으로 분석하기 위해서는 수요 변화 경로(path)를 파악하는 것이 선행되어야 한다. 이는 에너지경제학의 오랜 연구 주제 중 하나였는데, 스턴(Stern, 2004)은 경제성장 과정에서 에너지 소비에 영향을 미치는 요인을 다음의 다섯 가지로 정리했다.

- 에너지와 다른 생산 요소 사이의 대체(substitution of energy with other inputs)
- 기술 변화(technological change)
- 에너지원 구성 변화(shifts in the composition of the energy input)
- 산출 구성 변화(shifts in the composition of output)
- 다른 투입 요소 믹스 변화(shifts in the mix of the other inputs)

이러한 다섯 가지 요인 모두 전력 수요 변화 요인이 될 수 있다. 앞서 소개한 대로 에너지 분야에 AICBM 융합이 변화의 핵심이며, 융합 결과에 따라 전력 수요도 변화할 것이다. 딜로이트 연구 결과와 마찬가지로 AICBM에 의한 변화도 전력 수요 증가 요인과 감소 요인이 복합적으로 존재한다. 즉 ICT 자본의 증가는 전반적인 전력 소비 증가로 이어지겠지만, IoT, 빅데이터, 인공지능에 의한 에너지 소비 향상 기술 발전, 행동 양식의 변화는 전력 소비를 감소시킬 것이다.

OECD(2010)는 이미 ICT의 에너지, 환경, 기후변화에 영향을 분석한 선도적인(seminal) 보고서를 발간한 바 있다. 이 보고서는 ICT에 의한 부정적

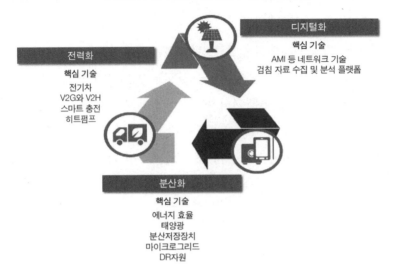

〈그림 3-5〉 전력 부분 첨단 전환의 세 가지 트렌드

자료: Bain & Company, *The Future of Electricity: New Technologies Transforming the Grid Edge* (Cologny: World Economic Forum, 2017), p. 4.

영향과 긍정적 영향을 다음의 세 가지 차원으로 구분해 살펴보았다.

- 기술적인 측면(direct impacts, first order)
- 기기 및 활용 측면(enabling impacts, second order)
- 행동 양식의 변화 측면(systemic impacts, third order)

이후 에너지 부문에 ICT의 영향을 살펴본 다양한 연구가 이루어졌으며, 2017년 3월에 발표된 세계경제포럼 자료(Bain & Company, 2017)에서는 전력 시스템의 대전환(game-changing disruptions)을 〈그림 3-5〉와 같이 전력화 (electrification), 분산화(decentralization), 디지털화(digitalization)의 세 가지로 정리했다.

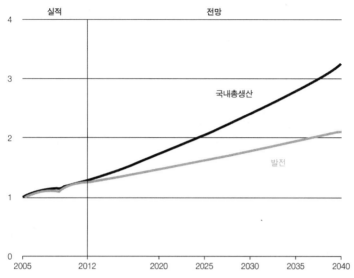

〈그림 3-6〉 전 세계 전력 수요 전망(지수, 2005=1)

자료: EIA, 『International Energy Outlook』 (Washington D.C.: Energy Information Administration, 2017), p. 81.

이 보고서에는 이러한 세 가지 트렌드에 따라 지속적인 기술 진보로 전력 생산 비용이 기하급수적으로 감소하고, 자율권을 확보한 소비자를 중심으로 새로운 사업 모델이 등장하며, 발전소 가동률 상승에 유의미한 개선이 있을 것으로 전망했다. 전기차의 경우 만약 캘리포니아 주의 모든 전기차가 피크 시간에 충전을 할 경우 2020년까지 13%의 첨두부하(peak load)[1] 상승을 유발할 것으로 전망했는데, 이 또한 충전 기술의 발전이나 가격 체계 조정, 스마트 충전(충전 시간 관리)으로 해결할 수 있을 것으로 예상했다.

2017년에 발표된 미국 에너지정보청(Energy Information Administration)의

---

1   시간 또는 계절에 따라 변하는 전력수요(부하) 중 최대값.

세계에너지전망 보고서(International Energy Outlook, EIA, 2017)에서는 "전력 수요를 견인하는 경제 활동을 반영(reflect the expectation that economic activity will continue to drive electricity demand growth)"했음에도 불구하고 2040년까지 GDP 성장에 비해 전력 수요가 느리게 성장할 것으로 전망했다(〈그림 3-6〉).

이상에서 살펴본 바와 같이 4차 산업혁명이 에너지 수요에 영향을 미친다는 사실은 자명하나, 그 방향성은 조금 더 자료가 축적되고 연구가 이루어진 뒤에야 명확해질 것으로 보인다.

3. 4차 산업혁명과 에너지 기술

4차 산업혁명은 수요 변화 이외에도 에너지 분야에 많은 변화를 가져올 것이다. 정부에서도 『2030 에너지신산업 확산전략』(관계부처 합동, 2015)을 발표하면서 앞으로 일어날 변화에 적극적으로 대응해왔는데, 미래의 에너지 트렌드, 핵심 키워드를 '프로슈머', '분산형 청정 에너지', 'ICT 융합', '온실가스 감축'의 네 가지로 설정하고 전력, 수송, 산업 등 사회 전 분야에 걸친 에너지 신산업 과제를 도출했다. 또한 이 전략에서 '에너지 솔루션 시스템 분야 세계 1위 달성'이라는 야심찬 목표를 설정했으며, 신성장동력 창출을 통해 100조 원의 신시장과 50만 명 고용을 달성하고 총 5500만 톤의 온실가스 감축이라는 세부 목표를 설정했다. 이러한 목표 달성을 위한 세부 과제는 〈표 3-5〉와 같다.

특히 수송 분야에서 2030년까지 순수 전기차 100만 대 보급이라는 목표를 밝힌 것이 이 '2030 에너지신산업 확산전략'이며, 이외에도 스마트공장 4만 개 보급 확대, ESS 대규모 신시장(총 10GWh, 5조 원 규모) 창출이라는

〈표 3-5〉 2030 에너지 신산업 확산 전략 추진 방향 및 과제

추진 방향	세부 추진 과제
1. E-프로슈머 ⇒ 누구나 에너지를 생산·판매하는 시장 활성화	① 마이크로그리드 활성화 기반 강화
	② 친환경 에너지 타운 확산
	③ 제로 에너지 빌딩 확산
	④ 수요자원 시장의 국민 참여 확대
2. 전력 분야 ⇒ 저탄소 발전 확대	① 신재생에너지 확산을 위한 생태계 마련
	② 기존 화력발전소의 저탄소화
	③ CCS를 통한 온실가스 배출 직접 감축
	④ 전력 효율화를 위한 ESS 활성화
	⑤ 차세대 송전망을 통한 전력손실 최소화
3. 수송 분야 ⇒ 전기자동차 확산	① 국민이 체감하는 전기차 보급 확대
	② 전기차 연관 생태계 활성화 기반 조성
4. 산업 분야 ⇒ 친환경 공정 신산업 창출	① 스마트 공장을 통한 에너지 소비 효율화
	② 친환경 공정 신기술 개발 및 적용 확대
	③ 전국 미활용열을 이용한 신산업 창출
5. 혁신 기반 조성	① 에너지 신산업 제도 및 핵심 인프라 강화
	② 기후변화 대응 3大 기술혁신 전략 추진
	③ 에너지 신산업 민가 투자 촉진
	④ 에너지 신산업 수출 산업화 추진

자료: 관계부처 합동, 『2030 에너지 신산업 확산 전략』(세종: 관계부처 합동, 2015), 12쪽.

정량적 목표를 설정했다. 아울러 E-프로슈머 확산, 저탄소 발전 확대, 스마트그리드 인프라 확충 등의 전략도 수립되었는데 이러한 내용은 '재생에너지 3020 이행계획'에도 반영되어 발전적으로 제시되었다(〈그림 3-7〉).

〈그림 3-7〉 3020을 통한 에너지신산업 육성

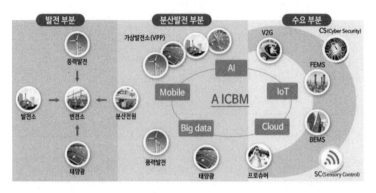

〈그림 3-7〉 3020을 통한 에너지신산업 육성

자료: 산업통상자원부, 『재생에너지 3020 이행계획(안)』(세종: 산업통상자원부, 2017a), 8쪽.

1) 에너지 수요 관리

4차 산업혁명이 직접적으로 영향을 줄 것으로 예상되는 에너지 분야는 에너지 수요 관리, 특히 에너지관리시스템(Energy Management System, EMS)을 활용한 수요 관리이다. 에너지경제연구원에서는 이 문제를 꾸준하게 연구해왔는데, 이성인과 김지효(2016)는 ICT 융복합 에너지 수요 관리의 주요 특징을 다음과 같이 정리했다.

- 지역 단위의 분산형 수급 시스템(신재생, ESS, EMS와 빅데이터의 결합)
- 에너지 공급의 서비스화
- 수요 관리 부문에 ICT 제조업 등 타 산업 유입이 확대되어 경쟁 촉진

이성인·김지효(2017)는 후속 연구에서 ICT 융복합 수요 관리를 신산업의 관점에서 조망했으며, 전 세계 ICT 융복합 수요 관리 산업 현황을 기술 융합도와 기술경쟁력 측면에서 살펴보고 국내 현황과 시사점을 도출했

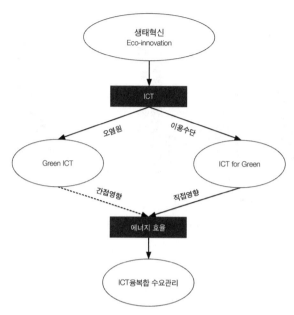

〈그림 3-8〉 혁신이론 관점에서의 ICT 융복합 수요 관리

주: 실선은 직접적 관계를, 점선은 간접적 관계를 의미.
자료: 이성인, 김지효, 『ICT 융복합 기술과 연계한 에너지수요 관리 추진 전략 연구(3차년도)』(울산: 에너지경제연구원, 2017), 6쪽.

다. 특히, 혁신이론 관점에서 정리한 ICT 융복합 수요 관리 개념의 정리
(〈그림 3-8〉)와 특허 분석을 통한 ICT 수요 관리 기술 융합 정량적 분석 결
과(예를 들어 〈그림 3-9〉)는 우리에게 시사하는 바가 크다.

ICT 융복합 에너지 수요 관리가 발전하면서 '에너지 플랫폼'이라는 개
념도 등장하게 되었다. 여기서 플랫폼은 사업 관점에서 생산자와 소비자
가 연결되어 다양한 가치가 창출되는 실질 또는 가상의 공간을 의미한다
(〈그림 3-10〉). 에너지 플랫폼은 전력뿐만 아니라 가스나 난방에 이르는 에
너지 전 분야에 걸쳐 나타나고 있으며, 에너지 기업과 함께, 스타트업을
포함한 IT, 통신 등 다양한 기업이 참여하고 있다. 또한 Google, IBM, GE,

〈그림 3-9〉 기술별 ICT-수요 관리 기술융합도

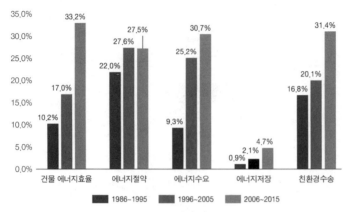

자료: 이성인·김지효, 『ICT 융복합 기술과 연계한 에너지수요관리 추진 전략 연구(3차년도)』(울산: 에너지경제연구원, 2017), 41쪽.

〈그림 3-10〉 플랫폼 구조와 일반적인 사업 구조의 비교

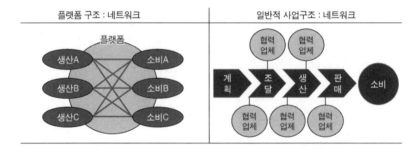

자료: 한전경제경영연구원, 『KEMRI 전력경제 REVIEW』(나주: 한전경제경영연구원, 2017), 1쪽.

삼성, LG 등 전통적인 ICT 강자도 적극적으로 진출하고 있다.

재생에너지 3020 이행계획에도 이러한 ICT 융복합 에너지 수요 관리

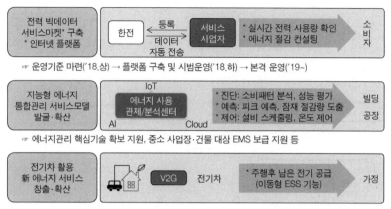

〈그림 3-11〉 첨단 전략인프라와 IoE 기술을 활용한 새로운 서비스 산업 창출

자료: 한전경제경영연구원, 『KEMRI 전력경제 REVIEW』 (나주: 한전경제경영연구원, 2017), 1쪽.

전략이 일부 담겨 있으며(〈그림 3-11〉), 앞으로 발표될 제2차 지능형전력망 기본계획과 제3차 에너지기본계획, 신재생에너지 기본 계획에 더 자세한 정책 목표가 제시될 것으로 예상된다.

2) 전기자동차

수송용 연료의 전환, 즉 원유 기반 연료를 다른 에너지원으로 전환하는 것은 에너지 분야의 오랜 과제였다. 천연가스 사용의 확대, 바이오 연료, 수소연료전지차 등 여러 가지 대안이 시도되고 있는데 그중에서 가장 주목받는 것은 전력으로의 대체이다. 블룸버그 파이낸스(Bloomberg Finance, 2017)는 2040년에는 도로의 차량 중 약 34%(5억 3천만 대)가 전기차(Electric Vehicles)로 대체될 것이라고 전망했으며, IEA(2017b)는 2030년에 총 자동차 등록 대수 대비 30%를 전기차로 대체한다는 야심적인 목표를 달성한

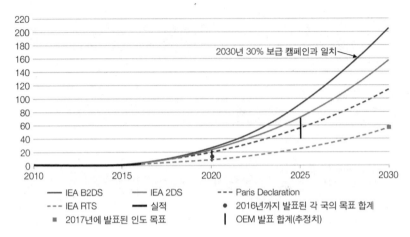

〈그림 3-12〉 시나리오에 따른 전기차 보급 대수

주: IEA RTS(기준 시나리오): 에너지 효율 기술 개선과 현재 에너지 정책 가정, 파리 협정: 파리 협정에서 논의된 에너지 정책 이행, IEA 2DS: 전 세계 온도 상승이 50%의 확률로 2도로 제한하기 위한 정책 가정, IEA B2DS: 전 세계 온도 상승을 1.75도로 제한하기 위한 정책 가정.

자료: IEA, 『Global EV Outlook 2017』(Paris: International Energy Agency, 2017b), p. 25.

다면 약 2천만 대 이상의 전기차가 보급될 것이라고 전망했다.

앞서 소개한 대로 한국도 '2030 에너지 신산업 확산 전략'에서 2030년 순수 전기차 보급 목표를 100만 대로 설정했다. 제8차 전력 수급 기본 계획에서 이러한 전기차 100만 대 보급의 영향을 분석했는데, 급속충전기와 충전기 비율(환경부와 미국 실적 시나리오), 자가용, 영업용과 같은 차량의 목적과 차급, 차량 이용 시간과 충전 시간, 충전 장소, 충전량과 가격 등을 가정하여 시뮬레이션을 진행했다(고려대학교, 2017). 시뮬레이션 결과 100만 대가 보급되더라도 최대 전력 수요 증가는 60만kW에 그치는 것으로 나타났다. 아직까지는 자료가 부족하여 정확한 시뮬레이션이 어려운 상황이지만, 전기차가 전력 수요에 큰 영향을 미칠 것이라는 일반적인 생각과는 다르게 최대 부하에는 큰 영향을 주지 못하는 것으로 분석되었다.

2015년 발표된 '2030 에너지 신산업 확산 전략'에서 제주도 전기차 100% 전환이나 1회 충전 거리 및 충전 인프라 확충과 같은 적극적인 정책을 제시했으나, 한국의 전기차 등록 대수는 2017년 상반기 기준 1만 5689대로 매년 크게 성장하고는 있지만 아직 목표에는 미치지 못하고 있다. 노르웨이가 2025년까지 새로운 등록 차량의 100%를 전기차로 전환하려는 계획을 세우는 등 북유럽 국가를 중심으로 공격적인 전기차 보급 정책이 추진되고 있으므로, 이들 나라의 정책 추진 결과를 모니터링해가며 한국의 전기차 보급 속도를 조정해나갈 필요가 있다.

3) 블록체인

블록체인은 말 그대로 온라인상의 블록(block)을 이어서 연결(chain)하는 기술을 의미하는데 이 기술이 거래에 적용될 경우, 거래 시스템에 참여하고 있는 당사자 모두에게 거래 내역이 공개되고 거래가 성사될 때마다 각자가 가지고 있는 장부를 대조하여 수정하는 작업이 이루어진다. 여러 군데 퍼져 있는 이 장부를 동시에 해킹하여 수정하는 것은 현재 기술로는 불가능에 가깝기 때문에 편리하면서도 보안성이 높은 것이 블록체인 기술의 특징이다. 현재 블록체인이 가장 활발하게 활용되고 있는 분야는 암호화폐(cryptocurrency) 시장이며 비트코인이 대표적이다. WEC(2017)는 블록체인이 에너지 시장에 미치는 영향에 대해 정리했는데(〈그림 3-13〉), 면담한 전문가 중 87%가 블록체인이 5년 내에 에너지 시스템에 중대한 영향 (the most disruptive impact)을 미칠 것이라고 답변했다.

〈그림 3-13〉에서 확인할 수 있듯이 블록체인은 에너지 가치 사슬 전 부문에 걸쳐서 활용이 가능하다. 가장 활발하게 사용되거나 사용될 것으로

〈그림 3-13〉 에너지 가치 사슬에 블록체인의 활용

	발전	송전	배전	거래	판매	검침	기타
B2C 거래 및 개인 간 거래 시스템							
마이크로그리드(P2P)	●	●	●		●	●	
전력망 관리 시스템	●	●	●	●		●	
스마트 계약(비용편익 기반 거래)				●			
수송							
충전 프로세스 관리 및 지불							●
충전소 관리							●
동승							●
자산관리							
개인 자산 자료 관리 및 통합	●						
기타							
재생에너지 등 인증서 관리				●	●		
암호화폐 지불				●	●		
블록체인 기반 공급자 변경 관리			●		●	●	

자료: WEC, 『The Developing Role of Blockchain』 (London: World Energy Council, 2017), p. 7.

예상되는 부문은 마이크로그리드의 개인 간 거래(peer-to-peer, P2P)이다. 이외에도 전력망 관리나 결제 전반, 공급자 변경 관리 등에도 활용될 것이다. 블록체인으로 인하여 보다 유연한 전력 시스템 및 전력망 관리가 가능해질 것이고, 분산형 전원의 활성화에도 크게 기여할 것으로 전망된다.

블록체인은 에너지 생산자와 소비자를 보다 직접적으로 연결하기 때문에 소규모 에너지 사업자와 프로슈머(prosumer)의 시장 참여 기회가 확대될 수 있다. 또한 분산된 에너지 시스템에서 생산자와 소비자가 직접 에너지 공급 계약을 체결할 수 있도록 해주기 때문에 중개 과정이 생략된 에너지 비즈니스 모델이 등장할 수 있다. 이러한 P2P 에너지 거래 플랫폼, 유연한 전력망 관리뿐만 아니라 전기차 충전의 결제 시스템에도 활용될 수 있으며, 스마트(양방향) 검침기(advanced metering infrastructure)와 연계하여 전력망 관리에 활용될 것이다. 블록체인은 효율적인 에너지 운송에도 활용이 가능하며, 천연가스와 같이 망을 사용하는 에너지 산업 전반으로 확산될 가능성이 높다. 다만, 시장 규제와 기술적인 불확실성, 보안 그리고 기존 에너지 시스템과의 융합(통합)이 블록체인의 성공에 걸림돌이 될 수 있다. 아울러 블록체인을 유지하기 위한 전력 소모와 망 혼잡도 증가도 종종 문제점으로 제기된다.

4) 에너지·자원 개발 기술

에너지·자원 개발 기술도 4차 산업혁명의 수혜를 입을 것으로 예상된다. GE(2013)에 따르면 산업 인터넷(industrial internet)을 통해 1%의 생산성이 향상되었을 경우 가장 많은 비용 절감이 이루어질 수 있는 분야는 석유 및 천연가스(oil & gas) 분야로 15년 동안 약 900억 달러의 절감이 가능할 것으로 추정했다. 최근의 흐름에 맞추어 에너지·자원 개발 산업에서도 ICT 융합을 통한 디지털오일필드(digital oil field) 관리, 무선 자원 탐사, 자원플랜트 운영 효율화 및 안전 자동 제어, 자원 빅데이터 처리 및 활용 등 혁신적인 변화가 진행되고 있다. 에너지·자원 산업에 ICT를 연계함으로써 작업의 효율화를 통한 생산량의 증대, 작업 공간의 축소 및 시간 절감 등을 통한 비용 감소가 기대된다. 이러한 작업에는 셸(Shell)이나 토탈(Total) 같은 전통적인 석유기업과 Microsoft, IBM 같은 IT 기업이 함께 참여하고 있다 (〈그림 3-14〉).

에너지·자원 개발 기술 분야도 플랫폼 구축이 핵심 화두로 떠오르고 있는데, "스마트 자원 플랫폼"을 통한 자원 개발 사업의 최적 운영과 ICT, 조선·해양, 철강, 화공, 플랜트 및 부품소재 등 연관 산업의 새로운 성장 동력 창출을 목표로 하고 있다. 이를 위하여 유·가스전이나 광산 현장의 빅데이터를 취득하고 클라우드에 모아 정제·표준화한 뒤 분석한 결과를 실시간으로 제공함으로써 탐사나 개발, 생산 시 발생할 수 있는 기술적 불확

자료: https://energyconferencenetwork.com/(2017. 1. 3 접속).

실성이나 위험성을 최소화하고 사업 현장의 생산성을 제고한다. 마켓츠
앤마켓츠(Markets and Markets)의 시장조사 결과에 따르면 스마트 자원 플랫
폼의 하나인 디지털오일필드 시장은 연평균 4% 수준으로 성장하여 2024
년에는 약 40조 원의 시장이 될 것으로 전망된다.

그동안 저유가와 투자 사업의 실패로 침체에 빠져 있던 자원 산업 분야
는 4차 산업혁명을 계기로 새로운 돌파구를 모색하고 있으며, 다음의 네
가지 분야를 중심으로 새로운 기술 개발 전략을 수립할 필요가 있다.

- 인공지능 기반 지능형 자원 개발 플랫폼 기술: 자원 개발 빅데이터 수
  집 및 표준화 저장 플랫폼 구축
- 자원 개발 빅데이터 분석/진단 AI 기술: 빅데이터 이용 현장 운영 통
  합 진단 AI 기술
- IoT/ICT 기반 자원 개발 실시간 현장 대응 기술
- 국가 강점 산업 연계 자원 개발 신산업 창출 및 북한 광산 자동화 기
  술: 유·가스전(광산) 플랜트 기자재 개발 및 운영 기술, 북한 광산 실시
  간 탐사, 채광 및 선광 자동화 기술

4. 에너지 기술과 미래 에너지 전략

지난 200년 동안 인류는 유례없는 경제 성장을 경험했고, 그 과정에서 에너지는 더 이상 우리에게 없어서는 안 되는 필수재가 되었다. 전력화 현상이 심화되면서, 즉 우리가 사용하는 에너지의 형태가 전력으로 대체되어가면서 일상생활뿐만 아니라 산업에서의 전력 의존도도 더욱 커졌다. 여기에 4차 산업혁명이 대두되고 깨끗하고 안전한 에너지의 공급 요구가 커지면서 우리는 또 한 번의 에너지 전환, 더 나아가 에너지 부문의 패러다임 전환을 앞두고 있다.

이번 장에서는 한국의 2030 미래 에너지 전략을 위한 "4차 산업혁명과 에너지 기술"을 살펴보았다. 구체적으로는 주 에너지 원의 변화와 우리가 맞이한 에너지 전환의 시대, 에너지 부문에 4차 산업혁명의 영향과 에너지 수요 관리, 전기차, 블록체인과 에너지 개발 기술을 살펴보았다. 이제, 한국의 성공적인 에너지 패러다임 전환을 위하여 다음과 같은 두 가지 전략을 제안하고자 한다.

1) R&D와 인력 양성

성공적인 에너지 수요 관리, 국산 전기차의 확산, 블록체인 기술을 활용한 에너지 분야 가치 창출을 위해 가장 중요한 것은 기술력의 확보이다. 그리고 이를 위해서는 지속적이고 효과적인 연구개발(R&D)과 산업의 핵심 인재로 활동할 인력의 공급이 필수적이다.

4차 산업혁명의 등장과 재생에너지의 확산, 송전망 기술의 발달로 에너지를 바라보는 시각이 달라졌다. 한전경제경영연구원(2018)에 따르면 발전과 같은 에너지 유틸리티 사업에 다섯 가지 변화가 나타나고 있는데, 그

것은 "설비에서 자료로(from facility to data)", "판매에서 절약으로(from sales to save)", "중앙에서 분산형으로(from centralized to distributed)", "소유에서 운영으로(from own to operate)", "재화에서 서비스로(from commodity to service)"이다. 이러한 다섯 가지 변화는 결국 실물을 개발·가공하여 에너지를 공급하는 것에서 기술을 통해 에너지를 생산 및 공급하는 것으로의 개념 변화를 의미하며, 따라서 안정적인 에너지 공급을 위해서는 자체적인 기술력 확보가 관건이다.

한국도 이러한 상황을 잘 인식하고 있으며, 이에 2030 에너지 신산업 확산 전략, 신재생에너지 기본 계획, 지능형전력망 기본 계획 등 관련 정책에 R&D와 인력 양성 계획을 적시하고 있다. 다만, 한국의 경제 규모를 감안하여 모든 분야에 대한 R&D를 추진하는 것보다는 세계적인 성과를 낼 수 있는 분야를 중심으로 선택과 집중을 하는 전략이 필요하며, 배출 인력과 산업의 불일치(mismatch)가 발생하지 않도록 유의해야 한다. 아울러 4차 산업혁명과 에너지 기술은 융합이 핵심 개념이므로, 여러 분야에서 개별적으로 진행되고 있는 R&D 중에서 시너지를 낼 수 있는 분야를 통합 관리할 컨트롤 타워의 설치도 검토할 필요가 있다.

2) 에너지 시장 구조 개편

기술을 성공적으로 확보하더라도 개발 기술이 활용될 수 있는 시장이 없다면 아무런 소용이 없을 것이다. 잘 알려진 대로 한국의 에너지 시장은 다소 경직된 시장으로 에너지 공기업을 중심으로 독점적인 산업 구조를 지니고 있다. 에너지 산업은 망 산업의 특징과 장치 산업으로 규모의 경제 특성을 가지고 있기 때문에 자연적으로 독점이 발생하기 쉬운 구조이다. 더욱이 과거 한국에는 자본이 매우 부족했고, 산업 발전을 위해 에너지의 안정적인 공급이 필수였기 때문에 공기업을 중심으로 에너지 산업을 성장시킬 수밖에 없었다. 이제는 시장도 성숙기에 도달했고, 앞서 정리한대로 에너지 분야를 둘러싼 환경이 급변하고 있기 때문에 보다 경쟁적인 시장으로의 구조 개편을 진지하게 검토해야 할 시점이다.

실시간 수요 관리나 전력 거래, 블록체인 기술을 활용한 결제 등 새로운 에너지 기술이 정착되기 위해서는 결국 기업들이 신기술로 창출한 가치를 보상할 수 있는 체계가 마련되어야 한다. 그러나 현재의 변동비반영시장(Cost Based Pool, CBP)과 전력 정산 규칙은 전력 서비스의 가치가 제대로 반영되기 어려운 구조이다. 따라서 1990년대 말 전력산업 구조 개편을 시작하며 과도기적으로 도입한 CBP에서 탈피하여 멈추어 있는 구조 개편 작업을 지속할 필요가 있다. 그리고 이 과정에서 한국 에너지 산업의 근간을 이루고 있는 공기업의 역할도 다시 조명해보아야 한다.

전력은 동일한 재화를 만들어낼 수 있는 다양한 방법(에너지 원)이 존재하고, 각 방법의 비용 또한 다르기 때문에 정책의 영향을 많이 받을 수밖에 없다. 따라서 에너지 시장의 구조 개편을 진행하며 독립적인 에너지 규제 기관을 도입하는 방안도 검토할 필요가 있다. 미국의 FERC(Federal Energy Regulatory Commission)나 영국의 OfGEM(Office of Gas and Electricity Markets) 같은 독립 에너지 규제기관을 도입하는 것으로 에너지 거버넌스를 변경하여, 일관되고 정권 교체에 영향을 적게 받는 에너지 정책을 추진하는 것이다. 이를 통해 앞으로 보다 경쟁적인 에너지 시장이 형성된다면, 4차 산업혁명에 따른 새로운 에너지 기술도 성공적으로 시장에 정착할 수 있을 것이다.

대한민국은 자원 빈국이다. 비록 지금은 아니지만, 경제가 어느 정도 성장한 이후부터 에너지 주권의 독립, 에너지·자원 안보 확보는 언제나 최우선 국정 과제 중 하나였다. 그러나 경제가 성장하는 만큼 에너지 소비량도 급격하게 증가하면서 에너지 독립의 꿈은 멀게만 느껴졌으며, 그 과정에서 무리한 해외 자원 개발로 인한 상당한 손실도 발생했다. 이러한 상황에서 4차 산업혁명과 에너지 기술의 발전으로 재화가 아닌 기술로 경제적인 에너지를 만들어 낼 수 있는 세상이 우리 앞으로 성큼 다가온 것이다. 앞으로 수년의 시간이 매우 중요하다. 이번 기회를 놓쳐서 에너지 생산 기술과 관리 기술을 확보하지 못하고 결국 외국의 기술에 의존하게 된다면 에너지 독립의 꿈은 그대로 꿈으로 남게 될 것이다.

참고 문헌

관계부처 합동. 2015. 「2030 에너지 신산업 확산 전략」.

고려대학교. 「전기차 보급확대에 따른 전력수요 검토결과」. 친환경 전력공급체계 구현을 위한 세미나.

산업통상자원부. 2014. 『제2차 에너지기본계획』.

_____. 2017a. 『재생에너지 3020 이행계획(안)』.

_____. 2017b. 『제8차 전력수급기본계획(2017~2031)』.

에너지경제연구원. 2017. 『2017년 에너지통계연보』.

이성인·김지효. 2016. 『ICT 융복합 기술과 연계한 에너지수요 관리 추진 전략 연구(2차년도)』.

_____. 2017. 『ICT 융복합 기술과 연계한 에너지수요 관리 추진 전략 연구(3차년도)』.

한전경제경영연구원. 2017. ≪KEMRI 전력경제 REVIEW≫, 제22호.

_____. 2018. ≪KEMRI 전력경제 REVIEW≫, 제7호.

Bain & Company. 2017. "The Future of Electricity: New Technologies Transforming the Grid Edge." Cologny: World Economic Forum.

Bloomberg Finance. 2017. *Electric Vehicle Outlook 2017*』New York: Bloomberg Finance.

EIA. 2017. *International Energy Outlook*. Washington D.C.: Energy Information Administration.

_____. 2018. "미국의 에너지 소비 변화." http://www.eia.gov/todayinenergy/detail.php?id=10(2018. 3. 30 접속).

Energy Conference Network. 2017. "Energy Conference Network 참여 기업 예시". https://energyconferencenetwork.com/(2017. 1. 3 접속)

GE. 2018. "Industrial internet: the power of 1%," GE Look ahead, http://gelookahead.economist.com/infograph/industrial-internet-the-power-of-1-2/(2018. 3. 28 접속).

IEA. 2017a. *World Energy Outlook 2017*. Paris: International Energy Agency.

_____. 2017b. *Global EV Outlook 2017*. Paris: International Energy Agency.

Krasser, M. 2015. 12. 1. "Energy 4.0 - Ensuring a reliable energy system for the future." *Public hearing EESC*. Brussels: EESC.

OECD. 2010. *Greener and Smarter: ICTs, the Environment and Climate Change*. Paris: Organisation for Economic Cooperation and Development, Paris.

Stern, D.I. 2004. "Economic growth and energy." in Cleveland, C.J. and Ayres, R.U.(eds.). *Encyclopedia of energy*, pp. 1~17. Amsterdam: Elsevier Academic Press.

WEC. 2017. *The Developing Role of Blockchain*. London: World Energy Council.

04

EU 전기자동차산업의 발전[*]
프랑스 사례가 한국에 주는 함의

안상욱

1. 서론

환경오염과 지구온난화 등의 문제로 자동차산업에서 친환경 에너지 이용은 중요한 화두로 부상하고 있다. 실제로 전 세계적으로 전기자동차 열풍이 불고 있다. 테슬라의 일론 머스크 최고경영자(CEO)가 전했듯이, 2016년 3월 31일 테슬라의 준중형 전기자동차 모델인 '모델3'가 공개되고 예약 주문에 들어간 지 단 이틀 만에 예약 대수가 25만 3000대를 기록하는 기염을 토했다. 이는 기존의 세계 최대 판매차인 일본 닛산의 '리프'가 6년간 기록했던 20만 1991대의 판매량을 상회하는 것이다.

지구온난화 및 환경오염 등의 문제에 세계 각국은 발 빠르게 기존의 화

---

[*] 이 글은 안상욱, 「자동차산업의 친환경 에너지 이용: 프랑스 전기자동차 사례를 중심으로」, ≪EU연구≫, 제43호(2016년), 199~222쪽을 재구성했다.

석연료를 이용하는 자동차를 대체하려는 계획을 세워왔다. 프랑스 정부 역시 중앙정부 차원, 지방정부 차원, 자동차기업 차원에서 치밀하게 준비해왔다. 프랑스 중앙정부 차원에서 친환경 교통수단 이용 확대를 위해 전기자동차 구매 인센티브 제도와 충전 인프라 확충에 관한 정부 지원을 확대하고 있다. 특히 프랑스는 2008년에 유럽 국가 중 가장 빨리 친환경 자동차 인센티브를 도입했다. 지방정부 차원에서는 전기자동차 대여 제도를 실시하여 전기자동차 사용의 폭을 확대하는 데 노력을 기울이고 있다. 자동차기업도 전기자동차 분야에 대한 지속적인 투자를 기울여왔다.

한국 정부도 친환경 자동차 구매자에게 보조금과 함께 개별소비세와 취·등록세 등 세금 감경 혜택을 제공하고 있다. 정부는 환경부 예산 집행을 통하여 친환경차 한 대당 수소자동차 2750만 원, 고속전기자동차 1200만 원, 저속전기자동차 450만 원, 플러그인하이브리드자동차 500만 원, 하이브리드자동차 50만 원 등을 지원하고 있으며, 각 지자체별로 고속전기자동차의 경우 440만 원~1100만 원, 수소자동차의 경우 최대 2750만 원까지 추가 지원금 혜택을 주고 있다. 하지만 전기자동차 대신에 수소자동차 개발에 경주했던 현대-기아자동차 그룹의 선택 때문에, 한국의 자동차 산업은 전기자동차 분야에서 경쟁 기업에 많이 뒤처지는 것이 현실이다.

이 글은 프랑스 전기자동차 발전 현황, 프랑스 중앙정부의 전기자동차 육성 정책, 프랑스 지방정부의 전기자동차 이용 확대 및 프랑스 자동차기업의 전기자동차 개발 전략에 중점을 맞추어 진행했다.

2. 선행 연구 분석

온실가스 배출 감축이라는 시대의 필요성에 부합하여, 전기자동차에 대한 연구는 국내외에서 활발하게 진행되었다. 그러나 대부분의 연구는 전기자동차 개발에 관련된 공학 분야의 연구이거나 국책 연구 기관의 연구다.

한국도시환경학회의 논문집에 수록된 「한미 FTA와 온실가스배출 감축정책 및 전기자동차 특허동향」[1], 전력전자학회의 논문집에 수록된 「그린카 보급정책 동향 및 호남광역경제권 전기자동차 산업 육성전략」[2], 대한전자공학회의 논문집에 수록된 「국내 전기자동차의 필요성과 기술 개발 현황」[3], 한국디지털정책학회의 논문집에 수록된 「스마트그리드를 통한 전기자동차의 전력망 영향 관리 효과」[4] 등이 그 사례라고 할 수 있다.

한국교통연구원의 「전기자동차 추진정책의 평가 및 향후 과제」[5], 과학기술정책연구원의 「전기자동차 최근 국내외 동향과 정책적 시사점」[6], 산업연구원의 『전기자동차 도입에 따른 시간별 전기수요 추정 및 정책적 시사점』[7]등이 관련 사례라고 할 수 있다.

따라서 국내에서 전기자동차 연구의 초점은 주로 공학 관련 학문 분야의 필요성에서 기술적인 측면에 집중되어 이루어졌다. 국책 연구 기관에서 수행된 전기자동차 연구는 전기자동차의 부상이라는 현상을 개괄적으

---

1 조재신, 「한미 FTA와 온실가스배출 감축정책 및 전기자동차 특허동향」, 《한국도시환경학회지》, 제14권 제3호(2014년), 247~254쪽.
2 이준항, 「그린카 보급정책 동향 및 호남광역경제권 전기자동차 산업 육성전략」, 《전력전자학회지》, 제16권 제2호(2011년), 25~31쪽.
3 손영욱, 「국내 전기자동차의 필요성과 기술 개발 현황」, 《전자공학회지》, 제42권 제9호(2015년), 29~37쪽.
4 박찬국·최도영·김현제, 「스마트그리드를 통한 전기자동차의 전력망 영향 관리 효과」, 《디지털융복합연구》, 제11권 제11호(2013년), 767~774쪽.
5 황상규, 「전기자동차 추진정책의 평가 및 향후 과제」, 《월간교통》, 2009-08(2009년), 29~37쪽.
6 김광석·노은경, 「전기자동차 최근 국내외 동향과 정책적 시사점」, 《과학기술정책》, 제200호(2015년), 28~37쪽.
7 조덕희, 『전기자동차 도입에 따른 시간별 전기수요 추정 및 정책적 시사점』(서울: 산업연구원, 2012).

로 보여주는 연구이거나 국책 연구 기관의 특수한 관심 분야에 초점을 맞추어 이루어졌다.

이와 같은 국내 연구 환경에서, 전기자동차의 부상이라는 현상에 대응하기 위해서 중앙정부, 산업계, 지방정부 차원의 대응에 대해서 입체적으로 분석한 연구는 거의 없었다.

해외 연구의 경우는 "Increasing electric vehicle policy efficiency and effectiveness by reducing mainstream market bias"[8], "Plug-in electric vehicle market penetration and incentives: a global review"[9], "Optimal Charging of Electric Vehicles in Low-Voltage Distribution Systems"[10]과 같이 대부분의 경우에 전기자동차 정책의 효율성을 점검하는 연구이거나 전기자동차 시스템을 구축하기 위한 공학적인 연구였다.

해외 연구 중에는 "Electric Vehicles, Energy Efficiency, Taxes, and Public Policy in Brazil(브라질에서 전기자동차, 에너지 효율성, 조세, 공공정책)"[11] 과 같이 한 국가의 전기자동차 관련 정책에 대한 분석이 이루어지기도 했다. 특히 "Shaping an emerging market for electric cars: how politics in France and Germany transform the European automotive industry(전기자동차를 위한 시장형성: 프랑스와 독일에서 유럽자동차 산업을 변화시킨 정책을 중심

8   Erin Green, Steven Skerlos and James Winebrake, "Increasing electric vehicle policy efficiency and effectiveness by reducing mainstream market bias," *Energy Policy*, Vol. 65 (February 2014), pp. 562~566.

9   Yan Zhou, Michael Wang, Han Hao, Larry Johnson and Hewu Wang, "Plug-in electric vehicle market penetration and incentives: a global review," *Mitigation & Adaptation Strategies for Global Change*, Vol. 20 Issue 5(June 2015), pp. 777~795.

10 Peter Richardson, Damian Flynn and Andrew Keane, "Optimal Charging of Electric Vehicles in Low-Voltage Distribution System," *IEEE Transactions on Power Systems*, Vol. 27 Issue 1(February 2012), pp. 268~279.

11 José Marcos Domingues and Luiz Artur Pecorelli-Peres, "Electric Vehicles, Energy Efficiency, Taxes, and Public Policy in Brazil," *Law & Business Review of the Americas*, Vol. 19 Issue 1(Winter 2013), pp. 55~78.

으로)"12과 같이 프랑스와 독일에서 전기자동차 시장 형성 과정에 관련된 연구가 존재한다.

이 논문에 따르면, 프랑스에서 전기자동차 발전에 대한 관심이 증대된 것은 점증하는 자동차 산업의 경쟁 속에서 프랑스 자동차 산업은 전기자동차에서 돌파구를 찾으려 했기 때문이다. 더욱 결정적인 계기는 2007년 니콜라 사르코지 당시 대통령의 주재로 환경에 관련된 다자간 협의(Grenelle de l'environnement)가 진행되면서 마련되었다. 당시 회의에는 국가 경제의 지속 가능한 발전을 이룰 수 있도록, 국가, 민간 대표, 지방자치단체가 참석했다. 당시 회의에서 사르코지 대통령은 '화석연료를 사용하지 않는 자동차(véhicules décarbonés)'를 언급했는데, 이와 같은 생각이 프랑스 정부 차원에서 발전해, 프랑스 정부는 탄소 배출에서 EU의 규정을 준수하고 프랑스 자동차산업의 경쟁력을 확보할 방안을 모색하고자 했다.

전기자동차 분야에서 프랑스의 도약을 이해하기 위해서는, 프랑스 중앙정부, 지방자치단체, 자동차 산업계가 전기자동차 활성화를 위해서 어떻게 대응했는지 보다 종합적으로 현황을 분석한 연구가 필요하다. 본 연구는 2008년 유럽에서 친환경 자동차에 대한 정부 차원의 인센티브를 유럽에서 처음으로 제공했고, 전기자동차 확산의 흐름을 미리 예측하고 자동차 산업계가 이에 대비한 준비를 공공하게 했으며, 지방정부차원에서도 전기자동차 확산을 위해서 노력을 경주하고 있는 프랑스 사례에 대한 분석을 진행한다. 프랑스에서 전기자동차 관련 정책의 발전과 전기자동차 활용 문화의 확산, 자동차 산업계의 전기자동차 개발 노력에 초점을 맞추어 입체적인 연구를 진행한다.

---

12 Julia Hildermeier and Axel Villareal, "Shaping an emerging market for electric cars : how politics in France and Germany transform the European automotive industry", *European review of industrial economics and policy*, No. 3(2011), pp. 1~22.

〈표 4-1〉 EU 회원국 대체에너지 이용 자동차 등록 대수*

국가	2014년 1분기-4분기	2015년 1분기-4분기	전년 대비 변화 (%)
그리스	813	1,314	61.6
네덜란드	33,857	60,589	79.0
덴마크	1,726	4,696	172.1
독일	50,385	55,994	11.1
라트비아	629	382	-39.3
루마니아	252	471	86.9
리투아니아	165	326	97.6
벨기에	10,529	11,490	9.1
불가리아	2	21	950.0
스웨덴	19,164	23,657	23.4
스페인	14,827	23,152	56.1
슬로바키아	1,252	1,140	-8.9
아일랜드	1,257	2,082	65.6
에스토니아	610	429	-29.7
영국	51,853	72,775	40.3
오스트리아	4,434	5,901	33.1
이탈리아	218,785	210,956	-3.6
체코	3,466	5,322	53.5
포르투갈	3,089	4,780	54.7
폴란드	8,790	11,212	27.6
프랑스	56,300	80,728	43.4
핀란드	2,355	3,662	55.5
헝가리	647	1,056	63.2
EU	485,187	582,135	20.0

* 대체에너지 이용 자동차 = 전기자동차+하이브리드 전기자동차+천연가스 자동차+LPG 자동차

자료: ACEA (유럽자동차공업협회)

3. 프랑스 전기자동차 발전 현황

EU 전체의 전기자동차, 하이브리드 전기자동차, 천연가스 자동차, LPG 자동차를 포함한 2015년 대체에너지 이용 자동차 등록 대수는 58만 2135대였다. 이 중 프랑스의 2015년 대체에너지 이용 자동차 등록 대수는 8만

<표 4-2> EU 회원국 전기자동차 등록 대수*

국가	2014년 1분기-4분기	2015년 1분기-4분기	전년대비 변화 (%)
그리스	59	67	13.6
네덜란드	14,805	43,441	193.4
덴마크	1,616	4,643	187.3
독일	13,118	23,481	79.0
라트비아	194	35	-82.0
루마니아	7	24	242.9
리투아니아	9	37	311.1
벨기에	2,047	3,837	87.4
불가리아	2	21	950.0
스웨덴	4,667	8,588	84.0
스페인	1,405	2,224	58.3
슬로바키아	117	66	-43.6
아일랜드	256	583	127.7
에스토니아	340	34	-90.0
영국	14,608	28,715	96.6
오스트리아	1,718	2,787	62.2
이탈리아	1,420	2,283	60.8
체코	197	298	51.3
포르투갈	289	1,083	274.7
폴란드	141	259	83.7
프랑스	12,497	22,867	83.0
핀란드	445	658	47.9
헝가리	39	130	233.3
EU	69,996	146,161	108.8

* 전기자동차 = 배터리 자동차+주행거리 연장형 전기자동차+플러그인 하이브리드 자동차+연료전지 전기자동차

자료: ACEA (유럽자동차공업협회).

728대였다. 이는 21만 956대를 기록한 이탈리아를 제외하고는 EU 내에서 두 번째로 큰 규모이다. 7만 2775대를 기록한 영국과 5만 5994대를 기록

한 독일보다는 큰 규모이다. 대체에너지를 사용하는 자동차 등록 규모는 프랑스에서 2015년에 전년 대비 43.4% 증가했다. EU 전체에서 대체에너지 이용 자동차 등록 대수는 2014년과 2015년 사이에 9만 6948대가 증가했으며, 프랑스에서는 2014년과 2015년 사이에 2만 4428대가 증가했다. EU 전체 신규 대체에너지 자동차 수요의 25%가 프랑스에서 창출된 것이다.

〈표 4-2〉는 EU 회원국 전기자동차 등록 대수에 관련된 통계이다. EU 내에서 2015년 프랑스의 전기자동차 등록 대수는 4만 3441대를 기록한 네덜란드, 2만 8715대를 기록한 영국, 2만 3481대를 기록한 독일에 이어, 2만 2867대를 기록한 프랑스가 다음의 지위를 차지했다. EU 전체에서 2014년과 2015년에 전기자동차 등록 대수는 7만 6165대가 증가했다. 이 중 1만 370대가 프랑스에서 증가한 것이다. 이는 EU 전체 전기자동차 수요의 13%가 프랑스에서 창출된 것을 의미하는 것이다.

〈표 4-3〉은 EU 회원국 하이브리드 자동차 등록 대수에 관련된 통계이다. 2015년 프랑스의 하이브리드 차량 등록 대수는 5만 6030대로 EU 내 1위를 기록했고, 영국이 4만 4060대로 뒤를 이었으며, 독일이 2만 5512대로 3위를 기록했다. 또한 〈표 4-3〉에 따르면 2014년 대비 2015년 하이브리드 자동차의 EU 내 신규 수요 중 36%가 프랑스에서 창출되었다.

이와 같이 EU 내 친환경 자동차시장에서 프랑스는 중요한 지위를 차지하고 있다. 여기에는 프랑스 정부의 친환경 자동차에 대한 보조금 및 인센티브가 중요한 역할을 했다.[13] 이와 같이 프랑스는 친환경 대체에너지 자동차 소비 분야에서 EU시장을 선도하는 국가이다.

〈표 4-4〉는 유럽 내 최다 판매 전기자동차에 대한 통계이다. 이 통계 자

---

13 ≪르피가로≫, 2016년 3월 24일. "르노 조에, 2015년 유럽에서 가장 많이 팔린 전기자동차", http://www.lefigaro.fr/conjoncture/2016/03/24/20002-20160324ARTFIG00321-la-renault -zoe-voiture-electrique-la-plus-vendue-en-europe-en-2015.php(2016년 4월 1일 검색).

국가	2014년 1분기-4분기	2015년 1분기-4분기	전년대비 변화 (%)
그리스	425	853	100.7
네덜란드	14,831	16,114	8.7
덴마크	n.a	n.a	n.a
독일	22,839	22,512	-1.4
라트비아	216	206	-4.6
루마니아	245	447	82.4
리투아니아	156	289	85.3
벨기에	7,430	6,880	-7.4
불가리아	n.a	n.a	n.a
스웨덴	6,997	8,710	24.5
스페인	12,083	18,406	52.3
슬로바키아	58	117	101.7
아일랜드	1,001	1,499	49.8
에스토니아	233	355	52.4
영국	37,245	44,060	18.3
오스트리아	1,926	2,411	25.2
이탈리아	21,154	25,240	19.3
체코	386	994	157.5
포르투갈	1,930	3,058	58.4
폴란드	3,858	5,416	40.4
프랑스	41,208	56,030	36.0
핀란드	1,787	2,846	59.3
헝가리	517	818	58.2
EU	176,525	217,261	23.1

* 하이브리드자동차 = Full Hybrid(풀 하이브리드)+Mild Hybrid(마일드 하이브리드)

자료: ACEA (유럽자동차공업협회).

료에 따르면, EU 전기자동차 시장에서 프랑스 업체의 활약이 돋보이고 있다. 프랑스 자동차인 르노 조에(Zoe)는 2015년 유럽 시장 최다 판매 전기자동차였다. 또한 르노-닛산 그룹의 다른 전기자동차 모델 역시 전기자동

〈표 4-4〉 유럽 내 최다 판매 전기자동차 (기준: 2015년, 등록 대수)

자동차 모델명	등록 대수
르노 조에 (Renault Zoe)	18,727
테슬라 모델 S (Tesla Model S)	15,515
닛산 리프 (Nissan LEAF)	15,455
폭스바겐 e-골프 (Volkswagen e-Golf)	11,110
BMW i3	7,234
기아 소울 EV (Kia Soul EV)	5,897
르노 캉구 ZE (Renault Kangoo ZE)	4,328
닛산 e-NV200 (Nissan e-NV200)	3,794
폭스바겐 e-Up! (Volkswagen e-Up!)	2,875
메르세데스-벤츠 B-클라스 일렉트릭 (Mercedes-Benz B-Class Electric)	2,796
스마트 포투 (Smart Fortwo)	2,081
푸조 아이온 (Peugeot iOn)	1,930
시트로엥 시-제로 (Citröen C-Zero)	1,493

☐ 르노-닛산 그룹 자동차
▨ PSA 그룹 자동차

자료: 르피가로 93235.

차 시장에서 중요한 위치를 차지했다. 르노 조에는 1만 8727대가 판매되었고, 닛산 리프(Leaf)는 1만 5455대가 판매되었고, 르노 캉구(Kangoo) ZE는 4328대가 판매되었고, 닛산 e-NV200은 3794대가 판매되었다. 또한 PSA(푸조-시트로엥 그룹)의 푸조 아이온(iOn)과 시트로엥 시-제로(C-Zero) 역시 유럽 전기자동차 시장에서 중요한 역할을 했다.

이처럼 프랑스 자동차 기업들은 유럽 전기자동차 시장에서 중요한 위치를 차지하고 있는데, 이는 프랑스 자동차 기업이 오랫동안 전기자동차 분야에 투자하고 시장 확보를 위해서 준비했기 때문에 가능한 일이었다. 〈표 4-4〉의 유럽 내 최다 판매 전기자동차 통계에서 르노-닛산 그룹과

PSA 그룹의 전기자동차가 차지하는 비중은 무려 49%였다. 이는 유럽 전기자동차 시장에서 프랑스 자동차기업들이 매우 강력한 영향력을 발휘하고 있음을 보여주는 것이다.

4. 프랑스 중앙정부, 지방자치단체, 자동차 산업계의 대응

프랑스에서 전기자동차 등 친환경 자동차의 확산이 두드러지고, 유럽 내 최다 판매 전기자동차 중에서 르노-닛산 그룹과 PSA 그룹의 전기자동차가 차지하는 비중이 높은 이유는 전기자동차 이용의 확대를 위해서 프랑스 중앙정부, 지방자치단체, 산업계가 유기적으로 대응했기 때문이다. 프랑스 중앙정부는 기존의 자동차 공장을 전기자동차 공장으로 전환하는 비용을 지원했다. 프랑스 중앙정부는 친환경 자동차에 보조금을 제공하고, 대기오염 유발 자동차에 불이익을 주는 '보너스-말러스(Bonus-Malnus)' 방식으로 전기자동차 등 친환경 자동차 구매 확대에 기여했다. 프랑스 지방정부는 오염 배출 자동차의 도심 진입을 억제하고, 전기자동차 대여 서비스 인프라를 구축하는 방식으로 전기자동차 이용 문화 확산에 기여했다. 프랑스 자동차업계는 전기자동차의 부상이라는 시장의 트렌드를 먼저 파악하고 이에 대한 철저한 준비 작업을 했다.

1) 프랑스 중앙정부의 전기자동차 육성 정책

프랑스 정부가 전기자동차로의 전환을 적극적으로 추진하게 된 결정적인 계기는 2007년에 니콜라 사르코지 당시 대통령의 주재로 열린 환경에 관련된 다자간 협의(Grenelle de l'environnement)였다. 당시 회의는 국가 경제의 지속 가능한 발전을 이룰 수 있도록 국가, 민간 대표, 지방자치단체가 참석했다. 여기서 사르코지 대통령은 '화석연료를 사용하지 않는 자동차(véhicules décarbonés)'에 대해서 언급했는데, 이와 같은 계획이 프랑스 정부 차원에서 발전하여, 프랑스 정부는 탄소 배출에서 EU의 규정을 준수하고 프랑스 자동차 사업의 경쟁력을 확보할 방안을 모색하고자 했다. 이를 위해 프랑스 정부는 전기자동차 10만 대를 구매하는 등 수요를 창출했고, 자동차업계는 전기자동차에서 새로운 기회가 창출될 것이라고 전망하고 이를 토대로 발전 전략을 수립했다.

2008년 세계 금융위기 당시에 프랑스 정부는 프랑스 자동차기업에 재정을 지원했고, 이에 대한 대가로 프랑스 자동차기업은 R&D에 대한 투자를 증대시켜야 했다. 또한 프랑스 정부는 프랑스 내에서 자동차기업의 고용이 유지되는 것을 희망했다. 프랑스 정부는 르노자동차의 플랭(Flins) 공장이 전기자동차인 '르노 조에(Renault Zoe)'를 생산하는 공장으로 전환되는 데 재정을 지원했다. 또한 프랑스 정부는 2008년 말 유럽 국가 중 가장 먼저 친환경 자동차 보상금을 지급하는 보너스(Bonus)제도를 도입했다. 프랑스 정부가 도입한 친환경자동차 보너스 제도를 통해서 소비자가 탄소 배출량이 적은 신차를 구매하도록 촉진하는 것이 목표였다. 2008년에 프랑스 정부가 도입한 보너스 제도는 km당 0~20g의 탄소를 배출하는 승용차 혹은 승합차에 해당하는 신차를 구입하거나 2년 이상 임대한 소유자에게 재정을 지원하는 것이었다. 물론 해외에서 구매했거나 중고차의 경우는 프랑스 정부의 친환경자동차 보너스 제도의 혜택을 받을 수 없었다. 프랑스 정부가 도입한 친환경자동차 보너스 제도는 친환경자동차 공급 상황에 따라 해마다 개정되었다.

'녹색성장을 위한 에너지전환(la transition énergétique pour la croissance verte)'에 관련된 2015년 8월 17일 법에 따라, 에너지전환 및 기후변화 대응을 위해,

에너지 효율성 제고, 친환경 교통수단 이용 확대 등 다양한 방안들이 추진되고 있다. 특히 프랑스에서 수송 부문이 전체 탄소 배출량의 25% 이상을 차지하고 있으며 미세먼지 배출의 주요 오염원이라는 비판을 받으면서, 교통수단 개혁에 대한 목소리가 증대되었기 때문에 에너지전환 정책이 이에 집중되고 있다. 친환경 교통수단 이용 확대를 위해, 프랑스 정부는 전기자동차 구매 보너스제도와 충전 인프라 확충에 관한 정부 지원을 확대했다.[14] 이와 같은 프랑스 정부의 조치는 전 세계적으로 기후변화에 대한 대비가 강화되고 환경오염에 대한 규제가 엄격해지는 상황에서 전기자동차가 자동차 시장의 중요한 트렌드로 자리 잡았다는 점을 프랑스 정부가 이해하고 있다는 것을 의미한다.[15]

구체적으로 프랑스 정부가 현재 시행하고 있는 전기자동차 육성책을 살펴보면 다음과 같다. 프랑스의 전기자동차 육성책은 2017년부터 1월 1일부터 〈표 4-5〉와 같은 기준으로 새롭게 개정되었다.

프랑스 정부는 충전형 하이브리드 차량에 대한 인센티브를 2018년부터 폐지했다.[16]

프랑스 정부는 전기자동차 구매를 위한 보조금 지급뿐만 아니라, 전기자동차 인프라를 확대하기 위한 법률 집행을 통해서 전기자동차 이용 확산에 기여하고 있다. 2012년 「그르넬법(la loi Grenelle)」에 따라서, 신규 건물의 주차 공간 10%는 전기자동차 충전 장비를 갖추어야 한다. 이는 신규

---

14 에너지경제연구원, "2016년 EU 및 주요 회원국의 에너지 정책 전망", ≪세계 에너지시장 인사이트≫, 제16-3호(2016년 1월 22일).

15 ≪조선비즈≫, "수소차에 '올인'한 현대차…수소차도 도요타에 밀려", 2016년 4월 11일.

16 프랑스 환경부(Ministère de la Transition écologique et solidaire), "환경 보너스·분담금, 차량 교체 보조금, 자전거 이용 보너스제도(Bonus-malus écologique, prime à la conversion et bonus vélo)", https://www.ecologique-solidaire.gouv.fr/bonus-malus ecologique-prime-conversion-et-bonus-velo (2018년 3월 20일 검색).

〈표 4-5〉 프랑스 정부의 친환경 전기자동차 보너스 기준

탄소 배출 (g/km)	차량 유형	보너스 금액 (2018년 1월 1일 기준, €)	비고
0 à 20 g	승용차, 승합차, 특장차	6000 € (구입 비용의 27% 한도)	전기자동차에만 해당
한도 없음	납 성분이 없고 3kWh 이상의 성능을 가진 전기모터를 사용하는 2륜차, 3륜차 또는 4륜 오토바이	배터리 용량 기준 kWh 당 250 € par kWh (구입 비용의 27% 한도)	전기자동차에만 해당
한도 없음	납 성분이 없고 3kWh 미만의 성능을 가진 전기모터를 사용하는 2륜차, 3륜차 또는 4륜 오토바이	100 €	전기자동차에만 해당

자료: 프랑스 환경부[19]

건물에 전기자동차 충전 인프라를 확보하기 위한 조치이다. 또한 「그르넬 법」에 따라서, 세입자가 건물 주차시설에 전기자동차 충전 장비 설치를 주택 소유주에게 요구할 경우 주택 소유주는 세입자의 요구를 거절할 수 없게 되었다.[17] 또한 프랑스 정부는 2014년 9월부터 2015년 12월까지 전기자동차 충전 시설을 설치하는 개인에게 30%의 세제 혜택을 부여했다. 전기자동차 충전 장비 설치를 확대하기 위한 법률 집행과 세제 혜택 제공을 통해서 프랑스 정부는 2030년까지 전 프랑스에 700만 대의 전기자동차 충전 장비를 설치할 계획이다.[18]

---

17 프랑스 환경·에너지·해양부, "녹색성장을 위한 에너지전환법", www.developpement-durable.gouv.fr/Developper-les-transports-propres,41392.html(2016년 3월 20일 검색).

18 ≪RTL≫, "전기자동차: 파리 시내 급속 충전기", http://www.rtl.fr/actu/sciences-environnement/voiture-electrique-une-borne-de-recharge-rapide-a-paris-7776458313(2018년 3월 20일 검색).

19 프랑스 환경부(Ministère de la Transition écologique et solidaire), "환경 보너스-분담금,

이와 같이 프랑스 정부는 EU 차원의 탄소 배출 감소에 부응하고, 프랑스 전기자동차산업의 발전을 위해서 프랑스 정부는 자동차기업에 재정을 지원했고, 프랑스 내에서 전기자동차 수요의 확대를 위해서 친환경자동차 구매자에게 금전적 인센티브를 제공했다.

2) 프랑스 지방정부의 전기자동차 이용 문화 확산 정책

프랑스 중앙정부가 친환경자동차 취득에 대한 재정 지원을 통해서 전기자동차 시장을 활성화하고 전기자동차 충전 장비 확산을 위한 법안을 마련했다면, 프랑스 지방정부는 전기자동차 대여 서비스 운영과 오염 배출 자동차의 도심 진입 금지를 통해서 전기자동차 이용 문화를 확산하고 있다. 프랑스 전기자동차 업체인 볼로레(Bolloré)와 파리시가 합작으로 시행하는 전기차 공공 대여 서비스 오토리브(Autolib)를 그 사례로 들 수 있다.[20] 오토리브 서비스는 1년간 프리미엄 회원으로 등록할 경우, 매월 10유로를 회비로 납입하는 대신에 30분당 6유로라는 할인된 사용료와 예약비 무료라는 혜택을 받을 수 있다. 오토리브 서비스는 1년간 일반 회원으로 등록할 경우 매월 납입하는 회비는 없지만, 30분당 사용료가 9유로이고, 예약마다 1유로의 예약 수수료가 부과된다. 오토리브 사용자는 시내 곳곳에 산재한 오토리브 정류소에서 자동차를 대여해 목적지 인근의 오토리브 정류소에 반납할 수 있는 편리성을 가진다. 볼로레는 전기자동차의 배터리 지속성 문제를 해결하기 위하여, 지난 15년간 리튬이온 배터리

차량교체 보조금, 자전거이용 보너스제도(Bonus-malus écologique, prime à la conversion et bonus vélo)", https://www.ecologique-solidaire.gouv.fr/bonus-malus-ecologique-prime-conversion-et-bonus-velo (2018년 3월 20일 검색).

20 ≪France24≫, "Paris launches Autolib' electric car-hire scheme," 2011년 9월 30일.

개발에 17억 유로를 투자했다.[21]

이와 같은 전기자동차 대여 인프라 구축은 비단 파리시에만 국한된 것이 아니라 다른 프랑스 도시에도 존재하고 있다. 대표적으로 니스의 'Auto bleue', 리옹의 'SunMoov', 보르도의 'Bluecub' 등을 들 수 있다. 매년 '전기자동차 우수 도시 시상식(Electromobile City Trophy)'이 지방자치단체와 기초자치단체를 대상으로 실시되고 있다. 이는 친환경적인 교통체계에 모멘텀을 제공한 도시, 특히 전기자동차 교통체계에 모멘텀을 부여한 지역에 수여된다.

〈표 4-6〉에서 볼 수 있듯이, 상당수의 프랑스 도시들이 전기자동차 대여 서비스를 운영하고 있다. 프랑스 지방정부는 전기자동차 대여 서비스 운영뿐만 아니라, 오염 배출 노후 자동차 도심 진입 금지 정책을 통해서 노후 자동차의 친환경 자동차로의 전환을 촉진하고 있다.

관련 사례로 파리시가 2015년 9월 1일부로, 2001년 10월 1일 전에 등록된 3.5톤 이상 버스 및 상용차의 파리 도심 통행을 제한한 것을 들 수 있다. 이는 오전 8시부터 오후 8시까지 적용되며, 파리 외곽 순환 도로와 개인용 자동차, 냉동차와, 군용 차량에 대해서는 예외를 적용한다. 적발 시에는 35유로의 벌금이 부과되며, 즉시 파리 외곽으로 차량을 이동해야 한다.[22] 프랑스 환경·에너지·해양부 역시 이를 위해서 자동차 부착용 환경오염등급 식별 스티커를 마련했다. 차량에 스티커 부착이 의무화되었고 이를 이용해 차량의 환경오염등급 식별과 불법 운행 적발이 용이해졌다.

---

21 ≪르몽드≫, "전기 배터리: 볼로레의 도전은 미친 짓이 아니었다.", http://www.rtl.fr/actu/sciences-environnement/voiture-electrique-une-borne-de-recharge-rapide-a-paris-7776458313 (2018년 3월 20일 검색)

22 ≪르몽드≫, 2015년 9월 1일. "파리에서 오염배출 차량은 운행이 제한된다." http://www.lemonde.fr/pollution/article/2015/09/01/a-paris-les-vehicules-polluants-interdits-seront-desormais-sanctionnes_4742438_1652666.html (2018년 4월 1일 검색).

<표 4-6> 프랑스 도시별 전기자동차 대여 서비스 현황

서비스 명칭	도시	실행 연도	대여 전기차 종류
Arcachon Bluecar	아라숑	2015년	Bolloré Bluecar
Auto Bleue	니스	2011년	Citroën Berlingo/ Mia/Peugeot iOn/Peugeot Partner/Peugeot Partner PMR/Renault Zoé
Auto'trement	스트라스부르	2010년	Toyota Prius(충전식 하이브리드)
Autolib	파리	2011년	Bolloré Bluecar
Bluecub	보르도	2013년	Bolloré Bluecar/Renault Twizy
Bluely	리옹	2013년	Bolloré bluecar/Renault Twizy
Cite VU	앙티브	2007년	Maranello, F-City
Citelib by Ha:Mo	그르노블	2014년	Toyota i-Road/Toyota Coms
Citiz	툴루즈	2013년	Peugeot iOn/Renault Zoé/Renault Kangoo ZE
Cityz	브장송	2012년	Peugeot iOn
Mobee	모나코	2014년	Renault Twizy
Mobigo	롱빅	2015년	Renault Zoé
Mobili'Volt	앙굴렘	2012년	Mia Electrique
Moebius	레유-말메종	2010년	Fam F-City
Monautopartage	텡슈브레	2014년	Renault Zoé/Renault Twizy
Monautopartage	마른 라 발레	2014년	Renault Zoé
Mopeasy	뇌이유	2011년	Peugeot iOn
Plurial'Move	렝스	2014년	Renault Zoé/Renault Twizy
Region Lib	니오르	2013년	Mia
Region Lib	셍트	2013년	Mia
Region Lib	사텔로	2013년	Mia
SunMoov	리옹	2013년	Mitsubishi I-Miev//Peugeot iOn
TOTEM'lib	마르세유	2014년	Renault Twizy
Twizy Way	셍캉텡이블린역	2012년	Renault Twizy
Wattmobile Aix-en-Provence	엑상 프로방스역	2014년	Renault Twizy Peugeot e-Vivacity
Wattmobile Avignon	아비뇽역	2015년	Renault Twizy/Peugeot e-Vivacity
Wattmobile Bordeaux	보르도역	2014년	Renault Twizy/Peugeot e-Vivacity
Wattmobile Grenoble	그르노블역	2014년	Renault Twizy/Peugeot e-Vivacity

서비스 명칭	도시	실행 연도	대여 전기차 종류
Wattmobile Lille	릴 플랑드르역	2014년	Renault Twizy/Peugeot e-Vivacity
Wattmobile Lyon	리옹 파르 디유역	2014년	Renault Twizy/Peugeot e-Vivacity
Wattmobile Marseille	마르세유 셍 샤를르 역	2014년	Renault Twizy/Peugeot e-Vivacity
Wattmobile Paris	파리 리옹역	2014년 6월	Renault Twizy/Peugeot e-Vivacity
Wattmobile	파리 동역	2014년 9월	Renault Twizy/Peugeot e-Vivacity
Wattmobile Toulouse	툴루즈 마타비오역	2014년	Renault Twizy/Peugeot e-Vivacity
Yelomobile	라로셸	1999년	Citroën C-Zero/Mia

자료: AVEM[23]

2016년 7월 1일부터는 오염 배출 자동차의 파리 도심 통행 금지가 확대 적용되어 오염등급 1급(1997년 이전 등록 차량)의 차량에 대해 디젤이나 휘발유 차량에 관계없이 개인 차량과 3.5톤 미만의 상용 차량은 주중에 운행이 제한되었다. 또한 2000년 5월 31일 이전에 등록된 오토바이도 이에 해당된다. 그리고 2017년부터 2020년에 걸쳐 오염 등급 2등급, 3등급, 4등급(2010년 이전 등록 차량)에도 파리 도심 운행 제한 조치가 적용되었다.

실제로 프랑스는 유럽에서 디젤자동차 신차 판매 비중이 가장 높았던 국가였다. 2014년 상반기에 판매된 신차 가운데 디젤자동차가 65%를 차지할 정도였다. 프랑스 지방자치단체들의 오염 배출 자동차 도심 운행 제한 조치는 친환경 자동차로의 차량 대체를 가속화하는 데 기여할 것이다.

또한 프랑스 지방자치단체는 전기자동차 사용 확산을 위해서 전기자동

23 "프랑스 도시별 전기자동차 대여서비스 현황", http://www.avem.fr/Index.php?page =libre_service_ve&cat=appli (2018년 3월 1일 검색).

자료: www.belib.paris

차 충전 서비스 역시 제공하고 있다. 대표적인 사례로 파리시는 Belib'라
는 전기자동차 충전 서비스를 제공하고 있다. 파리시는 파리 시내에 전기
자동차 충전소를 운영하고 있다. 충전기 타입은 3kw의 일반형과 22kw의
고속형이 있다.

3) 프랑스 자동차업체의 친환경 자동차 개발 노력

프랑스의 전기자동차 시장 규모는 세계 자동차 시장에서 중요한 위치
를 차지하고 있다. 예를 들어, 2013년 프랑스 전기자동차 및 하이브리드
자동차 시장 규모는 전 세계 승용차 시장의 3.1%를 차지할 정도였다. 이
는 프랑스 내에서 전기자동차의 판매가 2012년에 비해 50%, 하이브리드
차량의 판매가 60% 증가한 결과이다.[24] 이와 같이 전기자동차 생산에 심

---

24 프랑스 외교부, "프랑스는 유럽에서 가장 큰 전기자동차 시장이다." http://www.

〈표 4-7〉 15유로 등록비를 지불한 개인 혹은 법인의 차량 충전 가격

충전기	주간(오전 8시-오후 8시)	야간(오후 8시-오전 8시)
2호 충전기 (3kw 충전)	0.25€(최초 15분~1시간) 4€(최초 1시간 이후 15분당)	무료
1호, 3호 충전기 (22kw 충전)	0.25€(최초 15분~1시간) 4€(최초 1시간 이후 15분 당)	

자료: www.belib.paris

〈표 4-8〉 15유로 등록비를 지불하지 않은 개인 혹은 법인의 차량 충전 가격

등록비를 지불하지 않은 경우	1€(최초 1시간까지 15분당) 4€(최초 1시간이후 15분당)
다른 서비스 운영자에 등록비를 지불한 경우	서비스 제공업자에 가격 문의

자료: www.belib.paris

혈을 기울이고 있는 프랑스 자동차 제조업체들은 프랑스 정부의 의욕적인 친환경자동차 정책 운용에 힘입어 전기자동차 공급 확대에 노력을 기울이고 있고, 이에 따라 프랑스 전기자동차 시장 규모가 확대되고 있다.

폭스바겐 디젤자동차 배기가스 배출량 조작 스캔들이 전기자동차 판매에 반사이익으로 작용하여 친환경 자동차 시장 확대가 가속화될 것이라는 전망이 나오고 있는데, 이러한 추세를 방증하는 것이 바로 르노 자동차 그룹의 전기자동차 판매 급증 현상이다. 2015년 르노 전기자동차는 유럽 내 전기자동차 최대 판매량인 2만 386대를 달성했고, 이는 전년도 대비 판매 실적이 49% 급증한 성과였다. 만약 초소형 전기자동차 '트위지'의 판매

diplomatie.gouv.fr/en/french-foreign-policy/economic-diplomacy-foreign-trade/facts-about-france/one-figure-one-fact/article/france-is-the-largest-electric(2018년 4월 3일 검색).

량까지 포함시킨다면 르노의 전기자동차 판매량은 유럽 전체 전기자동차 시장의 25.2%에 해당한다. 이는 사실상 르노 그룹이 유럽 내 전기자동차 시장을 독점하고 있다고도 볼 수 있는 것이다. 르노 자동차의 소형 해치백형 전기자동차인 '조에(ZOE)'는 프랑스 정부의 적극적인 전기자동차 보조금 정책 덕분에 2015년 한 해 동안에만 프랑스에서 1만 670대가 판매되었고, 프랑스 전기자동차 판매량의 48.1%를 차지했다. 또 다른 르노의 전기자동차 모델인 다목적 밴 '캉구(Kangoo)'도 2015년에 유럽에서 4325대가 판매돼, 유럽 다목적 전기 밴 판매량의 42.6%의 점유율을 기록했다.

　르노의 전기자동차가 시장에서 약진하는 이유는 르노자동차가 전기자동차 개발에 오랫동안 노력을 기울여왔기 때문이다. 르노자동차는 전기자동차 시장이 확대될 것에 대비해, 자동차에 탑재할 배터리 개발을 위해 LG화학과 기술제휴를 했다. LG화학은 전기자동차 확산을 위해 자동차 회사들과 경쟁적으로 손을 잡고, 배터리 용량을 키워 주행거리를 늘리는 데 집중해, 현시점에서는 해당 산업 내에서 선두 주자로 인정받고 있다. 그러한 맥락에서 LG화학과 기술제휴를 맺어온 르노 그룹이 전기자동차 시장을 선도하고 있는 상황을 이해할 수 있다.[25] 실제로 출시 이래 총 2만 대 가까이 팔린 '조에'는 한 번 충전으로 최대 210km까지 주행 가능하여, 기존 전기자동차의 짧은 주행거리 때문에 전기자동차에 무관심했던 소비자들까지 전기자동차 구매를 고려하게 되었다. 이처럼 르노와 LG화학 두 기업의 기술 협력은 르노가 친환경 자동차 시장을 선도하는 데 크게 기여했다.

　르노의 전기자동차 분야에서의 약진은 르노가 오래전부터 전기자동차 개발에 매진했기 때문이다.[26] 르노-닛산자동차 그룹회장인 카를로스 곤

25　≪한겨레≫, "전기차 배터리 세계 1위 쟁탈전", 2014년 6월 4일.
26　프랑스자동차공업협회, "르노-닛산자동차가 이스라엘에서 전기자동차를 테스트한다", http://www.ccfa.fr/RENAULT-NISSAN-VA-TESTER-EN-ISRAEL (2018년 4월 1일 검색).

(Carlos Ghosn)은 2008년 1월 21일 이스라엘 정부와 협정을 맺고 100% 전기로 운영되며, 한 번 충전으로 100km 이상 운행되는 자동차를 2011년부터 이스라엘에서 테스트했다. 이를 위해서 3시간에서 5시간 내에 전기자동차 차량을 충전할 수 있도록 50만 개의 전기자동차 충전 설비를 이스라엘 내에 확충했다. 또한 카를로스 곤 회장은 2008년 도쿄 자동차 박람회에서 르노자동차가 전기자동차를 2010년부터 상용화하고 2012년부터 대량 판매할 것이라 선언했다. 이와 같이 르노 자동차는 전기자동차 시장의 확대라는 자동차시장의 트렌드를 일찍부터 간파했다. 이와 같은 노력이 바탕이 되어 르노자동차는 유럽 전기자동차시장을 주도하는 자동차 그룹으로 성장할 수 있었다. 르노자동차가 이스라엘을 테스트 시장으로 선택한 이유는, 아랍국으로 둘러싸여 폐쇄된 이스라엘의 국경 때문에, 이스라엘에서 운전자의 하루 평균 차량 운행 거리가 90km 미만이라는 점이 고려되었기 때문이다. 르노자동차는 이스라엘에서 전기자동차 테스트 시장 운영계획을 2008년에 수립하면서, 5000만 유로에서 1억 유로 투자를 준비하고 있었다. 그리고 이와 같은 시장 상황에 대한 르노자동차의 판단은 적중했다.

5. EU 운송 분야 온실가스 배출과 감축 정책[27]

〈그림 4-2〉는 EU회원국 28개국의 1990년, 2000년, 2010년, 2014년 분야별 온실가스 배출을 비교한 자료이다. 이 자료에 따르면, 에너지산업에

---

[27] EU운송분야 온실가스 배출과 감축정책 부분의 서술은 안상욱, 『EU, 미국, 동아시아의 에너지 정책』(2018년), 199~228쪽을 재구성.

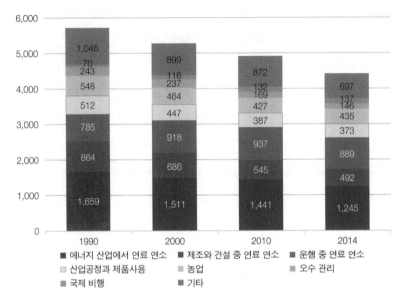

〈그림 4-2〉 분야별 온실가스 배출 (EU-28, 연도: 1990, 2000, 2010, 2014, 단위: CO_2 백만 톤)

■ 에너지 산업에서 연료 연소　　■ 제조와 건설 중 연료 연소　　■ 운행 중 연료 연소
□ 산업공정과 제품사용　　■ 농업　　■ 오수 관리
■ 국제 비행　　■ 기타

자료: European Commission[28]

서 온실가스 배출이 큰 폭으로 감소했다. 1990년 16억 5900만 톤의 온실
가스 배출이 있었던 에너지산업에서 온실가스 배출은 2014년 12억 4600
만 톤으로 큰 폭으로 감소했다.

산업과 건설 분야의 온실가스 배출 역시 큰 폭으로 감소했다. 1990년 8
억 6400만 톤의 온실가스를 배출했던 산업과 건설 분야의 온실가스 배출
은 2014년 4억 9200만 톤으로 큰 폭으로 감소했다. 운송 분야에서 온실가
스 배출은 1990년부터 2010년까지 증가 추세에 있었다. 1990년 7억 8500

28　European Commission "Europe 2020 indicators," http://ec.europa.eu/eurostat/statistics-
　　explained/index.php/Europe_2020_indicators_-_climate_change_and_energy(2018년　2
　　월 15일 검색).

만 톤의 온실가스를 배출했던 운송 분야의 온실가스 배출은 2010년 9억 3700만 톤으로 증가했다. 그러나 2014년 운송 분야 온실가스 배출은 8억 8900만 톤으로 다시 감소했다.

EU에서 운송 수단은 EU 전체 탄소 배출의 12%를 차지하고 있는 주요 탄소 배출원이다. EU 집행위는 자동차업계의 자율적 온실가스 감축 노력만으로는 획기적 감축이 어렵다고 판단하여 2007년 승용차와 경상용 자동차에 대한 온실가스 배출 억제를 위한 규정안을 마련했다. 이후 승용차 온실가스 배출기준 규정(Regulation(EC) No 443/2009)은 2009년 4월, 경상용차 관련 규정은 2011년 3월 제정되었다.

장기적으로는 단일 유럽 교통지역 로드맵(2011년)을 통해 2050년까지 교통부문 온실가스 60% 감축 전략을 추진하고 있으며, 2014년 초에 2009년에 제정된 승용차 온실가스 배출기준 규정(Regulation(EC) No 443/2009)이 개정되었다. 2007년 평균인 158.7g(CO_2/km)과 비교할 때, 2015년 및 2021년 차량의 탄소 배출 감소는 각각 18% 및 40%의 감축을 목표로 하고 있다.

EU집행위원회(European Commission)는 EU가 2050년까지 경쟁력 있는 저탄소 경제로 나아가기 위한 로드맵(A Roadmap for moving to a competitive low carbon economy in 2050)을 2011년 3월 8일 발표했다.

2050 저탄소 경제 로드맵에서 저탄소경제로의 이행을 위하여 EU가 2050년까지 온실가스 배출량을 1990년 대비 80% 감축할 것을 제시하면서, 중간 목표로서 2020년 25%, 2030년 40%, 2040년 60% 감축할 것을 제시했다. 또한 현재의 정책 수단으로는 2020년까지 20% 감축이 가능하나, 25% 감축을 위해서는 'Energy Efficiency Plan'의 이행을 통한 에너지 효율성 제고가 필요하다고 주장했다.

온실가스를 1990년 수준 대비 2050년에 80%를 감축하기 위해서는 전력 부문에서 온실가스 배출이 발생하지 않도록 하고, 교통 부문에서 연료

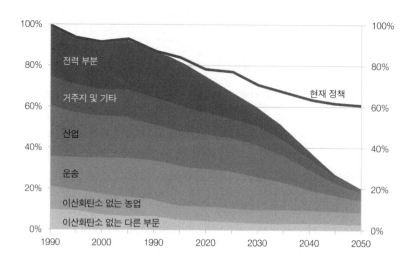

〈그림 4-3〉 2050 저탄소 경제 로드맵 (1990년 = 100%)

전력 부분

거주지 및 기타

산업

운송

이산화탄소 없는 농업

이산화탄소 없는 다른 부문

현재 정책

자료: European Commission.[29]

효율성을 제고하고 저탄소 차량의 보급을 확대해야 하며, 건물의 에너지 효율성을 높여야 하며, 산업 부문에서 공정을 개선하고 탄소 포집·저장기술(CCS)을 적용해야 하며 그리고 농업 부문에서 생산성을 제고해야 한다.

2017년에 판매된 신차의 평균 탄소 배출 수준은 킬로미터당 118.5g (CO2/km)으로 2015년 목표인 130g(CO2/km)보다 훨씬 낮았다. 2015년 목표는 휘발유 5.6L/100km 또는 디젤 4.9L/100km의 연료 소비에 해당한다. 2021년까지 모든 신차의 탄소 배출 평균은 95g(CO2/km)이 달성되어야 한다. 이는 휘발유 4.1L/100km 또는 디젤 3.6L/100km의 연료 소비에 해당한다.

29 European Commission, "2050 Low Carbon Economy," https://ec.europa.eu/clima/policies/strategies/2050_en(2018년 2월 15일 검색).

EU의 규정에 따라서 2012년부터 자동차가 탄소 배출량 허용치를 초과하는 경우, 제조업체는 등록된 각 자동차에 대해 탄소 배출 초과 부담금을 납부해야 한다. 탄소 배출 초과 부담금은 최초 g/km에 대해서 5유로, 두 번째 g/km에 대해서 15유로, 세 번째 g/km에 대해서 25유로, 그 이후는 g/km당 95유로를 납부해야 한다. 2019년부터는 모든 g/km에 대해서 처음부터 95유로씩 납부해야 한다.

환경 혁신을 장려하기 위해 자동차 제조업체는 독립적으로 검증된 데이터를 기반으로 차량에 혁신 기술을 적용할 경우, 차량당 최대 연간 배출량 7g/km를 절감할 수 있는 배출권을 부여받는다.

이와 같이 EU는 운송 분야에서 온실가스 배출을 줄이기 위해서 노력을 기울이고 있다. 이런 배경에서 EU 내에서 전기자동차 판매는 확산되고 있다.

6. 한국의 친환경자동차 산업 현황 및 정부의 지원 정책

2017년에 국내 순수전기자동차(Electric Vehicle)시장이 1년 사이에 2배로 성장하면서 연간 판매량이 처음으로 1만 대를 돌파했다. 2017년 1~10월 국내에서 판매된 전기차는 총 1만 75대로 연간 기준 사상 최초로 1만 대를 넘어섰다. 국내에서 판매된 전기자동차 중 현대차 아이오닉 일렉트릭이 6203대로 전체 판매량의 약 61.6%를 차지하며 1위를 기록했다. 이어 르노삼성 SM3 Z.E.(1569대), 기아 쏘울 EV(1290대)가 1000대 이상 판매되어 2위와 3위를 차지했다. 이 밖에 한국지엠 쉐보레 볼트 EV(457대), 르노삼성 트위지(259대), BMW i3(153대), 기아 레이 EV(38대), 테슬라 모델S(54대), 닛산 리프(47대) 순으로 집계됐다.[30]

항목		저속 전기자동차	고속 전기자동차	하이브리드 자동차	플러그인 하이브리드 자동차	수소 자동차
구매 보조금	국비	450만 원	최대 1,200만 원	50만 원	500만 원	2,750만 원
	지방비	지자체별 차등 (금액 미정)	지자체별 차등 (440-1,100만원)	없음	없음	지자체별 차등 (0-2,750만 원)
지원 대상 차종 (2017년 1월 기준)		레이 전기차 외 8종 (환경부 전기차 통합포탈 (ev.or.kr)에서 확인가능)		K5 하이브리드 외 11종 (친환경차 종합정보 지원시스템 (hybridbonus.or.kr) 에서 확인가능)		투싼 IX Fuel Cell
지원 대상자		개인, 법인, 공공기관, 지방자치단체, 지방공기업 등 (중앙행정기관 제외)		위 하이브리드 자동차를 구매하고 국내에서 자동차를 신규 등록한 구매자 (중앙행정기관 제외)		지자체, 공공기관, 법인, 단체, 기업체 등 (중앙행정기관 제외)
신청 방법		- (공공)조달절차에 따라 차량구매 후 관할 기초자치단체에 신청 - (민간)자동차 제조판매사 (판매대리점)에 신청		친환경차 종합정보 지원시스템 (hybridbonus.or.kr) 에서 신청		차량구매 시 관할 기초자치단체에 신청

자료: 친환경자동차 종합정보 지원시스템.

국토교통부에 따르면 2010년 61대에 그쳤던 연간 전기차 신규 등록 대수는 2014년 1308대로 1000대를 넘어선 뒤 2015년 2917대, 2016년 5099대로 해마다 2배 이상 성장했다.

〈표 4-9〉에서 보는 바와 같이, 한국 정부도 친환경자동차 판매 보조금 제도를 실시하고 있다. 한국의 상황과 앞에서 살펴본 프랑스 제도와의 차이는 한국은 프랑스가 2018년 이후 보조금 지급을 중단한 하이브리드 자

---

30   《중앙일보》, "국내 전기차 판매량 올해 첫 1만 대 돌파⋯판매 1위는 '아이오닉'", 2017년 11월 13일.

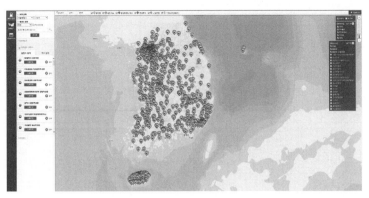

자료: 환경부 전기자동차 충전소(www.ev.or.kr).

동차에 대해서도 보조금을 지급하고 있다는 점이다. 또한 수소자동차에 큰 관심을 가지고 있는 현대자동차 그룹의 이해에 맞추어 전기자동차에 비해서 수소자동차에 월등하게 많은 보조금을 지급하고 있다는 점이다. 그러나 수소자동차의 높은 가격으로 인해서 수소자동차의 확산은 거의 이루어지지 않고 있다.

국토교통부의 통계에 따르면, 2018년 3월까지의 전기자동차 누적 등록 대수는 2만 9310대였던 반면에 수소자동차의 누적 등록 대수는 198대에 불과했다. 시장에서 이와 같이 전기자동차에 대한 선호도가 수소자동차에 대한 선호도에 비해서 훨씬 높음에도 불구하고 한국 정부의 저탄소 배출 자동차 지원 정책은 수소자동차에 높은 보조금을 주는 형태로 운영되었다. 이와 같은 결과 한국의 자동차기업은 전기자동차 시장에서 주도권을 미국 또는 유럽 기업에 빼앗기게 되었다.

또한 전기자동차 충전소에 대한 관리와 정보 공유가 효율적으로 이루어지고 있는 프랑스 상황과 비슷하게 전국의 전기자동차 충전소 현황을 환경부의 전기자동차 충전소 현황에 대한 홈페이지(www.ev.or.kr)를 통해

〈표 4-10〉 전 세계 전기자동차용 배터리 출하량 조사(단위 MWh)

순위	제조사명	2016.1~5	2017.1~5	성장률	점유율 2017	점유율 2016
1	Panasonic	2,423.2	3,420.6	41.2%	29.7%	23.7%
2	LGC	604.4	1,526.7	152.6%	13.2%	5.9%
3	BYD	1,322.4	934.3	-29.3%	8.1%	12.9%
4	CATL	1,061.6	859.3	-19.1%	7.5%	10.4%
5	SDI	441.5	791.0	79.2%	6.9%	4.3%
6	AESC	799.2	735.4	-8.0%	6.4%	7.8%
7	PEVE	697.4	735.2	5.4%	6.4%	6.8%
8	Farasis	0.3	435.8	142304.2%	3.8%	0.0%
9	BAK	126.1	249.0	97.4%	2.2%	1.2%
10	Coslight	16.2	249.0	1432.9%	2.2%	0.2%
	기타	2,747.3	1,589.7	-42.1%	13.8%	26.8%
	합계	10,239.6	11,525.9	12.6%	100.0%	100.0%

자료: SNE리서치 2017년 7월.

서 이루어지고 있다.

한국도 전기자동차 사용 확산을 위한 보조금 지급이나 또한 충전소 정보 제공 등이 진행되고 있는 점은 프랑스와 유사하다고 볼 수 있다. 반면 한국의 지방자치단체는 전기자동차 대여 서비스 등 일반인이 전기자동차에 보다 친숙해질 수 있는 기회를 마련하는 노력이 부족한 편으로 판단된다.

또한 한국의 전기자동차 산업에서 주목할 사항은 한국 배터리 업체의 약진이다. 전 세계 전기자동차 배터리시장에서 한국의 LG화학과 삼성SDI는 전 세계 2위와 5위 업체로 자리매김하고 있다.

7. 결론

전 세계 자동차 시장은 친환경을 화두로 급속하게 지각변동하고 있다. 프랑스는 중앙정부, 지방자치단체, 그리고 자동차업계 차원에서 이에 대한 대응을 차분히 수행했다.

그 결과 중앙정부는 친환경 자동차로의 대체를 가속화할 수 있는 조치를 마련했고, 지방정부는 오염 배출 차량에 대한 운행 제한과 전기자동차 대여 서비스를 운영하여 친환경 자동차 이용 문화를 확산했다. 또한 자동차기업 역시 오랜 기간 친환경 자동차 분야에 대한 투자를 통해서, 프랑스 자동차기업이 유럽 최대 전기자동차 생산기지로 부상하는 데 기여했다.

반면에 국내 자동차업계는 수소자동차에 집착하는 판단 착오로 전기자동차 시장에서 지나칠 정도로 뒤처졌다. 그리고 전기자동차를 도내에서 운영하는 제주시도 충전 장비에 대한 관리 소홀과 주민들의 무관심으로 전기자동차 확산이 쉽게 이루어지지 않고 있다. 국내 자동차생산업체인 현대-기아자동차 그룹의 수소자동차 집착 때문에, 국내에서는 중앙정부 차원의 전기자동차 구입 인센티브 구축도 왜곡되어 있다. 한국 정부는 환경부 예산 집행을 통하여 친환경자동차 한 대당 수소자동차 2750만 원, 전기자동차 1200만 원, 플러그인하이브리드 자동차 500만 원, 하이브리드 자동차 100만 원 등을 인센티브로 지원하고 있다. 이처럼 한국 정부는 현대-기아자동차를 의식하여 수소자동차 중심의 지원 정책을 운영하고 있지만, 투싼ix 수소연료전지차(FCEV)의 판매 가격이 8500만 원[31]에 이르는 고비용의 문제로 수소자동차의 판매는 저조한 실정이다. 또한 노후 경유

---

[31] ≪연합뉴스≫, 2015년 2월 2일. "수소연료전지차 가격 내렸어도 아직은 '그림의 떡'", http://www.yonhapnews.co.kr/economy/2015/02/02/0302000000AKR20150202129100 003.HTML(2018년 4월 1일 검색).

자동차에 대한 정부 정책도 일관성이 없는 상황이다. 대표적인 사례가 유가 하락이 지속되는 가운데도 시내버스회사에 대한 정부의 1L당 350원에서 380원의 연료비 보전으로 국내에서 경유버스의 판매량은 급증하고 있고, 천연가스를 이용한 버스의 판매량은 급감하고 있는 상황이다.[32]

따라서 국내에서도 전기자동차가 확산되기 위해서는 중앙정부의 효율적인 전기자동차 구입 지원 인센티브 구축과 지방자치단체의 효율적인 전기자동차 이용 문화 확산 정책 수립과 국내 자동차 업계의 각성이 필요한 실정이다.

[32] ≪조선일보≫, 2016년 5월 24일. "경유버스 늘게 하는 건… 年1000만원 정부 보조금 탓". http://news.chosun.com/site/data/html_dir/2016/05/24/2016052400307.html(2018년 5월 25일 검색).

참고문헌

김광석·노은경. 2015. 「전기자동차 최근 국내외 동향과 정책적 시사점」. ≪과학기술정책≫, 제 200호, 28~37쪽.

박찬국·최도영·김현제. 2013. 「스마트그리드를 통한 전기자동차의 전력망 영향 관리 효과」. ≪디지털융복합연구≫, 제11권 제11호, 767~774쪽.

손영욱. 2015. 「국내 전기자동차의 필요성과 기술 개발 현황」. ≪전자공학회지≫, 제42권 제9호, 29~37쪽.

안상욱. 2016. 「자동차산업의 친환경 에너지 이용: 프랑스 전기자동차 사례를 중심으로」. ≪EU 연구≫, 제43호, 199~222쪽.

_____. 2018. 『EU, 미국, 동아시아의 에너지 정책』. 한국학술정보.

이준항. 2011. 「그린카 보급정책 동향 및 호남광역경제권 전기자동차 산업 육성전략」. ≪전력전자학회지≫, 제16권 제2호, 25~31쪽.

조덕희. 2012. 『전기자동차 도입에 따른 시간별 전기수요 추정 및 정책적 시사점』. 서울: 산업연구원.

조재신. 2014. 「한미 FTA와 온실가스배출 감축정책 및 전기자동차 특허동향」. ≪한국도시환경학회지≫, 제14권 제3호, 247~254쪽.

황상규. 2009. 「전기자동차 추진정책의 평가 및 향후 과제」. ≪월간교통≫ 8월호, 29~37쪽.

Domingues, José Marcos and Pecorelli-Peres, Luiz Artur. 2013. "Electric Vehicles, Energy Efficiency, Taxes, and Public Policy in Brazil." *Law & Business Review of the Americas.* Vol. 19 Issue 1(Winter 2013), pp. 55~78.

Green, Erin and Skerlos, Steven and Winebrake, James. 2014. "Increasing electric vehicle policy efficiency and effectiveness by reducing mainstream market bias." *Energy Policy.* Vol. 65(February 2014), pp. 562~566.

Hildermeier, Julia and Villareal, Axel. 2011. "Shaping an emerging market for electric cars : how politics in France and Germany transform the European automotive industry." *European review of industrial economics and policy.* No. 3(2011), pp. 1~22.

Midler, Christophe and Beaume, Romain. 2009. "From Technology Competition to Reinventing Individual Mobility for a Sustainable Future: Challenges for New Design Strategies for Electric Vehicles." *International Journal of Automotive Technology and Management.* Vol. 9, No. 2(2009), pp. 174~190.

Richardson, Peter and Flynn, Damian and Keane, Andrew. 2012. "Optimal Charging of Electric Vehicles in Low-Voltage Distribution System". *IEEE Transactions on Power Systems*. Vol. 27 Issue 1(February 2012), pp.268~279.

Villareal, Axel. 2011. "The Social Construction of the Market for Electric Cars in France: Politics Coming to the Aid of Economics." International Journa lof Automotive Technology and Management. Vol. 11, No. 4(2011), pp.326~339.

Zhou, Yan and Wang, Michael and Hao, Han and Johnson, Larry and Wang, Hewu. 2015. "Plug-in electric vehicle market penetration and incentives: a global review." *Mitigation & Adaptation Strategies for Global Change*. Vol. 20 Issue 5(June 2015), pp.777~795.

05

에너지 절약과 효율 개선[*]

진상현

1. 4차 산업혁명과 에너지 수요 관리

전통적인 산업화 과정은 "소비가 미덕"이라는 전제하에서 진행되었다. 실제로 농경사회에서 산업사회로 전환되는 과정에서 인류는 생산성을 극대화시킬 수 있었으며, 이렇게 늘어난 생산력을 바탕으로 대규모 소비사회를 구축할 수 있었다. 또한 70억 명 인류의 소비는 다시금 생산을 촉진시키며, 경제 발전을 가속화시키는 순환 고리를 완성할 수 있었다. 이러한 대량생산·대량소비를 극대화한 사회체제가 바로 지금의 자본주의이다.

에너지라는 측면에서 생산과 소비의 관계를 보다 구체적으로 살펴보면 다음과 같다. 1차 산업혁명은 석탄이라는 화석연료와 증기기관을 이용해

---

[*] 이 글은 「생태근대화론에 기반한 한국의 에너지정책에 대한 연구」, 「에너지 효율 개선 정책의 딜레마: 시장의 실패, 정부의 실패 그리고 반등효과」, 「에너지 효율 개선 정책의 효과성: 서울시 저소득 가구의 반등효과 분석」을 현재의 시점에서 재구성한 뒤, 미래의 정책적 함의와 방향을 제시하려는 취지로 작성되었다.

서 경제성장을 이끌어 냈으며, 2차 산업혁명은 석유라는 검은 황금과 내연기관을 바탕으로 추진될 수 있었다. 인터넷에 기반한 3차 산업혁명도 전력 소비가 뒷받침되지 않았다면 불가능했을 것이다. 이처럼 막대한 화석연료의 소비는 현대 사회가 에너지라는 거인을 노예로 마음껏 부릴 수 있게 만들었으며, 이를 통해서 지속적인 산업화를 달성할 수 있었다.

실제로 대부분의 국가들이 "많을수록 좋다(more is better)"는 전제하에서 에너지 공급 중심의 정책을 추진했다. 이처럼 세계 각국이 공급 위주의 정책을 추진해온 데에는 에너지가 경제성장에 중요한 필수 자원이기도 하겠지만, 한편으로는 경제성장 덕분에 에너지 소비가 지속적으로 증가할 것이라는 가정을 가지고 있었기 때문이기도 하다(윤순진, 2002). 마찬가지로 한국도 에너지 소비의 증가를 에너지정책의 중요한 전제 조건으로 가정했다. 즉, 인구가 증가할 뿐만 아니라 에너지에 대한 인간의 욕구 또한 증가할 것이며, 정부가 경제 발전을 지속적으로 추구할 것이기 때문에 한국의 에너지 소비도 증가할 것이라는 논리였다. 이러한 '다다익선(多多益善)' 방식의 공급 정책이 과거 한국 에너지정책의 근간을 차지했었던 것이 사실이다(김형렬, 1984).

그렇지만 이러한 에너지 공급 중심의 경제성장 전략에 대한 반론이 다양한 차원에서 제기되기 시작했다. 대표적으로는 에이머리 러빈스(Amory Lovins)를 중심으로 지속 가능한 에너지정책을 추진하기 위해서는 공급 위주의 '경성 에너지 체제(hard energy path)'에서 벗어나 수요 관리 중심의 신재생에너지 체제로 전환해야 한다는 주장이 제기되기 시작했다(Lovins and Hennicke, 1999). 여기서 한발 더 나아가 에너지정책을 공급 중심에서 수요 관리 중심으로 전환해야 한다는 제안도 이루어질 수 있었다(장현준, 2001). 실제로 1980년대 이후 에너지 수급 정책에서 중요한 변화 가운데 하나가 공급 중심에서 수요 관리로의 정책 변화인 것으로도 평가될 수 있었다(에너지경제연구원, 2006). 한편으로는 실증적인 차원에서 경제성장과 에너지 사용량의 인과관계에 대해 반론이 제기되기도 했다(유승훈, 2004). 즉, 전력 사용량과 경제성장에 대한 인과관계 분석을 통해서 단기적으로는 전력 사용의 증가가 경제성장을 가져오지만, 장기적으로는 경제성장이 전력 사용의 증가를 가져온다는 주장이었다. 따라서 수요 관리를 통해 현재의 전력 소비를 줄일 경우 당장 내년도의 경제성장은 침체될 수 있지만, 장기적으로는 전력 사용과 무관하게 경제성장이 가능하다는 주장이 제기될 수 있다.

이처럼 인류가 무절제한 에너지 소비에 기반한 산업화 덕분에 현대적인 삶의 윤택함을 향유할 수 있게 되기는 했지만, 학술·정책·정치 차원에서 공급 위주의 에너지정책에 대한 문제가 활발히 제기되었던 것도 현대 사회의 또 다른 단면이었다. 그렇지만 이제 인류는 기존과는 전혀 다른 4차 산업혁명의 시대를 맞이하고 있다. 인공지능에 기반한 정보통신기술의 비약적인 발전은 기존 경제시스템의 혁명적인 전환을 요구하고 있다. 예를 들면, 기존의 노동집약적이고 단순한 작업들은 인간이 아니라 컴퓨터가 담당하는 시대를 눈앞에 두고 있다. 이처럼 4차 산업혁명에 직면한 인류는 기존의 "소비가 미덕"인 시대에서 벗어나 이제는 "현명한 소비만이 미덕"인 시대로 접어들고 있다. 예를 들면, 저렴한 전력에 기반한 낭비적인 생활방식에서 벗어나 '지능형 전력망(smart grid)'을 이용하는 최적화된 소비 시스템이 등장하고 있는 실정이다. 이제는 가정에서도 무분별한 소비가 아니라 시장 가격과 자신의 행태를 고려해서 소비 패턴을 결정하는 '현명한 에너지 소비'의 시대로 접어들고 있다. 그렇다면 4차 산업혁명 시대의 에너지 수요 관리 방향을 제시하기 위해서는 과거의 산업화 시대에서 한국 사회가 채택했던 에너지 절약 및 효율 개선 정책에 대해 먼저 살펴볼 필요가 있을 것이다.

2. 한국의 에너지 수요 관리

1) 에너지 수요 관리 정책의 개념

먼저 에너지정책에 대해 개략적으로 살펴보면 다음과 같다. 정부 차원에서 에너지정책은 크게 '공급 관리(supply side management)'와 '수요 관리(demand side management)'로 구분할 수 있다(김인길, 1996). 여기서 공급 관리 정책이란 에너지 수요를 충족시킬 수 있도록 최소한의 비용으로 에너지를 생산해내는 정책을 의미한다. 반면에 수요 관리 정책은 소비자의 에너지 이용 행태를 변화시키는 일련의 정책을 가리킨다.

이때 에너지 수요 관리는 부하 관리와 절약 정책으로 구분된다. 여기서 '부하 관리(load management)'란 소비자들의 에너지 이용을 줄이지 않고 다만 특정 시기와 시간대에 치우친 수요를 분산시키는 정책을 가리킨다. 예를 들면, 원자력에 의해 밤에 생산되는 전력을 낮에 필요한 냉방에너지로 사용하는 빙축열 냉방이나 전력 저장의 용도로 건설된 양수발전 등이 부하 관리 차원에서 추진되는 정책들이다. 반면에 에너지 절약 정책은 에너지의 소비 자체를 줄이기 위한 정책이라는 측면에서 차이가 있다.

구체적으로 에너지 절약 정책은 '에너지 사용량을 줄이기 위한 모든 정책'을 말하며, 절약 정책은 다시 효율 개선 정책과 소비 억제 정책으로 세분화될 수 있다. 먼저 '에너지 소비 억제 정책'은 고유가 시기에 도입되었던 차량 홀짝제처럼 강제로 에너지 소비를 금지시키는 정책이다. 그로 인해 에너지 서비스에 대한 시민들의 욕구는 강제로 억제될 수밖에 없다. 반면에 '에너지 효율 개선 정책'은 기존의 에너지 서비스 수준을 유지하는 한도 내에서 한 단위의 서비스에 투입되는 에너지의 사용량을 줄이는 정책으로 정의된다. 따라서 에너지 효율 개선 정책의 경우에는 기존의 에너지

〈그림 5-1〉 에너지 정책의 개념도

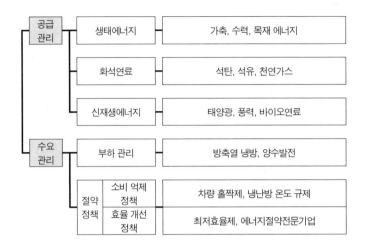

〈그림 5-1〉 에너지 정책의 개념도

자료: 김인길(1996) 수정.

서비스 수준을 유지하는 범위 내에서의 에너지 절감을 의미하는 반면에, 에너지 소비 억제 정책의 경우에는 서비스에 대한 욕구까지 억제하는 정책을 가리킨다는 차이가 있다. 이상 설명한 에너지 정책의 개념 및 유형을 도식화시키면 〈그림 5-1〉과 같다.

2) 에너지 절약 정책의 변화

이 글에서 본격적으로 살펴보고자 하는 한국의 에너지 절약 정책은 국제 석유가격이 급등했던 1973년에 에너지 수급의 안정화에 목적을 두고 수립되었다. 당시 에너지 절약 정책은 정부의 주도하에 민간의 소비를 억제하려는 정책이 대부분이었다. 이후 1979년의 제2차 석유파동은 에너지 정책의 전담 부처인 '동력자원부'의 설립을 가져왔다. 1980년대로 접어들어서는 「에너지 이용 합리화법」을 근거로 에너지 절약 정책이 체계화될 수 있었다. 그렇지만 유가가 안정기에 접어든 1980년대 중반에는 자율적인 에너지 절약의 추진과 함께 '대체 에너지 기술개발 촉진법'을 제정함으로써 첨단 기술의 개발을 기대하는 장기적 관점에서 에너지 절약 추진계획이 수립되었다. 1990년대에 접어들면서는 에너지 절약 정책이 환경문제와 함께 고려되면서 청정에너지의 공급뿐만 아니라 수요 관리 중심의 에너지 정책으로 관심의 초점이 이동하게 되었다(김중구·박정순, 1999).

1990년대 이후로는 '에너지이용합리화계획'을 통해서 에너지 절약 및 효율 개선 정책이 체계적으로 수립될 수 있었다(부경진 외, 2013). 즉, 1993년에 수립된 1차 계획은 에너지절약형 경제로 전환하기 위한 기반 구축을 지향했으며, 구체적으로는 경제성장률 보다 낮은 수준에서의 에너지 소비 증가라는 목표가 설정될 수 있었다. 이후 1999년에 수립된 2차 계획은 경제위기 직후라는 시대적 상황을 반영해서 에너지 절약을 통한 경제위기 극복이라는 목표하에 기존의 단순했던 규제 일변도의 절약 정책을 구조적·체계적 대책으로 전환한다는 방향이 설정될 수 있었다. 2004년에 수립된 3차 계획은 신(新)고유가 시대에 대비하기 위한 에너지 저소비 사회의 구축, 시장 기능 중심의 에너지 이용 합리화, 이해관계자의 참여를 통한 정책 수용성 제고 등의 목표가 반영될 수 있었다. 또한 2009년에 수립된 4차 계획은 에너지 원단위를 선진국 수준으로 개선하기 위해 국가 에너지 효율을 2012년까지 11.3%, 2030년까지 47% 향상시킨다는 정량적인 목표치가 제시될 수 있었다. 가장 최근인 2014년에 발표된 5차 계획에서는 산업·수송·건물·공공 등의 부문별 에너지 수요 관리뿐만 아니라 에너지 가격 및 시장 제도의 개선 방안까지 포함될 수 있었다.[1]

---

1 산업통상자원부 보도자료, "제5차 에너지이용합리화 기본계획 확정", 2014.12.3.

<표 5-1> 한국 에너지 절약 정책의 변천 과정

국제 석유시장의 변화	정책 방향	주요 정책
1차 석유파동 (1973~1974) 유가: $1~2/배럴	- 단순 소비 억제	TV 방영시간 단축, 사치성 광고 규제 등
유가 상승기 (1975~1977) 유가: $9~17/배럴	- 절약 기반 구축, 행정 규제 - 열관리법 제정	연료 사용기기 규제, 지정연료 관리 대상자 제도 도입, 산업부문 열관리 도입
2차 석유파동 (1979~1980) 유가: $27~34/배럴	- 포괄적 에너지 절약정책 - 에너지이용합리화법 제정	부문별 절약정책, 에너지관리 진단· 지도, 절약투자에 대한 금융·세제 지원
유가 안정기 (1984~1987) 유가: $15~17/배럴	- 자율적 에너지 절약 - 대체에너지기술개발 촉진법 제정	건축물 냉·난방온도 제한 폐지, 에너지소비효율 표시제도, 대체에너지 기술개발 추진 본격화
걸프전쟁 (1990~1991) 유가: $35/배럴	- 원천적 절약 기반 구축 - 절약종합대책수립	사용계획협의제, 에너지효율 등급제, 집단에너지사업 추진 본격화, 에너지절약전문기업제도 도입
IMF경제위기 (1997~1999) 유가: $12~20/배럴	- 경제위기 극복을 위한 에너지 절약 정책 추진 - 에너지 절약으로 외화 절감	전기 사용 제한을 통한 에너지절약, 전력수요절약, 수송용 유류절약 등을 추진함
이라크전쟁 (2003~2005) 유가: $56/배럴	- 고유가 대응 단계별 조치 계획 수립 - 수요 관리 및 자발적 에너지 절약 시책 강화	공공기관의 에너지절약 강화, 에너지사용 제한 명령, 친연가스 소비절감 프로그램, 고유가대응 비상대책단 확대운영
신 고유가 (2004~2008) 유가: $150/배럴	- 고유가 대비 저소비형 사회 구축 - 시장 기능 중심의 에너지이용 합리화 - 참여를 통한 정책 수용성 제고	합리적인 가격체계 구축, 에너지 다소비 부문에 대한 절약시설, 에너지절약 추진체계의 다양화, 기후변화 대응체제 구축
경제회복 (2009~2012) 유가: $90/배럴	- 고유가 극복 - 기후변화협약 대응 - 무역수지 개선	백열전구 퇴출, 에너지효율 목표관리제 도입, 에너지효율 기술 개발 7대 부문의 핵심 기술 개발
뉴노멀 (2013~2017) 유가: $40/배럴	- 신기술·시장을 통한 에너지수요 관리 - 전력부문 수요 관리정책 보강	자가발전 협약, 연비 상향, 시장 주도 전기차 보급 확대, 그린 리모델링, 노후 가로등의 LED 교체

자료: 에너지관리공단(2005); 부경진(2013) 수정.

3) 에너지 절약 관련 세부 정책

에너지 절약 관련 시책들도 다양한 기준으로 유형화가 이루어질 수 있
다. 먼저 가격 정책과 비가격 정책으로 구분이 가능하다(김중구·박정순,
1999). 왜냐하면 정부가 에너지 절약 정책에 개입하는 가장 유용한 수단이
가격이기 때문에, 정책 유형화의 기준으로 가격이 채택된 것이다. 한편으
로는 에너지 가격 제도, 조세 및 재정지원 제도, 에너지 절약 기술 개발,
명령 및 통제라는 4개 분야로 에너지 절약 정책을 구분했던 경우도 있다
(심상렬, 2001). 그렇지만 이러한 분류 기준의 경우에는 명확한 논리적 기준
없이 임의적 구분이라는 문제를 지니고 있기 때문에, 이 글에서는 선행 연
구에서 제시된 가격보다도 포괄적인 개념으로 시장 메커니즘을 이용하는
시장적인 정책과 비시장적인 정책으로 구분하고자 한다.

먼저 '비시장적인 에너지 절약 정책'으로는 규제의 수위가 가장 높은 명
령-강제 방식이 있다. 예를 들면, 2008년의 신(新)고유가 상황에서 도입되
었던 차량 홀짝제처럼 사람들이 에너지 서비스를 이용하지 못하도록 강
제로 규제하는 방식이다. 실제로 정부는 에너지기본계획, 비상수급계획,
수급안정조치, 에너지사용량신고, 개선명령 등을 통해 민간과 공공의 에
너지 사용을 직접적으로 규제할 수 있다. 특히 연간 에너지 사용량이
2000석유환산톤 이상인 에너지 다소비 업체들은 직접 규제의 대상이 된
다. 이러한 비시장적인 에너지 절약 정책 가운데 가장 온건한 형태의 규제
방식으로는 효율 관련 정보를 제공하도록 표시제를 도입해 소비자들로
하여금 자발적으로 고효율 제품을 선택하게 유도하는 정책이 있다.

다음으로 '시장적인 에너지 절약 정책'으로는 가격에 의한 에너지 소비
조절 정책이 있다. 한국에서는 에너지 가격을 오랫동안 정부가 결정해왔
기 때문에 가격 자체가 엄밀하게 시장 자율적으로 운영되어왔다고 볼 수

는 없다. 석유 가격의 경우 1994년 2월부터 국제 원유가격 및 환율을 반영하는 유가 연동제를 도입하고는 있지만, 전력요금의 경우에는 아직까지도 정부에 의해 적정 원가에 적정 투자 보수액을 더하는 방식으로 결정되고 있다. 실제로 국내에서는 1970년대 도입된 누진제를 통해서 전력 사용량에 따라 전기요금을 차등 적용하는 방식으로 소비를 억제시킬 수 있었다. 게다가 정부는 각종 조세를 활용하는 방식으로도 수요 관리를 시도하고 있다. 예를 들면, 탄소세처럼 에너지 가격에 부과되는 조세는 직접적으로 에너지 가격 인상과 직결되며, 가격 탄력성에 따라 에너지 수요가 달라지고, 이로 인해 에너지 절약을 유도할 수 있다. 한편으로는 에너지 효율 개선 사업에 대한 재정 지원이나 에너지 절약 전문 기업에 대한 금융 혜택 등도 시장메커니즘을 이용한 에너지 절약 정책이라고 볼 수 있다.

3. 에너지 효율 개선에서의 시장과 정부

1) 시장과 정부의 역할에 대한 논쟁

앞에서 살펴본 에너지 수요 관리에 대한 관심이 최근 들어 국제기구와 세계 각국에서 높아지고 있다. 그렇지만 한편에서는 정부가 에너지 사용 관련 시장의 작동 메커니즘과 소비자들의 행태를 고려하지 못할 경우, 에너지 효율 개선 정책이 기대했던 것만큼 효과적이지 못할 수 있다는 반론이 제기되고 있다. 심지어 사운더스(Saunders, 2000)는 에너지 효율 개선 정책이 에너지 서비스 비용을 낮춤으로써 오히려 에너지 사용량을 늘릴 수도 있음을 이론적인 차원에서 보여준 바 있다. 그렇다면 이제는 4차 산업혁명이라는 시대적 전환기를 맞이해서 에너지 효율 개선을 포함한 수요 관리 관련 정부와 시장의 역할에 대한 검토가 필요할 수 있다.

실제로 에너지 효율 개선 사업은 '시장의 실패'를 극복하기 위해 정부에 의해 시작되었다. 즉, 효율적인 기술이 시장 내에서 자발적으로 채택되지 않자 정부가 직접 기업들에게 고효율 기술을 사용하도록 강제하기 시작한 것이다. 그렇지만 1·2차 석유파동 이후 적극적으로 도입되었던 에너지 효율 개선 정책에 대해 심각한 반론이 최근 들어 제기되고 있다. 즉, 에너지 효율 개선 정책에서 시장의 실패만큼이나 '정부의 실패'도 있을 수 있다는 주장이다. 따라서 에너지 효율 개선 정책에서 시장의 실패와 정부의 실패에 관한 논쟁들을 이론적인 차원에서 검토해볼 필요가 있다.

2) 에너지 효율 개선 정책과 시장의 실패

에너지 보존론자 및 시민단체들은 효율 개선이 환경적으로 바람직할 뿐만 아니라 경제적으로도 이익을 창출할 수 있기 때문에 '후회 없는 정책 (no regret policy)'이라고 주장한다. 일반적으로 에너지 효율 개선 기술의 경우에는 수익률이 30% 이상일 뿐만 아니라 위험성도 적은 것으로 알려져 있다. 실제로 생산자와 소비자에게 경제적으로 이익이 될 만한 에너지 절약 기술들이 풍부하다는 것을 많은 연구들이 실증적으로도 보여주고 있다. 그렇지만 이러한 에너지 절약 기술들은 시장을 통해 자연스럽게 확산되지 않고 있다. 이처럼 경제적으로도 이익이라고 평가되는 효율 개선 기술들이 민간과 기업에서 자발적으로 채택되지 않는 현상을 '효율성의 역설(efficiency paradox)'이라고 한다(DeCanio, 1997).

그렇지만 경제학자들은 에너지 효율 개선 기술처럼 수익성이 확보되었음에도 불구하고 채택되지 않는 기술이 시장 시스템 내에 체계적으로 존재한다는 데에 회의적인 견해를 갖고 있다. 이들은 시장 메커니즘이 정상적으로 작동할 경우 가격 변화만으로도 필요한 만큼의 효율 개선이 충분히 나타날 수 있다는 입장을 취하고 있다. 즉, 유발혁신론(induced innovation theory)[2]의 현대적 기술 변화 가설이라고 할 수 있다. 그는 "생산요소들 간의 가격 변화가 자발적으로 혁신을 일으킬 수 있으며, 이때의 혁신은 상대적으로 값비싼 요소를 적게 사용하는 방향으로 진행 된다"고 주장한다 (Birol and Keppler, 2000). 즉, 경쟁시장하에서 어떤 기술이 선택되느냐의 문제는 에너지·자본재·노동의 상대적인 가격에 따라 달라질 수 있다. 이때 에너지의 가격과 기술 변화는 반대 방향으로 움직이기 마련이다. 즉, 에너지 가격이 저렴할 경우 효율성이 떨어지는 기술들이 채택될 수 있다.[3]

경제학자들은 이처럼 경제성 있는 효율 개선 기술의 시장 실패를 부정하며, '효율성의 역설'은 단지 거래비용(transaction cost) 때문이거나 혹은 숨겨진 비용(hidden cost)으로 인해 에너지 절약의 실질 수익이 줄어들기 때

---

2 기술의 확산·이전 과정의 유인 메커니즘에 관한 연구는 힉스(Hicks)가 제시한 '유발 혁신론'이라는 개념하에서 진행되었다. 하바쿠크(Habakkuk)는 이 분야의 연구에 있어서 선구적인 역할을 했는데, 그의 주장의 핵심은 19세기 미국의 산업화 과정에서 미국이 영국으로부터 도입한 기술은 미국의 요소 부존 상태에 부합되는 노동절약적인 기술이었다는 것이다. 즉, 미국은 영국에 비해 광활한 토지를 보유하고 있어서 농업 노동자의 생산성이 상대적으로 영국보다 높았기 때문에, 이들 농부들을 산업 부문에서 고용하려면 높은 임금을 지불해야 했으며, 이러한 고임금에 기인한 노동력의 부족은 기술진보의 방향을 노동 절약적인 방향으로 유도했다는 것이다. 하바쿠크의 주장은 이후 여러 학자들에 의해 논쟁의 대상이 되기는 했지만 이러한 주장의 의의는 기술 진보를 경제적 요인, 특히 시장 메커니즘으로 설명한 데에 있다. 특히 유발혁신론에서는 수요 측 요인에 의하여 기술의 진보를 설명하고 있으며, 이러한 설명 방식은 기술 확산 과정에 대한 논의에도 그대로 적용될 수 있다(Birol and Keppler, 2000).
3 흔히 있는 경우는 아니지만 에너지 가격이 하락하는 상황에서도 효율 개선이 이뤄지는 '래칫효과(ratchet effect)'도 일시적·부분적으로는 존재할 수 있다. 래칫은 한쪽 방향으로만 돌게 되어 있는 톱니바퀴를 말한다. 따라서 래칫 효과는 소득 수준이 낮아져도 소득 수준이 높았을 때의 소비 성향이 그대로 유지되는 효과와도 관련이 있다. 여기서는 에너지 측면에서 효율 개선이 일단 진행되면 에너지 가격이 하락하더라도 기존의 효율 개선이 유지되는 효과를 비유적으로 설명하고 있다.

문이라고 설명한다. 그렇지만 시장에서 항상 가장 효율적인 선택이 이뤄진다는 수익극대화 가설을 근거로 미개발 수익의 존재를 부정하는 것은 비현실적인 주장일 수 있다. 반면에 거래비용과 숨겨진 비용은 조금 더 복잡한 문제일 수 있다. 거래비용은 개념 정의상 측정하기 어렵기 때문에 주장을 뒷받침할 만한 실증적인 근거를 제시하지 못한다는 한계가 있다. 게다가 에너지 절약 기술의 확산을 방해하는 아무런 숨겨진 비용이 없음을 보여주는 사례까지 제시되면서 논란이 가속화되고 있다(DeCanio, 1997).

한편으로는 에너지 절약 기술의 수익성이 기업의 입장에서 수익률이 가장 높은 분야는 아니라는 주장도 제기될 수 있다. 이런 주장은 '최선이 차선의 적'이라는 말과 동일하다. 그렇지만 이러한 주장은 근거 없는 추론에 기반하고 있을 뿐이다. 파레토(Pareto) 효율 이론[4]에 따르면 차선의 효율 개선조차 반드시 달성될 필요가 있으며, 수익성이 높은 최선의 효율 개선 때문에 차선의 효율 개선이 채택되지 않는다는 것은 합리적인 기업의 선택이 될 수 없다. 즉, 기업의 입장에서는 효율 개선을 통해 이익을 거둘 수만 있다면 아무리 적은 이익이라도 추구하는 게 기업의 합리적인 태도일 수밖에 없다. 왜냐하면 차선의 효율 개선도 결국에는 더 나은 최적의 효율 개선을 이끌어낼 수 있기 때문이다. 이런 이유 때문에 환경 규제가 차선으로 밀린 수익 개선 활동들을 발굴해내는 데에 긍정적인 효과가 있다는 '포터 가설(Porter hypothesis)'이 주목을 받고 있다.

1990년에 제기된 포터 가설은 당시 기업에게 비용으로 간주되던 환경 규제가 오히려 기업의 수익성을 높일 수 있다는 파격적인 주장을 제기함

---

4   '파레토 효율'이라는 개념은 다른 어느 누구의 상태도 불리하게 하지 않는 한도 내에서 한 개인의 상태를 유리하게 하는 일은 사회적으로 바람직한 것이라는 원칙이다. 여기서는 수익성이 낮은 차선의 효율 개선조차 누구도 불리하지 않게 만들면서 효용을 증대시키는 것이기 때문에 파레토 효율적인 개선으로 판단될 수 있다.

으로써 학계에 논란을 불러일으켰다. 1995년에 포터는 에너지 및 환경 정책 관련 기업의 효율 개선 사례를 연구한 바 있다. 그는 규제에 대한 순응이 때로는 기업들로 하여금 깨닫지 못했던 낭비와 비효율을 돌아보고, 기술 및 관리 절차를 재평가하는 계기가 된다고 주장했다. 포터가 분석했던 기업들은 규제 정책이 생산 과정의 비효율적인 요소들을 찾아내 개선함으로써 수익을 높이는 계기가 될 수 있음을 보여주었다.

반면에 신고전주의 경제학자들은 이런 주장에 강하게 반대해왔다. 1995년에 팔머(Palmer)는 포터가 미국 정부의 연간 환경 규제 비용인 1350억 달러를 무시하고 있으며, 엄격한 통계분석 결과가 아닌 사례연구에 근거하고 있을 뿐이라며 반박했다. 그렇지만 포터 가설은 에너지 효율 개선이 시장에서 자발적으로 채택되지 않는 현실에서 정부의 정책적 개입을 정당화시킬 수 있는 근거가 된다는 점에서 여전히 흥미로운 가설일 수 있다(DeCanio, 1997).

이처럼 논란이 진행되는 상황에서 에너지 효율 개선이 시장에서 자발적으로 채택되지 않는 원인들을 체계적으로 정리한 연구도 발표된 바 있다(Clinch and Healy, 2000). 예를 들면, 기업이 투자 여부를 판단할 때 고려하는 시장 이자율과 효율 개선의 필요성을 판단할 때의 기준이 되는 사회적 할인율이 서로 다르다는 것도 한 가지 원인이 될 수 있다. 한편으로는 거래비용뿐만 아니라 불완전 정보의 문제도 효율 개선을 가로막는 장애 요인이 될 수 있다. 이 연구에서는 이러한 시장의 실패를 바로잡기 위해 정부가 앞장서서 정보를 제공하고, 에너지 효율 개선 활동의 기회비용을 줄이고, 기금을 마련하고, 투자 시 발생할 수 있는 거래비용을 줄여야 하며, 민간 부문의 편익에 사회적 편익을 최대한 반영하는 방향으로 정책을 수립해야 한다는 제안이 이루어질 수 있었다. 한마디로 에너지 효율 개선에서 시장의 실패를 교정하기 위해 정부가 적극적으로 개입해야 한다는 주장이다. 실제로 국내에서도 한국에너지공단으로 대표되는 제도적 장치를 통해서 이런 시장의 실패를 극복하기 위한 정책들을 추진해나가고 있다.

3) 에너지 효율 개선 정책과 정부의 실패

이처럼 에너지 효율 개선 관련 시장의 실패로 인해 정부 차원에서의 정책적 개입이 정당화되어졌으며, 수많은 효율 개선 정책들이 정부에 의해 추진되었을 뿐만 아니라 막대한 공적 자금이 효율 개선에 투입되어졌다. 비영리 조직인 세계야생기금(WWF)은 미국에서 수요 관리가 절정을 이루었던 1993년 수준으로 지원이 유지되기만 했다면, 1997년 한 해에 온실가스 1100만 톤, 대기오염물질 8만 톤을 줄일 수 있었을 뿐만 아니라 소비자들도 전기요금을 10억 달러 가까이 절약할 수 있었을 것으로 추정한 바 있다. 결론적으로 이들은 정부가 효율 개선 사업에 대한 지원을 계속해야 하며, 발전사업자의 경우에도 수익의 5%를 효율 개선에 반드시 투자해야 한다고 주장하고 있다(Loughran and Kulick, 2004).

그렇지만 에너지 효율 개선에 있어서는 시장의 실패와 마찬가지로 정부의 실패도 존재할 수 있다. 특히 신자유주의 경제학자들은 정부 개입으로 인한 사회적 효용의 감소와 추가적인 비용이 발생하게 되는 정부의 실패를 끊임없이 비판하고 있다. 즉, 경제학자들은 불완전 정보와 시장의 실패로 인해 소비자들이 올바르지 못한 선택을 하더라도, 이들의 선택을 제한하는 어떤 정책도 소비자에게 더 큰 이득이 되지는 않을 것이라고 주장한 바 있다(Fischer, 2005).

브룩스(Brookes, 2000)는 특히 효율 개선을 목적으로 개입하는 정부 정책에 대해 반대하는 입장을 취하고 있다. 그는 정부 개입이 정당성을 얻기 위해서는 공익에 부합해야 한다고 본다. 효율 개선이란 투입물의 생산성을 높이는 행위, 즉 공급자가 생산성을 높이기 위한 행위이기 때문에, 이는 지극히 사적인 이익을 위한 것이지 국가적인 차원의 에너지 소비를 줄이기 위한 것이 아니라는 차원에서 문제를 제기하고 있다. 에너지가 아닌 다른 자원의 생산성을 높이는 데에는 정부가 개입하지 않음에도 불구하고 에너지에 대해서만큼은 정부가 개입하려 한다면 정부의 개입으로 인해 공익에 어떤 도움이 되는지를 분명히 밝혀야 한다는 비판이다. 현재 에너지 효율 개선 정책을 통해 기후변화 문제에 대비해서 온실가스 배출을 줄이는 게 정부의 목적이라면, 정책 목표를 효율 개선 자체가 아니라 이산화탄소 감축으로 재설정해야 한다는 것이 그의 주장이다.

정부가 개입하는 효율 개선 정책은 형평성이라는 측면에서도 문제가 되고 있다. 국민들에게 징수한 세금을 주로 에너지 다소비 업체에게 지원해주기 때문이다. 게다가 서덜랜드(Sutherland, 2003)는 최저효율 기준을 강화할 경우 가난한 사람들의 부담이 증가할 것이라는 문제도 제기하고 있다. 그는 미국 에너지부의 비용편익분석이 실제 소비자의 시간 선호율에 비해 너무 낮게 설정되어 있음을 지적했다. 즉, 저소득층의 경우에는 미래보다 현재가 중요하기 때문에 할인율이 높을 수밖에 없으며, 초기 비용이 적게 들고 운영 비용이 많이 드는 저효율 제품을 선호할 수밖에 없다는 것이다. 따라서 국가적인 차원에서 가전제품의 최저효율 기준을 높이는 것은 저소득층의 선호를 배제하고 초기 비용을 높이는 문제가 발생할 수밖에 없다. 그는 결론적으로 최저효율 기준이 저렴한 가전제품의 가격을 높임으로써 저소득층의 복지 수준을 떨어뜨릴 수 있다고 경고한 바 있다.

심지어는 정부의 효율 개선 정책이 실패를 전제로 한 정책이라는 주장도 제기되고 있다. 브룩스(Brookes, 2000)는 온실가스 저감이라는 환경적 효과가 있기에 에너지 절약이 필요한 정책이기는 하지만 여기에 딜레마가 있다고 보고 있다. 즉, 효율 개선 정책이 성공해서 에너지 수요가 줄어들면 가격이 떨어지게 된다. 그렇지만 가격이 하락하면 에너지 절약프로 그램이 추진력을 잃게 된다. 반대로 에너지 절감이 효과적이지 못해 가격이 상승하면 에너지 절약프로그램이 추진력을 다시 얻게 되는 역설적인 상황이 발생하게 된다. 따라서 절대적인 에너지 사용량이 계속 늘어나면서 '생산액 대비 에너지 소비'라는 원단위 측면에서의 효율만 개선되는, 즉 상대적으로는 성과를 거두지만 절대적으로는 실패가 계속되는 딜레마가 지속되고 만다. 이러한 역설을 '에너지 효율 개선 정책의 일방향성 원칙 (the principle of unidirectionality of energy efficiency programmes)'이라고 한다.

이 원칙은 실제로도 세계 각국에서 확인되고 있다. 미국에서도 오랫동안 단위 생산액당 에너지 사용량을 줄일 수 있었지만, 총 에너지 사용량은 줄이지 못했다(Brookes, 2000). 국내에서도 에너지 절약 투자로 인해 생산액 대비 에너지 사용량이라는 상대적인 개념의 원단위를 개선시킬 수 있었지만, 절대적인 에너지 사용량은 줄이지 못했던 것으로 평가되고 있다. 사실 한국은 상대 지표인 에너지 원단위 측면에서 보더라도 세계에서 가장 낭비적인 국가로 분류되고 있다(Luukkanen and Kaivo-oja, 2002).

한편으로는 실증적인 차원에서 효율 개선 정책의 실패를 주장하는 연구도 발표된 바 있다. 트레인(Train, 1988)은 효율 개선 정책에 의한 에너지 절감량의 70%가 수요 관리 프로그램 없이도 발생했을 것으로 추정할 수 있었다. 한발 더 나아가 러프란과 쿨릭(Loughran and Kulick, 2004)은 수요 관리 프로그램에 지원할 필요가 없는 대기업 중심으로 지원이 이뤄졌던 선택 편이(selection bias)[5]의 문제가 존재함을 지적할 수 있었다. 즉, 미국에서

---

5 '선택 편이'는 표본의 선택과정에서 발생할 수 있는 통계적 오류를 가리킨다. 즉, 표본의 선택 자체가 왜곡됨으로 인해 통계적인 분석결과 자체가 왜곡될 수도 있다. 일반적으로 선택 편이는 통계적 유의성을 실제 보다 더 크게 과장할 수 있으며, 그로 인해 완전히 허구적인 결과를 나타낼 수도 있다.

는 1989년부터 1999년 사이에 효율 개선 정책에만 147억 달러가 투자되었으며, 그로 인해 전력 소비량의 1.8%가 절감된 것으로 평가된다. 그렇지만 이들은 선택 편이를 고려할 경우 실질적인 절감량은 0.3%밖에 안 된다고 주장한다. 즉, 정부의 재정 지원이 없었더라도 대기업들은 효율 개선을 추진했을 것이며, 이러한 선택 편이를 통제할 경우 효율 개선 정책의 실제 효과는 0.3%임에도 불구하고 지금까지 1.8%로 과대평가해왔다는 주장이다.

4. 반등효과의 개념 및 정책적 함의

1) 반등효과의 개념 및 정의

에너지 효율 개선 정책에서 시장의 실패 및 정부의 실패와 관련해서는 이론적인 논쟁뿐만 아니라 실제로 온실가스 감축이라는 정책 목표가 달성되지 못할 수 있다는 반론이 제기되고 있다. 정부가 시장 메커니즘의 특성을 이해하지 못한 채 효율 개선 정책을 추진할 경우 에너지 사용 절감이라는 목표를 달성하지 못할 수 있음을 구체적으로 보여주는 대표적인 현상이 '반등효과(rebound effect)'이다.

공학적인 관점에서 수립되는 에너지 효율 개선 정책은 시장 메커니즘이 작동할 경우 에너지 사용량을 줄이지 못하고 오히려 에너지 사용량을 늘리는 역효과를 가져올 수 있다. 일반적으로는 효율을 높이면 에너지 사용량이 줄어들 것으로 기대된다. 그렇지만 효율이 높아질 경우 에너지 비용이 줄어들고 사람들은 그만큼의 경제적 이득을 다시 에너지 소비를 늘리는 데 사용하려는 경향이 있다. 이때 효율 개선으로 인해 기대되었던 에너지 절감량 가운데 달성되지 못한 부분을 반등효과라고 한다(Berkhout et al., 2000). 즉, 예상과 달리 늘어난 에너지 사용량이 바로 반등된 부분이다. 효율 개선으로 인해 에너지 사용량이 줄어들었다가 다시 상승한다는 의미에서 반등효과라고 한다(Khazzoom, 1987).

만약에 기술 발전으로 인해 고효율 기기를 사용할 수 있는 상황에서 '다른 조건이 같다면(ceteris paribus)', 생산자 입장에서는 더 적은 에너지를 사용해서 동일한 양의 제품을 생산해낼 수 있을 것이다. 소비자 입장에서는 더 적은 에너지로 같은 양의 에너지 서비스를 받을 수 있을 것이다. 결과적으로 효율 개선은 소비 행태 자체를 변화시키게 마련이다. 즉, 효율 개선은 '더 적은 에너지를 사용해서 동일한 에너지 서비스를 제공받는 것'을 의미하기 때문에, 에너지 비용이 줄어들 경우 사람들은 이를 일종의 가격 하락으로 인식해 동일한 에너지 서비스가 아닌 더 많은 에너지 서비스를 제공받기를 원하게 된다. 예를 들어 휘발유 1리터로 더 먼 거리를 갈 수 있는 고효율 자동차가 있다면, 기름값이 적게 들어 1킬로미터를 가는 데 들어가는 비용이 줄어들게 된다. 이러한 비용 저하는 소비 증가를 유발해 사람들이 더 먼 거리까지 출퇴근하게 만들거나 주말이면 더 자주 교외로 나가게 만들기 때문에 자동차 이용을 늘리는 원인이 될 수 있다. 즉, 사람들은 더 많은 에너지 서비스를 원하고, 더 많은 에너지 서비스는 곧 에너지 소비의 증가를 의미하기 때문에, '다른 조건이 같다면'이라는 전제가 깨지게 된다. 이처럼 기대했던 에너지 절감량의 상실분을 반등효과라고 한다.[6] 즉, 에너지 효율 개선을 통해서 달성할 것으로 예상되었던 목표치 가운데 달성되지 못한 부분을 반등효과라고 한다. 예를 들어 반등효과가

---

6 반등효과는 에너지 효율 개선으로 인한 기대 절감량의 상쇄분이라는 의미에서 '상쇄효과 (take-back effect)'로 불리기도 한다.

10%라는 것은 효율 개선으로 인해 예상되었던 20%의 기대 절감량 가운데 2%가 소비증가로 상쇄되어 실제로는 18%의 절감효과만 거둔 것을 의미한다. 따라서 반등효과는 다음과 같은 식으로 표현될 수 있다(Haas and Biermayr, 2000).

$$\text{반등효과 (rebound effect)} = \frac{\text{기대 절감량(expected savings) - 실제 절감량(actual savings)}}{\text{기대 절감량(expected savings)}}$$

이때 반등효과가 0%라는 것은 기대 절감량과 실제 절감량이 동일하기 때문에 기대했던 절감효과를 전부 달성했음을 의미하며, 100%는 기대했던 절감효과를 전혀 거두지 못하고 효율 개선 이후에도 동일한 에너지를 소비하고 있음을 의미한다. 그렇지만 유의해야 할 사항은 반등효과가 100% 이내로 국한되지 않는다는 사실이다. 즉, 반등효과는 150%일 수도 있다. 반등효과 식에서 실제 절감량이 마이너스 값을 갖게 되면 반등효과는 100% 보다 큰 값을 갖게 된다. 여기서 실제 절감량이 마이너스 값을 갖는다는 것은 효율 개선 이후에 절감되는 효과가 없었을 뿐만 아니라 에너지 사용량이 오히려 더 늘어났다는 것을 의미한다. 예를 들면, 휘발유 소비를 줄이기 위해 고효율 자동차로 바꿨더니 연비가 높아져서 아예 집을 교외로 옮겨 원거리에서 출퇴근하게 되는 상황이 발생한다면, 처음에 연료비를 줄이려고 구입한 고효율 자동차가 오히려 연료비를 늘리는 형태로 전환될 수 있다. 이처럼 반등효과가 100% 보다 커서 효율 개선이 오히려 에너지 사용량을 늘리는 현상을 '역효과(backfire effect)'라고 한다.

2) 반등효과 관련 논쟁

반등효과는 학문적으로나 정책적으로 커다란 충격을 가져왔으며 다양한 논쟁을 불러일으켰다. 초기에는 반등효과 자체를 부정하는 반론이 제기되었을 정도다. 카줌(Khazzoom)이 반등효과를 처음으로 제기했던 1980년 이전까지만 해도 1970년대의 석유파동을 겪었던 경험이 있었기 때문에 효율 개선의 필요성과 장점을 언급한 논문과 보고서들이 많이 발표되고 있었다(Laitner, 2000). 에너지 효율 개선을 선도했던 러빈스(Lovins, 1988)는 카줌의 주장에 대해 반등효과가 존재하지 않는다는 반론을 ≪에너지 저널(Energy Journal)≫이라는 학술지에 제기했다. 이에 카줌은 러빈스가 경제적인 측면을 무시하고 있다고 비판한 뒤, 반등효과가 존재함을 이론적으로 증명하는 글을 1989년에 발표하면서 반등효과의 존재에 관한 논쟁이 벌어지게 됐다. 결국 러빈스의 주장은 실증적인 근거가 없는 것이었으며, 반등효과가 실재하는 것으로 결론지어졌다. 이후 브룩스가 반등효과로 인해 경제 전반적으로 에너지 사용량이 늘어날 수 있음을 1990년에 제안하면서, 연구자들은 이를 '카줌-브룩스 공리'로 부르고 있다(Grepperud and Rasmussen, 2004).

이로써 반등효과가 존재한다는 데에는 이론적인 합의가 이루어졌지만, 반등효과와 관련해서 최근까지도 진행되고 있을 뿐만 아니라 가장 중요한 논쟁은 반등효과의 실질적인 크기에 관한 것이다. 즉, 반등효과가 과연 어느 정도의 크기인가에 따라서 효율 개선 정책이 에너지 사용량을 줄이는 데 어느 정도로 효과적인가를 평가하는 기준이 될 수 있기 때문이다. 특히, 최근 들어서는 반등효과를 통해서 기후변화 대책으로 주목받고 있는 효율 개선 정책의 필요성 및 효과성을 판단할 수가 있다. 실제로 반등효과 관련 문헌에 대한 메타 분석을 통해서 반등효과의 크기를 체계적으

경제 주체	최종 사용	반등 효과	비고	연구수
소비자	난방	10~30%	난방 공간 증가와 난방 온도 등이 측정되지 않았음.	26++
	냉방	0~50%	냉방 공간 증가와 냉방 온도 등이 측정되지 않았음.	9+
	온수 공급	10~40%	샤워 시간의 증가와 온수 온도 증가는 간접효과로 측정할 수 없었음.	5-
	주거 조명	5~12%	작동 시간의 증가라는 점에서 간접효과도 명시되어 있음.	4-
	전기제품	0%	다양한 기능을 지닌 대형 제품의 구매라는 측면의 간접효과도 명시되어 있음.	2-
	자가용	10~30%	자동차 특성, 특히 차체 증가, 마력 및 가속도 증가 등이 측정되지 않았음.	22-
기업	생산 공정(단기)	0~20%	20%라는 연구에는 상세설명이 없음.	1-
	조명(단기)	0~2%	산출변화는 명시되지 않았지만, 노동생산성이 개선된 것으로 나타남.	4-
	장기효과	0~100%	산출변화는 문헌마다 큰 차이를 보임.	
경제 효과	전체 산출 변화	0.48%	가정된 효과로는 생활수준 향상, 에너지 다소비의 사치재 소비증가 등이 있음.	1-

▷ 모든 추정치는 효율이 10% 개선되었을 때로 가정함
▷ ++, +, - 연구의 신뢰도

자료: Greening et al.(2000).

로 정리한 연구도 발표되었을 정도이다(Greening et al., 2000). 이 논문에서는 반등효과의 추정치들이 연구자마다 다르다는 문제의식을 가지고 반등효과 관련 미국 내 다양한 연구의 결과 값들을 〈표 5-2〉와 같이 분야별로 정리했다.

3) 한국에서의 반등효과

국내에서도 반등효과를 추정하려고 시도했던 연구들이 몇 편 발표된 바 있다. 2007년 이전까지는 반등효과를 소개하는 정도에 불과했지만, 이후로는 특정 분야를 대상으로 추정하는 작업들이 진행되고 있다.[7] 국내에서 가장 먼저 진행된 연구는 가정 부문을 대상으로 추정된 반등효과였다 (Jin, 2007). 이 연구에 따르면 가정부문의 전반적인 반등효과는 30~38% 수준인 것으로 나타났다. 반면에 개별 가전기기 차원에서는 에어컨의 반등효과가 57~70% 수준인 것으로 밝혀졌다.

이후 제조업 부문을 대상으로 진행된 연구에서는 반등효과가 51%로 상당히 높게 추정되었다(이성근·안영환, 2007). 이 연구에서는 추정 결과를 토대로 제조업 부문의 에너지 효율 개선과 관련해서 탄소세의 도입이 필요하다는 정책적 함의가 도출될 수 있었다. 한편으로는 수송 부문을 대상으로 고효율 자동차의 반등효과를 추정한 연구도 두 편 발표된 바 있다. 김대욱·김종호(2012)는 반등효과가 29.9%이기 때문에 승용차의 연비 개선 사업을 추진할 때에는 이에 대한 고려가 필요하다고 주장할 수 있었다. 비슷한 시기에 지역별 패널자료를 이용한 연구에서는 승용차의 반등효과가 15.5%로 추정될 수 있었다(송은해, 2012).

그렇지만 국내에서 진행된 이들의 연구는 몇 가지 측면에서 한계를 지니고 있다. 첫째, 수송 부문에 대한 반등효과는 실질적인 정책이라는 측면에서 큰 의미를 지니지 않는다. 왜냐하면 국내에서 승용차의 연비는 대부분 직접규제의 방식을 채택하고 있을 뿐이지 실질적인 재정 지출을 통한

---

7   해외에서는 주택 효율 개선 사업의 반등효과를 검토한 논문이 가장 큰 비중을 차지함에도 불구하고, 국내에서는 주거용 건물의 에너지 절감 관련 장애 요인으로 소개되는 수준에 머물러 있을 뿐이다(정창헌 등, 2010).

지원 사업이 아니기 때문이다. 즉, 수송 부문의 반등효과는 실제로 비용이 투입되지 않았기 때문에 정책실패의 요인이 되지는 않는다.[8] 둘째, 선행 연구의 경우 추정 분야와 방식에 한계가 있다. 왜냐하면 정부 사업은 조명, 냉장고, 보일러, 주택 단열 같은 개별 제품을 대상으로 효율 개선이 진행되는 반면에 대부분의 연구는 제조업·가정·수송처럼 부문 전체를 대상으로 가격탄력성을 이용하는 간접적인 추정 방식을 채택하고 있기 때문이다. 따라서 실제로 정책을 설계하고 사업을 평가하는 데 있어서 선행 연구의 결과가 도움이 되지 못할 수밖에 없다. 셋째, 유일하게 개별 가전제품을 대상으로 추정된 에어컨도 소득에 의한 영향을 분리해서 통제하지 못하고 있을 뿐만 아니라 추정된 대상 제품이 하나에 불과하다는 한계도 지니고 있다. 이에 최근에는 서울시의 저소득 가구를 대상으로 개별 가전제품 차원에서 반등효과를 추정한 연구도 발표된 바 있다(진상현, 2013). 구체적으로 이 연구에서는 전기밥솥·TV·냉장고라는 3대 가전제품과 보일러를 대상으로 반등효과를 추정할 수 있었다. 결과적으로 냉장고의 경우에만 73~156%에 달하는 매우 큰 반등효과가 존재하는 것으로 확인되었다.

5. 미래 한국의 수요 관리 방향

앞에서 살펴보았듯이 에너지 수요 관리와 관련해서는 시장의 자발적인

---

[8] 반면에 미국 정부는 2009년 2월에 경기 부양책의 일환으로 '노후차 보상 프로그램(Cash for Clunkers)'을 도입했으며, 연비의 개선 정도에 따라 3500~4500달러를 지원해주었다. 당시 한국 정부는 유사한 목적의 경기 활성화 프로그램으로 '신차 구입 보조금 제도'를 도입했었지만, 효율 개선이 전혀 반영되지 않은 채 10년 이상의 노후차에 대해 무조건 지원하는 한계를 보여주었다.

혁신을 강조하는 경제학자들과 정부의 적극적인 개입을 통해서 에너지 소비의 획기적인 절약을 요구하는 환경주의자들 간의 대립이 치열하게 진행되고 있었다. 특히나 에너지 효율 개선 정책이 시장 메커니즘을 고려하지 못할 경우 반등효과를 통해서 정책효과가 반감되거나 오히려 역효과를 일으킬 수 있다는 이론적·실증적 반론도 확인될 수 있었다. 즉, 에너지 수요 관리에서도 시장의 실패와 정부의 실패라는 전통적인 대립 구도가 그대로 반복되고 있었다.

따라서 에너지 절약과 효율 개선으로 대변되는 수요 관리를 정부나 시장 어느 한편에만 전적으로 맡길 수는 없으며, 정부와 시장의 조율이 중요한 시점이라고 판단된다. 즉, 가격에 의해서만 작동하는 비인격체인 시장을 통제하고 조율하는 입장에서 정부의 역할은 중요할 수 있다. 이때 정부는 시장의 특성을 충분히 이해한 상태에서 에너지 사용량을 줄이고 탄소 배출량을 줄일 수 있는 정책을 마련해나가야 한다. 반등효과에서 확인되었듯이 시장의 특성을 이해하지 못한 채 공학적인 해결책을 단순히 도입할 경우에는 에너지 사용량을 늘리는 역효과마저 불러일으킬 수 있다. 따라서 정부는 시장 메커니즘하에서 에너지 효율 개선 정책을 추진하는 데 공적 개입의 역할과 한계가 어디까지인지 분명히 인식해야 한다. 이처럼 에너지 수요 관리와 관련해서 시장의 특성을 이해하는 '현명한 정부(smart government)'의 시장 조율이 미래 4차 산업혁명 시대에 중요할 수 있다.

그렇다면 한국 사회에서 정부가 에너지 수요 관리를 얼마나 진지하게 고민하고 받아들이고 있는지에 대해 검토해볼 필요가 있다. 즉, 4차 산업혁명에 대비해서 세계 각국이 현명한 에너지 소비를 추구하고 있는 상황에서 한국 정부의 대응이 현재 어느 정도의 수준인가를 파악해야 미래의 방향을 제시할 수 있을 것이다. 그렇지만 안타깝게도 4차 산업혁명을 준비하는 한국 정부의 에너지 수요 관리 관련 대응은 대단히 미흡하기만 하다. 설상가상으로 지금은 그 정도의 미약한 노력마저 소멸되는 상황이다.

최근에 한국 정부가 에너지 수요 관리와 관련해서 전담 조직을 설립하는 등의 적극적인 모습을 보였던 시기는 이명박 정부하에서였다. 당시 정부는 2008년 배럴당 150달러까지 폭등했었던 '新고유가' 상황에 대응하기 위해 에너지 수요 관리 전담 부서인 '에너지절약추진단'을 설립해서 3년간 운영했다.[9] 이후 단기적으로 존속 기간을 연장해오던 전담 조직은 2013년에 일시적으로 명칭이 '에너지수요 관리정책단'으로 변경되며, 정책 기능이 강화되기도 했다. 그렇지만 박근혜 정부는 바로 다음 해에 산하 조직으로 '에너지신산업과'를 신설하더니, 결국 2015년에는 '에너지신산업정책단'을 출범시키면서, 수요 관리 관련 전담 조직을 폐지하고 말았다.[10] 즉, 적극적인 수요 관리보다는 그로 인해서 파생되는 경제 성장, 산업 육성, 일자리 창출 등의 부가효과에만 관심을 기울였던 것이다.

그리고 2017년 5월 대한민국은 촛불 집회를 통해서 이전 정권의 적폐를 청산하기 위한 탄핵 작업을 진행하며, 새로운 정권을 출범시킬 수 있었다. 이러한 시대적 사명을 지닌 문재인 정부는 이명박 정부 시기부터 논란을 일으켰던 녹색성장을 대신해서 지속 가능 발전을 복원하겠다는 등의 획기적인 정책 전환을 공약으로 내걸었다. 특히나 취임 직후부터 탈핵과 탈석탄을 표방함으로써 에너지 분야에서 정책 전환의 가능성을 보여주기도 했다. 그렇지만 1년도 채 되지 않은 지금의 상태에서 현 정부는 이전 정권과 전혀 다르지 않은 공급 위주의 에너지정책으로 회귀하는 모습을 보이고 있다. 2018년 1월 산업통상자원부는 박근혜 정부에서 설립된 기존의 '에너지신산업정책단'을 '신재생에너지정책단'으로 전환하겠다고 선

---

9   지식경제부 보도자료, "3년 한시조직 「에너지절약추진단」 출범", 2009.7.23.
10 "산업통상자원부, 기후변화 대응과 에너지신산업의 체계적 육성을 위해 「에너지신산업정책단」 출범", 산업통상자원부 보도자료, 2015.7.16.

언했다.[11] 즉, 문재인 정부의 에너지정책 공약에 기반한 '재생가능에너지 3020' 비전을 이행하기 위한 전담 조직을 출범시킨 것이다. 물론 태양광과 풍력을 지원하는 별도의 조직이 만들어진다는 측면에서는 바람직할 수도 있겠지만, 이명박 정부에서 잠시나마 한시 조직으로 설립되었던 에너지 수요 관리 부서가 박근혜 정부뿐만 아니라 새로 취임한 문재인 정부 들어서도 부활하지 못한 채, 반영구적으로 퇴출되는 상황이 만들어지고 있다.

대한민국이 4차 산업혁명에 능동적으로 대응하기 위해서는 더 이상 과거와 같이 무절제한 소비에 기반한 산업화에서 벗어나 '현명한 소비'를 촉진시키는 방향으로 혁명적인 전환이 이루어져야 한다. 이처럼 거대한 변화를 달성하기 위해서는 정부가 강력한 정책적 의지를 보여주어야 하며, 이를 입증하는 가장 직접적인 지표는 행정부 내에 에너지 수요 관리 전담 조직을 설립하는 것일 수 있다. 지금 상황에서는 에너지 수요 관리 전담조직의 상설화에 대한 기대를 다음 정부로 미뤄야 할 것 같지만, 한국의 4차 산업혁명을 한시라도 촉진시키기 위해서는 이번 정부의 남은 임기 내에서라도 획기적인 전환점이 마련되어야 할 것이다.

11   산업통상자원부 보도자료, "친환경에너지 발굴·육성 국장급 전담조직 생긴다", 2018.2.13.

참고문헌

김대욱·김종호. 2012. 「에너지 소비효율 개선과 리바운드 효과: 수송부문을 중심으로」. ≪자원환경경제연구≫, 제21권 제2호, 321~340쪽.

김인길. 1996. 『에너지절약시책 평가모델 개발연구』. 에너지경제연구원.

김중구·박정순. 1999. 『에너지절약시책 효과측정을 위한 계량분석 연구: 제조업을 중심으로』. 에너지경제연구원.

김형렬. 1984. 「정책결정에 있어서 상황접근법에 관한 연구: 특히 에너지정책과 관련하여」. ≪사회과학논집≫, 제15권, 97~120쪽.

부경진·류지철·김호철·박지민. 2013. 『경제발전경험모듈화사업: 에너지정책』. 산업통상자원부.

송은해. 2012. 「자동차 에너지 소비 효율 개선의 반등효과 분석」. 서울대학교 환경대학원 석사학위논문.

심상렬. 2001. 『국가 에너지절약 목표와 경제부문별 추진계획 수립』. 에너지경제연구원.

에너지관리공단. 2005. 『에너지절약 편람』.

에너지경제연구원. 2006. 『에너지정책변천사: 에너지경제연구원 20주년(1986~2006)』.

유승훈. 2004. 「전력소비와 경제성장의 인과관계 분석」. ≪산업경제연구≫, 제17권 제1호, 81~94쪽.

윤순진. 2002. 「지속가능한 발전과 21세기 에너지정책: 에너지체제 전환의 필요성과 에너지정책의 바람직한 전환방향」. ≪한국행정학보≫, 제36권 제3호, 147~166쪽.

이성근·안영환. 2007. 『국가에너지절약 및 효율향상 추진체계 개선방안 연구: 산업부문의 에너지효율 평가』. 에너지경제연구원.

장현준. 2001. 「에너지부문의 여건변화와 새로운 에너지정책 방향」. 『한국에너지공학회 2001년도 춘계 학술발표회 논문집』.

정창헌·김태연·이승복. 2010. 「국내 주거건물 에너지절감 장애요인에 대한 분석」. ≪대한건축학회논문집 계획계≫, 제26권 제7호, 239~248쪽.

진상현. 2008a. 「에너지 효율 개선 정책의 딜레마: 시장의 실패, 정부의 실패 그리고 반등효과」. ≪환경논총≫, 제47권, 125~139쪽.

_____. 2008b. 「생태근대화론에 기반한 한국의 에너지정책에 대한 연구」. ≪환경정책≫, 제16권 제3호, 57~86쪽.

_____. 2013. 「에너지 효율 개선 정책의 효과성: 서울시 저소득 가구의 반등효과 분석」. ≪한국정책과학학회회보≫, 제17권 제4호, 55~77쪽.

Berkhout, Peter, et al. 2000. "Defining the rebound Effect." *Energy Policy*, 28, pp. 425~432.

Birol, Fatih and Jan Hors Keppler. 2000. "Prices, technology development and the rebound effect." *Energy Policy* 28, pp. 457~469.

Brookes, Leonard. 2000. "Energy efficiency fallacies revisited." *Energy Policy* 28, pp. 355~366.

Clinch, Peter and John Healy. 2000. "Domestic energy efficiency in Ireland: correcting market failure." *Energy Policy*, 28, pp. 1~8.

DeCanio, Stephen. 1997. "The efficiency paradox: bureaucratic and organizational barriers to profitable energy-saving investments." *Energy Policy*, 26, pp. 441~454.

Fischer, Carolyn. 2005. "On the importance of the supply side in demand side management." *Energy Economics*, 27, pp. 165~180.

Greening, Lorna, et al.. 2000. "Energy efficiency and consumption: the rebound effect: a survey." *Energy Policy*, 28, pp. 389~401.

Grepperud, Sverre and Ingeborg Rasmussen. 2004. "A general equilibrium assessment of rebound effects." *Energy Economics*, 26, pp. 261~282.

Haas, Reinhard and Peter Biermayr. 2000. "The rebound effect for space heating Empirical evidence from Austria." *Energy Policy*, 28, pp. 403-410.

Jin, Sang-Hyeon. 2007. "The effectiveness of energy efficiency improvement in a developing country: Rebound effect of residential electricity use in South Korea." *Energy Policy*, 35, pp. 5622~5629.

Jin, Sang-Hyeon. 2009. "Dilemma of Energy Efficiency Improvement: Market Failure, Government Failure and Rebound Effect", Energy Policy: Economic Effects, Security Aspects and Environmental Issues, edited by Noah B. Jacobs, Nova Science Publishers.

Khazzoom, Daniel. 1987. "Energy saving resulting from the adoption of more efficient appliances." *Energy Journal*, 8, pp. 85~89.

Laitner, John. 2000. "Energy efficiency: rebounding to a sound analytical perspective", *Energy Policy*, 28, pp. 471~475.

Loughran, David and Jonathan Kulick. 2004. "Demand-Side Management and Energy Efficiency in the United States." *The Energy Journal*, 25, pp. 19~45.

Lovins, Amory. 1988. "Energy saving from more efficient appliances: another view." *Energy Journal*, 9, pp. 155~162.

Lovins, Amory and Peter Hennicke. 1999. *Voller Energie*. Campus Verlag Gmbh(임성진 역, 2001, 『미래의 에너지』, 생각의 나무).

Luukkanen, Jyrki and, Kaivo-oja, Jari. 2002. "Meaningful participation in global climate policy: comparative analysis of the energy and CO2 efficiency dynamics of key developing countries." *Global Environmental Change*, 12, pp. 117~126.

Saunders, Harry, 2000, "Does predicted rebound depend on distinguishing between energy and energy services." *Energy Policy*, 28, pp. 497~500.

Sutherland, Ronald. 2003. "The high costs of federal energy efficiency standards for residential appliances." *Policy Analysis*, 504. Cato Institute, Washington, DC.

Train, Kenneth. 1988. "Incentives for energy conservation in the commercial and industrial sectors." *The Energy Journal*, 9(3), pp. 113~128.

06

에너지 시스템 모델링의 방법론과 연구 동향

권필석

1. 서론

미래 에너지 시스템에 대한 계획은 오랜 시간을 두고 선행되어야 한다. 그 이유는 에너지 인프라 건설의 건설 기간이 길기 때문이다. 따라서 미리 수요를 예측하고 그에 따라 공급 설비를 대비해놓지 않는다면 미래 어느 시점에 더 큰 경제적 손실을 가져올 수 있다. 또한 에너지 인프라는 기술 수명이 최소 20년 이상으로 길기 때문에 잘못된 계획의 결과로 엄청난 매몰비용이 발생한다. 이러한 계획 실패를 줄이고자 에너지 시스템 모델을 통한 시나리오 분석을 통해 미래 에너지 시스템을 계획한다.

지구 온난화 대책의 일환으로 21세기 들어 전 세계 각국에서 에너지 시스템에 큰 전환이 일어나고 있다. 온실가스를 발생시키는 화석연료 사용을 피하고 온실가스 배출이 없는 재생에너지로의 전환이 이뤄지고 있는 것이다. 화석연료에서 재생에너지로의 전환은 시스템에서의 여러 가지 변화를 수반한다. 그중에서 가장 본질적인 변화는 화석연료와 달리 재생

에너지는 그 출력이 간헐적이고 그 출력을 인간이 조절할 수 없다는 점이다. 따라서 공급 부문에서 변동성과 불확실성이 심해질 것이다. 모델이 현실의 반영이라면 에너지 시스템에서의 이러한 변화에 따라 에너지 모델도 변화해야 한다. 이러한 에너지 시스템에서 일어날 변화를 담을 수 있는 모델이 필요한 시점이다.

한국은 재생에너지로의 전환이 다른 선진국들에 비해 늦었다. 재생에너지 확대를 골자로 한 정부의 3020계획이 발표됨으로써 이제 한국에서도 에너지 전환에 대한 논의가 활발해지고 있다. 에너지 전환 논의에 빠져서는 안 되는 것이 에너지 시스템 모델에 대한 주제라고 생각한다.

이 장에서는 에너지 시스템 모델의 정의와 분류 그리고 전반적인 모델 개발 동향에 대해서 설명한다. 또한 한국의 에너지 시스템 분석에 대해 설명하고 앞으로의 바람직한 모델 개발 방향을 제시할 것이다.

2. 에너지 시스템 모델의 정의와 구분

1) 에너지 시스템 모델의 정의

모델링은 현실을 설명하기 위해서 간략화(simplification)의 과정을 통해 현실에서 일어나는 일들을 설명하는 방법이다. 모델링이라고 하면 흔히 컴퓨터를 이용하여 시각화된 결과를 내는 것을 생각할 수 있는데 현실의 이해나 설명을 위해 간략화하는 과정을 통칭하여 모델링이라 하고 간략화된 것을 모델이라고 한다. 우리가 실생활에서 쉽게 접할 수 있는 모델링은 신문이나 잡지에서 어떠한 개념을 설명할 때 사용되는 개념 혹은 시각화 모델이다. 이런 종류의 모델링은 어떤 개념을 독자에게 쉽게 제시하는

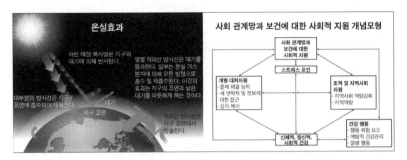

자료: 왼쪽, Wikimedia Commons, 2010)과 개념 모델(Conceptual model,
　　오른쪽: Health Behavior and Health Eduction 2018/4/30) 예시.

시각적인 도구로서 사용된다. 예를 들면 〈그림 6-1〉의 왼쪽 그림은 지구
상에서 온난화가 어떻게 일어나고 있는지를 시각적으로 설명하고 있다.
오른쪽 그림은 사회관계 및 사회 지원과 건강과의 관계를 시각적으로 나
타냄으로서 다소 복잡한 개념을 이해하기 쉽게 설명하는 모델이다. 이러
한 모델링의 목적은 개념을 시각적 표현을 통해 설명함으로써 이 주제에
익숙하지 않은 독자들에게 직관적인 설명을 하는 것이 그 목적이다.

　마지막으로 계량적인 결과를 내는 수학적 모델링이 있다. 여기서 말하
고자 하는 에너지 시스템 모델링은 이 수학적 모델에 속한다. 주로 에너지
시스템 모델은 미래 에너지 시나리오들의 결과를 계량적으로 비교하여
적절한 에너지 계획을 하는 데 사용된다. 모델을 통해 알아내고자 하는 공
통되는 결과값으로는 연료 가격, 유지 비용, 자본 비용을 포함한 시스템
총비용, 온실가스 배출량, 연료 사용량, 시스템 구성 등이 있다. 또한 모델
의 사용 목적에 따라 전력 수급 상황과 주변 국가와의 에너지 수출입, 전
력시장에서의 가격 예측, 발전 시설을 포함한 개별 에너지 기술들의 타당
성 분석 등 다양한 분야에 대한 계량적 분석을 할 수 있다.

2) 에너지 시스템 모델의 구분

모델에 대한 이해가 중요한 이유는 모델링이 복잡한 주제를 쉽게 설명할 수 있다는 장점이 있지만 복잡한 문제를 단순화하는 과정에서 모델링의 설명력을 떨어뜨리게 되는 단점도 가지고 있기 때문이다. 따라서 어떤 모델이든 모델에 사용된 간략화가 모델 결과에 어떤 영향을 미치게 되는지에 대해서 사용자는 주지하고 있어야 한다. 에너지 시스템 모델을 구분해보면 대략적이나마 에너지 시스템 모델에 대한 이해가 깊어질 것이다. 에너지 시스템 모델의 구분법은 다양하지만 여기서는 핵심적인 몇몇 모델의 구분법에 대해 설명하고 각 모델의 장단점에 대해 설명하려 한다.

(1) 최적화 모형과 시뮬레이션 모형

에너지 시스템 모형은 해를 찾는 방식에 따라 최적화 모형과 시뮬레이션 모형으로 구분된다. 최적화(optimization)와 시뮬레이션(simulation)이라는 용어는 원칙 없이 무분별하게 사용되는 경향이 있다. 이는 최적화라는 용어의 정의가 너무 광범위해서 생긴 현상이라고 생각한다. 여기서는 최적화 모델과 시뮬레이션 모델의 명확한 구분을 위해서 위브스(Wurbs, 1993)의 처방적 모델(prescriptive model)과 묘사적 모델(descriptive model)의 정의를 차용해본다. 비록 그 구분이 언제나 적용되지는 않더라도 이 두 방식에 대한 구분 중 가장 명쾌하다고 생각한다. 위브스에 따르면 시뮬레이션 모형은 주로 묘사적 모델로 구분한다. 위브스는 묘사적 모델을 다음과 같이 정의한다.

"Descriptive models demonstrate what will happen if a specified plan is adopted"

"묘사적 모델은 어떤 특정 계획이 채택되었을 때 어떤 일이 벌어지는지를 설명한다."

그리고 같은 문헌에서 최적화 모델은 처방적 모델로 분류한다. 처방적 모델의 정의는 다음과 같다.

"Prescriptive models automatically determine the plan that should be adopted to best satisfy the decision criteria"
"처방적 모델은 결정 조건을 만족하는 계획을 자동적으로 정의한다."

다시 말하면 최적화 모델과 시뮬레이션 모델의 차이는 다음과 같다. 시뮬레이션은 미리 다 정해져 있는 알고리즘에 따라 해를 찾는 반면 최적화 기법은 정해진 제한 요건을 만족시키는 동시에 최적(최대 혹은 최소)을 만족하는 변수들을 수학적인 방법론으로 찾으며 그 변수들을 찾는 과정에서 시뮬레이션과 달리 그 해를 찾는 과정이 시뮬레이션처럼 특정되게 고정되어 있지 않다. 이러한 특징 때문에 최적화모델과 시뮬레이션모델의 장단점이 발생하게 된다.

최적화 모델 모형의 장점은 ① 수식으로 이뤄져 있기에 비교적 간단한 설명으로 모델의 설명이 가능하고, ② 수식으로 이뤄져 있으므로 모형의 재현과 사용자와의 커뮤니케이션이 용이하며, ③ 수식의 수정 및 추가를 통해 모델의 사용자가 자신의 목적에 맞게 모형을 변환시킬 수 있다. 반면 단점으로는 ① 최적화 솔버(solver) 라이선스 비용이 발생하며, ② 변수가 많을 경우 모델의 계산 속도가 기하급수적으로 늘어나게 된다. 최적화기법을 사용하는 에너지 시스템 모델은 MARKAL, TIMES, MESSAGE, LEAP, OSeMOSYS 등 대다수의 모델이 이 기법을 사용하고 있다. 이 모델의 사용자는 주로 학계이다.

시뮬레이션 기법의 모델은 최적화 모델에 비해 계산 속도가 빠른 점이 장점이다. 이는 시뮬레이션 모델은 에너지 시스템에서 시스템 요소에게 발생할 수 있는 모든 경우의 수에 대해 미리 알고리즘을 만들어놓고 입력 요소의 조건들을 검토한 후 그 경우에 맞는 알고리즘을 실행시키기만 하기 때문에 계산 속도가 최적화 모델에 비해 대체로 빠른 편이다. 최적화 모델과는 달리 시뮬레이션 모델은 그 계산 과정을 보여주기가 쉽지 않다. 왜냐하면 모든 경우의 수에 맞는 알고리즘을 빠짐없이 설명해야 하기에 매뉴얼의 크기가 커지기 때문이다. 주로 논문보다는 사용 매뉴얼을 통해 모델의 설명이 이루어진다. 이처럼 모델의 알고리즘의 접근이 쉽지 않기 때문에 시뮬레이션 모델을 수정해 자신의 목적에 맞게 사용하기보다는 모델의 제작자가 사용 용도를 예상하여 사용자가 쉽게 사용할 수 있는 유저인터페이스를 갖춰 놓은 경우가 많다. 따라서 대부분의 경우 시뮬레이션의 유저인터페이스 너머에 있는 코드에 접근하기는 쉽지 않다. 코드에 접근할 수 있는 권한이 없는 경우도 있지만 접근할 수 있도록 코드가 공개되어 있다고 하더라도 코드를 이해하고 수정하기에는 난도가 높은 편이다. 시뮬레이션 모델은 최적화 모델에 비해 학계보다는 컨설팅업계에서 제작해 사용되는 경우가 많다.

(2) 군집화 수준

에너지 시스템 요소들의 군집화 수준에 따라 에너지 시스템 모델을 구분할 수 있다. 에너지 시스템 안에는 많은 요소들이 존재하고 있다. 에너지 시스템 모델에서 군집화하는 방법은 가장 큰 단위로 수송, 열, 전력 부문으로 구분하는 것부터 가장 세밀한 단위인 하나의 공급자, 즉 하나의 발전기를 시스템의 하나의 요소로서 구분하는 것까지 에너지 시스템 모델의 목적에 따라 다양하게 사용된다. 군집화 수준이 높을수록 모델이 더 간략화되고 군집화 수준이 낮을수록 더 자세한 모델이 된다. 에너지 공급 요소들을 군집화하는 가장 흔하게 사용되는 방식으로는 발전기에 사용되는 기술에 따라 분류하는 방법도 있고 발전기에 사용되는 연료에 따라 분류하는 경우도 있다.

개별 발전소 단위의 공급자의 행동 양식을 전부 다 모델에서 구현할 수 있는 것이 최선의 분석이라고 할 수 있다. 하지만 이를 위해서는 개별 발전소의 기술 자료 확보 등 방대한 양의 자료 확보가 가능해야 하고 개별 발전소 각각에 대해 변수로 놓고 계산해야 하므로 변수의 수가 많아져 모델의 계산 시간이 기하급수적으로 길어지는 단점이 있다.

(3) 시간 세밀도·시간 해상도

모형의 집약도가 시스템의 물리적 세밀한 묘사에 해당하는 것이라면 시간 세밀도 혹은 시간 해상도는 시스템의 시간 측면에서의 세밀한 묘사와 연계되어 있다. 에너지 시스템 모델에서 시간 세밀도는 보통 1년을 몇 개의 시간 단위로 세분화해서 계산하느냐를 의미한다. 1년을 하나의 시간 단위로 해서 연간 소비량과 생산량 추정을 계산하는 모델이 있는가 하면 1년을 시간 단위로 8760시간(윤년인 경우 8784시간)으로 나누어서 매시간 시스템 요소들의 액션(행동)을 모사하는 모델도 있다.

화석연료가 주를 이루는 에너지 시스템의 모사를 위해서는 1년을 하나의 시간 단위로 계산해도 큰 문제가 생기지 않는다. 전력 공급이 대부분 조절 가능한 전원으로 구성돼 있어서 피크 수요에 맞게 전력 공급 계획을 세우면 된다. 기존의 모형은 최대 전력 수요를 예측하기 위해 전력 수요에 가장 큰 영향을 미치는 경제활동에 초점을 맞춘 거시경제모형의 일부분으로서의 역할에 만족해야 했다.

하지만 이런 방식의 모형분석은 재생에너지의 확대로 공급 부문에서 변동성이 커지는 미래 에너지 시스템을 모사하는 데는 어려움이 있다. 기존의 에너지 시스템 모델은 이러한 작은 시간 단위(이를테면 매시간, 혹은 매분)에서 일어나는 다이내믹에 대해 설명할 수 없었다. 재생에너지의 변동성은 세밀한 시간 단위로 해석할 수 있는 모델을 필요로 하게 만들었다. 에너지 시스템의 변화에 맞춰 적절한 모델을 선택하지 않으면 분석 시 간과되는 요소들이 생기고 그 요소들의 간과로 인해 그 결과가 현실을 반영하지 못하게 된다.

(4) 경로 혹은 순간 묘사적 모델

모델을 통해 분석하고자 하는 주제에 따라 모델을 구분할 수 있다. 모델이 미래 에너지 시스템의 발전 경로에 초점을 맞추느냐 혹은 발전 경로보다는 구상하는 미래 에너지 시스템의 세부 묘사에 초점을 맞추느냐에 따라 경로 모델과 순간 묘사 모델로 구분한다. 이 구분법은 거의 비슷한 의미로 장기 모델(Long-term model)과 단기 모델(short-term model)로 불릴 수 있다. 경로 모델 혹은 장기 모델은 한 번의 연산(동적연산 포함)으로 향후 20년 이상의 에너지 시스템의 변화를 계산할 수 있다. 반면 순간 묘사 모델 혹은 단기 모델은 한 번의 연산으로 1년간의 에너지 시스템 운영 및 구성에 대해 모사한다. 경로 모델은 주로 군집화 수준이 높고 시간 해상도가 낮아서 연간 분석에 머물지만 목표 연도까지 에너지 시스템이 어떻게 변화하는지에 대해 설명이 가능하다. 반면 순간 묘사 모델은 미래의 어느 한 시점(주로 1년)의 에너지 시스템에서 벌어지는 일들에 대해 세밀한 묘사를 하게 된다. 이럴 경우 묘사하는 시스템 요소들의 숫자가 경로 모델보다 많아져야 하고 시간 해상도를 높일 필요가 있다.

순간 묘사 모델은 주로 규범적 목표, 즉 온실가스 규제 혹은 연료 및 환

분류	특징	예시모형
거시 경제 모델 (Macro-Economic models)	에너지 시스템과 다른 경제 분야와의 관계에 집중	GEMINI-E3
에너지 시스템 계획 모델 (Energy planning models)	미래 에너지 시스템의 발전경로(development path)에 대한 분석 특화 (Trajectory model)	LEAP MARKAL TIMES
에너지 시스템 균형 모델 (Energy system balancing models)	에너지 수요와 공급 균형에 초점을 맞추고 미래의 에너지 시스템 변화 경로 분석보다는 미래 한 시점의 에너지 시스템을 자세히 모사하는 데 적합한 모형(Snapshot model)	EnergyPLAN HOMER
전력망 운영 및 급전 모델 (Grid operation and dispatch models)	전력망 운영에 사용되는 모형으로 급전 시 개별 발전소들의 운영 방식에 대한 모사	DYMOND

자료: Pina(2012).

경 규제의 달성 여부에 더 집중한다. 이러한 규범적 목표를 달성했을 때 소요되는 사회적 비용 혹은 기술적 한계(전력 수급 분석)에 대해 타당성 조사를 하는 등 미래 에너지 시스템이 그 규범적 목표의 달성 가능 여부를 집중 분석한다. 따라서 이 구분법은 시나리오를 구분하는 방법인 전방 예측(forecasting)법과 경로 모델(trajectory model) 후방 예측(backcasting) 기법과 순간 묘사 모델(snapshot model)과 각각 상응한다.

(5) 사용 목적에 따른 분류

위의 분류 방법과 더불어 모델의 사용 목적에 따라 〈표 6-1〉과 같은 모델 분류도 가능하다.

〈표 6-1〉에서는 모델의 사용 용도에 따라 분류해보았다. 먼저 거시경제모형은 이를테면 GDP 변화에 따른 에너지 소비 변화 등의 에너지 시스

템과 다른 경제 분야의 관계에 대해 집중한다.

에너지 시스템 계획 모델은 앞서 설명한 모델 분류상으로 보면 경로 모델, 높은 수준의 군집화 모델, 연간 단위의 계산 모델, 그리고 최적화 모델에 속한다고 볼 수 있다. 이 모델은 에너지 시스템의 미래 발전 경로에 초점을 맞추고 있다.

에너지 시스템 균형 모델은 주로 전력망에 초점을 맞춘 모델이다. 전력망에서 전력 수급 균형은 가장 중요한 이슈이자 재생에너지 확대에 가장 유의해야 할 이슈이기도 하다. 이 모형은 순간 묘사 모델, 낮은 수준의 군집화 모델, 높은 시간 해상도의 모델이며, 시뮬레이션 기법과 최적화 기법 모두 사용되고 있다.

마지막으로 전력망 운영 및 급전 모델은 전력망 시스템 운영에 필요한 모델이다. 이 모델은 개별 플랜트 수준의 낮은 군집화 모델이며 전력망의 혼잡도를 모사하기 위해 송전망 제약을 고려한다. 시간 단위 혹은 그보다 세밀한 시간해상도를 가진 모델이라 하나의 계산을 완료하는 데 시간이 오래 걸리므로 주로 일주일 이내의 예측 계산을 방식으로 전력시스템을 운영한다. 그리고 발전소의 운영 방식을 더 정교하게 모사(unit commitment)하기 위하여 선형계획법 외에 정수법과 라그랑지안 완화법(Lagrangian relaxation), 입자 군집 최적화(particle swarm optimization) 등의 방법론을 사용한다. 이는 고사양의 시스템 리소스가 요구되며 계산 시간도 오래 걸리는 방법론들이다.

(6) 투자최적화, 운영최적화, 시뮬레이션, 투자운영최적화

에너지 시스템 모델을 운영최적화, 설비최적화, 운영설비최적화 모형으로 구분할 수 있다. 시뮬레이션 모델과 운영최적화 모델은 미래 에너지 시스템의 설비 용량을 모델 사용자가 정한다는 점에서 비슷하다. 모델 사

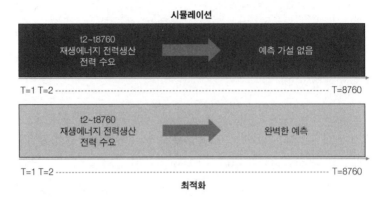

〈그림 6-2〉 최적화 방법과 시뮬레이션 방법에서의 예측 가능성 가정

용자가 입력한 설비 용량에 대해 에너지 시스템을 최적화방법론 혹은 시뮬레이션 방법론으로 운영하는 것이다. 시뮬레이션과 운영최적화 모델의 차이점은 시뮬레이션과 최적화 방법이 해법을 찾는 방식이 다른 관계로 예측 가능성에 대해 시뮬레이션은 대체로 보수적인 가정을 하는 반면 운영최적화는 완벽한 예측을 전제로 한다. 모델에서의 예측 정확성 가정과는 달리 현실에서의 운영은 예측을 배제하는(시뮬레이션) 방식도 아니고 예측이 완벽(최적화)하지도 않다. 현실에서는 다만 부분적으로 정확한 (partially correct) 예측에 의지해 시스템을 운영한다고 할 수 있다. 따라서 최근에는 이러한 요소들을 도입하기 위해 확률론적(stochastic)인 입력 요소를 통해 부분적으로 정확한 시나리오에 의존하여 운영을 모사하는 방식도 도입되고 있다.

투자최적화 모델은 미래의 설비 용량을 주어진 입력 요소(비용, 효율, 연료량, 배출계수, 기술데이터 등)에 따라 목적함수에 적합한 에너지 시스템의 최적 용량을 구한다.

투자운영최적화 모델은 투자최적화 모델에 시간 해상도를 높인 모델이다. 시간 해상도를 높인 관계로 자동적으로 운영최적화의 결과도 동시에 얻게 된다.

3. 에너지 시스템 모델의 개발 동향

1970년 이래 많은 수의 에너지 시스템 모형이 소개되고 사용되었다. 1970년대 발생한 에너지 위기로 인해 산업계와 정책 입안자들은 장기적이고 전략적인 에너지 계획의 필요성을 실감했다(Helm, 2002). 에너지 시스템 모델은 1970년대에 발생한 석유위기 이후에 꾸준히 개발되었다. 〈그림 6-3〉은 5년마다 개발된 에너지 시스템 모델의 개수를 나타낸다. 개발된 모델의 수는 시간이 지나면서 꾸준히 늘고 있는 것을 볼 수 있다. 특히 1996년부터 2005년까지 개발된 모델의 수가 증가한 것을 볼 수 있다. 교토협약 이후에 생긴 지구 온난화 이슈로 인해 에너지 시스템은 경제 부문의 하위 개념에서 벗어나 온실가스 저감이라는 허니의 규범적인 목적을 가지게 되었다. 온실가스 저감을 위해서 많은 국가들이 재생에너지를 확대하고자 하는 움직임이 보였고 재생에너지 확대가 가져올 에너지 시스템에 대한 영향을 분석하기 위해서는 기존의 모델로 분석하기에는 한계에 봉착했다. 따라서 이러한 분석을 위해 많은 수의 모델이 개발되었다. 물론 2006년 이후에도 개발된 모델의 수는 많았지만 여기에 포함된 모델은 저널논문에 게재된 연구 분석에 사용된 모델만 포함시켰기에 그 전 기간보다는 그 수가 적었다. 실제 이 시기에 개발된 모델의 수는 더 많을 것으로 추정된다.

모델 개발의 이러한 트렌드는 시대별로 어떤 분류의 모델의 개발이 활

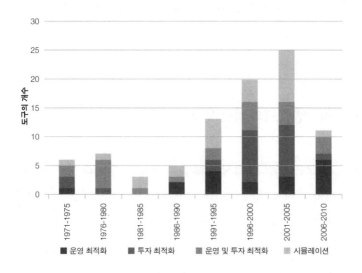

〈그림 6-3〉 에너지 시스템 모델 개발 개수 (1970~2010)

자료: Pina(2012).

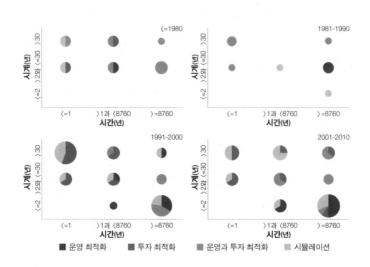

〈그림 6-4〉 에너지 시스템 모델의 시대적 구분

자료: Pina(2012).

발했는지를 파악할 수 있게 해준다. 〈그림 6-4〉는 1980년 이전, 1980년대, 1990년대, 2000년대까지 각각 시대별로 개발된 모델들을 시간해상도(x축)와 시간지평(time-horizon, y축)에 따라 구분한 그림이다. 시간지평을 기준으로 보면 앞서 설명한 경로(trajectory) 모델은 시간지평이 긴 모델이고 시간지평이 짧은 모델은 순간묘사(snapshot) 모델로 생각해도 무방하다. 1980년대 이전과 1980년대에 개발된 모델과 1990년대와 2000년대 이후에 개발된 모델 트렌드의 뚜렷한 차이는 시간해상도가 높고 (8760시간 이상) 순간묘사 모델의 숫자가 크게 는 반면 장기적이고 경로를 보여주는 모델의 개발은 줄었다는 것을 알 수 있다. 이는 교토의정서 이후 재생에너지에 대한 관심이 커지고 그에 따라 재생에너지 변동성을 반영할 수 있는 모델 수요와 온실가스 감축을 목표로 하는 규범적 목표시나리오의 필요가 모델 개발에 반영된 것이라고 해석될 수 있다.

4. 국내 에너지 시스템 분석 연구

국내에서 에너지 시스템 모델을 사용하여 미래 시나리오 연구가 진행된 경우는 많지 않다. 기존 연구를 살펴보면 LEAP, MARKAL, WASP, MESSAGE, HOMER 등의 모델을 이용한 연구가 많았다. HOMER 모델은 모델 특성상 주로 섬 혹은 커뮤니티 단위의 규모가 작은 지역의 에너지 시스템을 분석한 연구가 이뤄지고 있다. LEAP 모델은 한국의 가정 부문의 온실가스 감축 잠재량 분석(조미현 등, 2013)과 에너지 부문의 여러 가지 기후정책 시나리오에 대한 정책효과 평가(김호석, 2007) 등 분석에 사용되었다. 또한 LEAP 모델은 2030년 온실가스 감축 목표 달성을 위해 3가지 시나리오 분석과 정책 제안(권승문, 2016)의 방법론으로 사용된 바 있다.

〈표 6-2〉 국내 에너지시나리오에 사용된 모델 구분

	LEAP	WASP	MARKAL	MESSAGE
최적화/시뮬레이션	최적화	시뮬레이션 (부분적으로 LP 사용)	최적화	최적화
군집화수준	높음	낮음	높음	높음
시간해상도	1년	1년	1년	1년, 부분적으로 시간대별 분석 가능
경로/순간모사	경로	경로	경로	경로
사용 목적	에너지 시스템계획모델	에너지 시스템계획모델	에너지 시스템계획모델	에너지 시스템계획모델
투자최적화/운영최적화/투자운영최적화	투자최적화	투자최적화	투자최적화	투자최적화

국내 전원계획에 많이 사용된 WASP 모델을 활용한 연구로는 한국 전력시장에서 가스터빈의 경쟁력을 분석한 연구(김은환 등, 2017)와 탐색곡선법(SCM)을 사용하여 만든 부하곡선과 WASP 모델을 사용하여 2024년 적정전원구성을 분석한 연구(장세환 등, 2012) 등이 있다.

MARKAL 모델을 사용한 연구도 몇 건 있었다. 국내 수송 분야에서 온실가스 배출 분석 적용에 MARKAL 모델 적용 가능성에 대해 논했고(이정우 등, 2010) 온실가스 배출이 많은 시멘트산업의 온실가스 감축 및 에너지 절약 잠재량을 추정했다(노동운, 2005).

MESSAGE 모델을 사용한 연구로는 승용 부문의 중장기 시나리오에 따라 온실가스 저감효과를 분석한 연구(유종훈 등, 2012)가 있으며 건물 부문 에너지기기 효율 개선 시나리오를 산정하여 온실가스 감축 효과를 분석한 연구(윤성권 등, 2014)가 있다.

이들 모델들을 앞선 2절에서 설명한 모델 구분법으로 구분해본다면 〈표 6-2〉와 같다.

국내에서 연구된 모델들은 에너지 시스템의 발전경로가 주된 관심사인 에너지 시스템계획모델들이다. 이들 모델은 시간해상도가 낮기 때문에 앞서 설명한 것처럼 재생에너지의 변동성이 전력수급에 미치는 영향을 과소평가하게 되는 약점이 있다. 이런 경우 에너지 시스템의 변동성을 해결할 수 있는 전력망 유연화 방안에 대한 전략 부족으로 전력과 공급 시 생산된 전력을 사용하지 못하고 버리게 되는 결과를 초래할 수 있다.

3020 계획에서 정부의 재생에너지 목표는 발전량 기준으로 20%이다. 이 중 변동재생에너지 자원인 풍력과 태양광의 비율이 16%로 국내 전력망에서 받아들일 수 있는 수준이라고 분석된다. 하지만 2030년 이후에 재생에너지가 지속적으로 전력망에 연계되기 위해서는 재생에너지의 변동성을 충분히 고려할 수 있는 방법론이 필요하다.

5. 결론

에너지 시스템의 변환은 장기간 지속적으로 영향을 주는 중요한 의사결정이다. 현재 세대뿐만 아니라 미래 세대에도 끼치는 영향이 크다. 이 장에서는 미래 에너지 계획 시 재생에너지 변동성을 고려할 수 있는 방법론이 필요하다는 것을 설명했다. 마지막으로 이 절에서는 이 방법론이 어떤 식으로 발전되는 것이 바람직한 것인지에 대해 짧게 서술한다.

전력망 유연성 확보를 위해 두 가지 전략이 있다. 하나는 다른 지역 혹은 국가와 송전망 연계를 통해 전력 교환을 통하는 것이다. 물론 이 전략은 멀리 떨어진 국가의 수요와 재생에너지 공급 패턴이 상이하기 때문에 그 패턴의 차이만큼 전력 거래를 한다면 전력망의 유연성을 확보하는 측면에서는 어느 정도 효과가 있다고 생각한다. 하지만 한국의 경우에는 정치적인 문제와 육지 국경을 맞닿은 나라가 사실상 존재하지 않기 때문에 이 전략의 실현 가능성에 대해 긍정적으로만 접근하기는 어렵다. 전력망 유연성 확보의 두 번째 전략은 부문 간 결합이다. 다시 말해 수송 부문의 전력화를 통한 전력과 수송 부문의 결합 그리고 전열장치와 열저장을 이용한 열 부문과 전력 부문의 결합을 통해 전력망 유연성을 확보할 수 있다. 각 국가마다 위의 두 가지 전략을 각 국가가 처한 상황에 따라 혼합하여 사용할 것이다.

한국의 지정학적 특성을 감안한다면 부문별 통합에 집중해야 할 것이다. 향후 에너지 시스템 모델을 통한 분석의 방향은 난방과 수송 부문을 아우르는 부문별 통합이 가능하도록 발전해야 한다. 전기자동차 충전 패턴과 전력망과의 관계라든지, 히트펌프와 전기보일러 등의 전열 기구와 열저장탱크의 사용을 통해 열 부문과 결합하는 방안 등 새로운 기능에 대해 연구해야 한다. 이러한 연구의 가장 큰 애로 사항은 아마도 에너지 관련 국내 데이터의 부족이라고 생각한다. 재생에너지를 선구적으로 도입한 국가들을 살펴보면 에너지 데이터에 연구자들이 쉽게 접근할 수 있는 것을 볼 수 있다.

에너지 데이터의 공개와 더불어 에너지 정책의 계량적 근거가 되는 모델링 또한 공정성과 객관성을 확보해야 한다. 이 객관성은 모델의 투명성에 기초를 두어야 한다. 모델에 사용한 데이터나 계산 알고리즘을 되도록 많은 사람과 공유해야 한다. 이러한 모델의 투명성이 담보되어야 서로 다른 이해관계를 가진 상대방을 설득할 수가 있다. 에너지는 사회, 경제, 기술, 환경 등 여러 분야에 접점을 가진 특징이 있다. 따라서 에너지 정책에는 여러 이해관계자들이 서로 얽혀 있다. 더군다나 최근 진행되고 있는 에너지전환이라는 주제는 그 변화의 폭과 깊이가 크기 때문에 이 정책으로 인해 생기는 손익에 대해 각자 치밀하게 계산하고 있을 것이다. 때로는 협상에서 우위를 차지하기 위해 자기의 손익을 과대 혹은 과소 평가하고 그것을 바탕으로 여론전을 펼칠 가능성도 있다. 신고리 5, 6호기 건설 중단과 재개 여부를 두고 나왔던 여러 주장들 가운데 미래 에너지 시나리오에 관한 것도 있다. 미래 에너지 시나리오에서 원전 비중이 줄고 재생에너지가 늘었을 때 생기는 위험과 혜택을 공정하게 평가할 수 있는 틀이 마련되지 않았고 양측 주장 가운데 국민들은 어느 쪽을 믿어야 할지 몰라 불안스레 결정을 바라보는 것을 우리는 보았다. 이런 상황을 피하기 위해서는 각자 주장의 근거를 공개하고 미래 시나리오를 구상하는 방법론(모델)의 여러 가정에 대해서도 투명하게 공개해야 한다. 모델의 숨겨진 가정에 따라 시나리오의 결과가 달라지는 경우는 흔히 볼 수 있기 때문이다.

2017년 11월에 호주 연방정부에서는 NEG(National Energy Guarantee)라는 에너지정책을 발표했다. 이 에너지정책은 전력 가격 인상의 대책과 에너지 기업들의 인프라 투자에 대한 분명함 부족에 대한 대책의 일환으로 발표되었다. 이 정책에는 호주국가전력시장(National Electricity Market)에 참여하고 있는 에너지 기업들에게 전력망의 신뢰성 확보와 온실가스 감축에 대한 책임을 동시에 부가하는 내용이다. 호주 정부 당국의 발표에 따르면 이 정책 실행을 전제로 전력 가격이 미래에는 더 저렴해질 것이라는 모델링 연구 결과를 내놓았다. 이 결과는 곧 논란에 휩싸였다. 호주의 전력 도매 시장을 모델링한 여러 결과는 이에 대한 조금 다른 모델링 결과를 내놓았다. 다른 컨설턴트의 모델링 결과에 따르면 호주 정부가 발표한 한 가구당 연간 절약되는 비용이 120호주달러에 다다를 것이라는 호주 정부의 주장은 모델링의 한 중요한 요소의 가정에 따라 결과가 달라질 수 있다는 것이다. 호주에는 4개 컨설팅사에서 개발된 전력시장 모델들이 있는데 각자 결과를 발표할 뿐 그 모델을 공개하지 않아 논란이 커지고 있다. 이러한 논란을 막기 위해 투명하게 공개된 모델링에 대한 호주 정부 지원이 필요하다는 주장도 있다.

최근 오픈소스 공유 개념이 여러 분야에서 적용되고 있다. 이러한 프로그램 공유 개념이 에너지 시스템 모델링에도 적용이 시도되고 있다. 이는 앞서 언급한 에너지 시스템의 전환 시점에 되도록 많은 참여자에게 데이터와 계산 과정을 공유함으로써 공정성과 투명성을 동시에 확보하고자 함이다. 또한 이렇게 확보된 공정성과 투명성은 에너지전환을 두고 발생할 수 있는 다양한 이해관계자의 갈등을 해소할 수 있는 플랫폼을 제공한다.

참고문헌

권승문·전의찬. 2016. 「온실가스 감축과 사회적비용을 고려한 전력수급기본계획 연구」. ≪환경 정책≫, 24(4), 69~87쪽.

김은환·박용기·박종배·노재형. 2017. 「한국 전력시장에서의 가스터빈(GT) 발전기 경쟁력 및 시장 미진입 적정성 분석」. ≪대한전기학회 전기학회논문지≫, 제66권 제8호.

김호석. 2007. 「LEAP 모델링시스템을 이용한 상향모형 구축 및 에너지부문 기후정책 평가」. ≪에너지기후변화학회지≫, 2(1), 49~58쪽.

노동운. 2005. 「산업부문 온실가스 감축 및 에너지절약 잠재량 추정(I): 시멘트산업」. 『에너지경 제연구원 연구보고서』.

유종훈·김후곤. 2012. 「MESSAGE 모델링을 이용한 승용차 부문의 그린카 도입 전망 분석」. ≪에너지공학≫, 제21권 제1호.

윤성권·정영선·조철흥·전의찬. 2014. 「에너지 시스템 분석 모형을 통한 국내 건물부문 온실가 스감축시나리오 분석」. Journal of Climate Change Research, Vol.5 No.2, pp.153~163.

이정우·양훈철. 2010. 「MARKAL을 활용한 수송분야에서의 온실가스감축 효과에 대한 고찰」. ≪오토저널≫, 32(2), 88~93쪽.

장세환·박종배·노재형. 2012. 「탐색곡선법과 WASP-IV 모형을 이용한 국내 적정 전원구성 분석」. ≪대한전기학회 전기학회논문지≫, 제61권, 제4호.

조미현·박년배·전의찬. 2013. 「LEAP 모형을 이용한 가정 부문 온실가스 저감효과 분석」. ≪한국기후변화학회지≫, 4(3), 211~219쪽.

Health Behavior and Health Eduction, Perelman School of Medicine, University of Pennsylvania, accessed Apr., 30. 2018, http://www.med.upenn.edu/hbhe4/part3-ch9-key-constructs-conceptual-model.shtml

Helm, D. 2002. Energy policy: security of supply, sustainability and competition. Energy Policy, 30(3), pp. 173~184. https://doi.org/10.1016/S0301-4215(01)00141-0.

Pina, A. A. 2012. Supply and Demand Dynamics in Energy Systems Modeling, p.109. Retrieved from http://www.mitportugal.org/index.php?option=com_docman& task= doc_download&gid=968&Itemid=383.

Wikimedia Commons. August 6, 2015. Earth's Greenhouse Effect [Online]. https://uplo ad. wikimedia.org/wikipedia/commons/8/8e/Earth's_greenhouse_effect_(US_EPA,_2012).png.

Wurbs, R. A. 1993. "Reservoir-system simulation and optimization models." Journal of Water Resources Planning and Management, 119(4), pp. 455~472.

3부

한국의 전력산업과 기후·환경·에너지체제의 미래

07

에너지 전환과 전력 산업의 변화
전력 부문 변화의 쟁점과 벤치마크의 논의

류하늬

1. 서론

기후변화는 전력 산업에도 큰 도전이 되었다. 온실가스 감축이라는 명제가 달성될 수 있는 현실적인 목표로 제시되면서 대표적인 온실가스 배출 부문인 전력 부문의 화석연료 기반 전통 발전원들은 세계적인 에너지 전환의 기조 아래 폐쇄와 퇴출이 진행되었다. 주로 기저부하와 중간부하를 담당하던 전통 발전원들의 비중이 감소하고 재생에너지원의 도입 비율이 높아지면서 발전 기술의 특성이 기존의 전통 발전원과 다름에 따라 전력 공급 시스템의 변화도 이어졌다. 특히 정책적으로 발전원 믹스의 변화를 가져오기 위해서 도입한 정책과 그에 따른 시장의 변화는 기존 전력 산업을 둘러싼 환경을 급격히 변화시켰다.

전통적으로 전력 산업의 구조 개편과 관련된 이슈는 시장의 경쟁도에 따른 효율성의 회복을 중심으로 전개되어왔다. 그러나 1980년대 이후로 추구된 전력 시장의 자유화를 꾀하는 영국식의 교과서적 모형은 2000년대에 들어서는 그간의 구조 개편에 대한 시행착오와 평가를 기반으로 국가별 여건이 감안된 다양한 산업 구조가 발현되었다. 특히 경쟁 도입 자체를 목표로 삼지 않고 자원 적정성의 달성이나 산업 경쟁력의 확보와 같은 국가경제적 관점의 정책 목표가 중시되었으며 필요와 여건에 따라 분야별로 경쟁과 통합을 동시에 추구하거나 다양한 시장 거래 방식을 결합하는 등의 실용적인 접근이 나타났다. 이러한 상황에서 기후변화 대응이라는 국가 차원의 목표는 전력 산업의 맥락을 변화시킬 새로운 축으로 등장했다.

나라마다 자유화의 속도와 방향이 다르므로 전력 시장 개방의 정도나 전력 시스템의 운영 방식에는 차이가 나타난다. 또한 국가별 발전원의 구성과 이것의 변화를 추진함에 있어서 사회적 수용의 수준이 상이하므로 이러한 맥락을 반영하여 각국은 최적의 개편안을 찾아나가고 있다. 즉, 각국은 장기적으로 전력 부문 구조 개편을 통해 자유화를 추구하는 방향으로 나아가면서도 산업구조의 다양성을 인정하여 그 속도와 방향을 조절하고 있으며, 이에 따라 각국이 추진하는 기후변화 대응책의 효과는 달리 나타난다. 따라서 새로운 축으로 등장한 기후변화 대응의 측면에서도 전력 거버넌스를 평가할 필요가 있다. 이는 전력 산업 구조에 관한 전통적인 논의−생산성, 효율성, 경쟁성, 투자 유인−의 주변에 있었던 이슈인 공급 안정성의 문제가 기후변화 대응의 국면에서는 이슈의 중심부에서 다루어져야 한다는 판단에 의한 것이다.

세계적인 에너지 패러다임 변화와 국내의 에너지 전환 기조하에서 국내에서도 새로운 전력 거버넌스에 대한 논의가 시작되고 있다. 한국에서는 효율성, 성장성 위주의 구조 개편이 진행되어왔으나 진통 끝에 독특한 형태의 전력 산업 구조가 나타났으며 여전히 진행되는 구조 개편의 논의에서 기후변화 대응은 중요한 축으로 등장하지 못하였다. 미래 전력 시장의 변화와 에너지 시장의 개편이 마이크로그리드, 스마트그리드의 활성화와 재생에너지 보급 증대 등의 환경 변화를 포함하면서 논의가 진행되었어야 한다는 지적이 있었으나 실질적으로는 전통적인 효율성의 이슈에서 크게 벗어나지 못했다(한국행정학회, 2016). 신재생에너지원의 획기적인 비중 확대와 분산형 전원의 확대, 전력 거래 방식의 변화는 필연적으로 이해관계자의 확대와 조정 능력 강화의 필요성을 높이며 이를 위한 거버넌스의 문제는 앞으로 더욱 부각될 것이다.

짧은 글에서 전력 산업 구조 변화의 방향과 대안적인 거버넌스를 제안하는 것은 쉽지 않다. 이 글의 목적은 현시점에서 전력 산업 변화에서의 쟁점들을 파악하고, 대안의 발굴에서 참고할 수 있는 벤치마크 대상을 검토하는 것에 있다. 따라서 대안적인 거버넌스가 고려해야만 하는 쟁점과 그에 대한 논의를 정리하여 그로부터 시사점을 얻고자 한다.

2. 에너지 전환과 전력 산업 구조 변화에서의 쟁점

1) 전통적인 수직 분할 논의와 공급 안정성

현시점에서 기후변화 대응책, 좀 더 구체적으로는 재생에너지의 보급률 확대와 같은 정책 목표가 전력 산업을 변화시키고 전력 거버넌스 변화를 이끄는 가장 주요한 동인이라 보기는 어렵다. 여전히 전력 산업에서는 최종 전력 가격의 수준과 효율성을 담보하는 시장 유인 설계의 문제가 가장 중요하게 다루어지고 있다. 그럼에도 불구하고 권역 계통 간의 상호 의존성 확대가 예상되고 전력 시장 유동화 현상이 심화될수록 전력 수급에서의 공급 안정성을 담보할 전력 시스템의 구비는 중요해지고 있다. 전력

시스템의 조정 능력을 강화할 수 있는 전력 거버넌스에 관심이 시작되고 있는 것이다. 독립성의 확보와 분리의 관점에서 추구된 유럽에서의 전통적인 ISO 모델은 기후변화 대응이라는 새로운 축의 등장으로 계통장애의 책임성과 투자 유인의 실효성 논의를 재점화시키면서 논의될 수 있다. 또한 전력 거래 패턴과 시장 제도의 변화, 성공적인 통합시장의 등장과 함께 시장운영자(Market operator, MO)와 계통운영자(System operator, SO)의 운영 방식이 다시금 주목받고 있다.

1990년을 전후로 신자유주의의 기치 아래 영국에서 시작된 전력산업의 자유화는 1982년 이래 독점 공기업 형태로 운영되어오던 한국전력에 대한 1994년의 경영 진단으로 시작되었다. 1999년에 확정된 전력산업 구조개편의 기본계획은 전력산업에 경쟁 체제를 도입하는 것을 주목적으로 했고, 단기적으로는 발전 부문의 분할과 경쟁 도입, 분할된 회사의 단계적 민영화, 장기적으로는 배전 부문의 분할과 전력 도소매시장의 개방의 방향으로 향하고 있었다. 이는 전력 공급에 경쟁 도입을 통한 효율성의 증진을 제1의 목표로 하고 있었다는 의미이다. 이러한 조치는 2001년 시행되어 6개의 회사로 발전 부문이 분할되고 계통운영자이자 시장운영자인 전력거래소가 독립되었고, 이어 2002년에 발전회사의 민영화 계획이 확정되었으나 2004년 이후로 매각손실 우려 등의 여건을 감안하여 민영화의 추진 중단이 결정되었다. 이후로 전력 산업의 구조 개편이 실제로 단행된 결과는 나타나지 않았으나 전력 산업 환경 변화 및 전력 수급 과정의 사건의 발생과 함께 주요하게 논의되는 이슈가 이어졌다.

2009년 글로벌 경쟁력 강화를 위해서 전력 산업을 수직 재통합할 필요가 있다는 주장에 의해 발전 자회사와 독점 송배전사인 한전의 통합 이슈가 수면 위로 떠오르게 되었다. 연료의 통합 구매를 통한 원가 경쟁력의 확보와 해외 진출을 위한 규모 경쟁력의 확보가 주요한 논리로 작용했다.

2011년에는 심각한 정전 사태로 인해 한전이 계통 운영 기능을 담당해야 한다는 SO와 TO의 통합 이슈가 부각되었다. 통합을 통해 공급안정성을 제고해야 한다는 논리와 계통 운영의 중립성을 해칠 수 있다는 우려가 부딪쳤다. 구조 개편에 관한 근거를 담고 있는 몇 개의 핵심적인 보고서에서는 발전 부문의 경쟁과 판매 시장의 개방과 경쟁 여부, ISO와 TSO의 거버넌스 논의가 여러 안으로 제시되었다.

경제 급전이 기본인 체계에서는 발전 공기업과 민간 발전회사가 전력 생산에서의 수익성을 담보하기 위해 석탄화력 중심의 비용이 낮은 발전 설비를 가동할 수밖에 없다. 이러한 시장 구조하에서 신재생에너지의 보급을 획기적으로 늘리기 위해 한전이 신재생에너지 발전사업자로 진출하는 것 역시 중요하게 검토되는 이슈로 떠올랐다. 재생에너지가 발전원으로서 경제성이 있는지 불확실한 상황에서 일련의 전력 수급 계획과 국가 에너지 계획, 탄소 배출 감축 목표치와 같은 정책이 견인하는 재생에너지 목표의 달성에 대규모 투자를 요하는 태양광과 풍력 중심의 비중 확대를 위해서는 한전의 참여가 요구된다는 것이 주요한 논리로 작용했다. 그러나 재생에너지 부문에서 한전의 발전사업자 참여를 허용하게 되면 중소규모의 신규 진입 혹은 기존 발전사업자에 대한 차별이 나타날 수 있다는 반대 역시 거세게 나타났다. 과거 구조 개편을 통해 발전 부문과 송배전 부문을 수직 분할하여 나타난 결과인 현재의 전력 산업 구조하에서 재생에너지 부문의 수직 통합적인 구조를 허용할 것인지의 논의가 중심이 되면서 전력 산업의 전통적인 이슈는 다시 한번 주목받게 되었다.

	원자력	석탄	LNG	신재생	기타	계
2017 (발전량 비중)	30.3%	45.3%	16.9%	6.2%	1.3%	100%
2030 (8차 목표 시나리오)	23.9%	36.1%	18.8%	20.0%	1.1%	100%
2030 (BAU 시나리오)	23.9%	40.5%	14.5%	20.0%	1.1%	100%

2) 신재생에너지 시장 제도의 도입

8차(2017년~2031년) 전력 수급 계획에서의 설비용량은 원전이 2017년 22.5GW에서 2030년에는 20.4GW, 석탄이 36.9GW에서 39.9GW, LNG가 37.4GW에서 47.5GW, 신재생이 11.3GW에서 58.5GW로 변화될 전망이다. 원전과 석탄 화력은 기존 전망치에 비해 발전량 비중이 감소하고 재생에너지와 가스 발전은 비중이 증가한다. 발전 부문 온실가스 배출량은 2030년 배출전망치(BAU) 대비 26% 감축이 예상(수요 감소 효과 포함)되고, 발전 부문 미세먼지 배출량은 2030년까지 현재 배출량의 약 62%를 감소하는 전망치이다.

재생에너지 3020 계획에 따르면 재생에너지 발전량 비중을 2017년 7%에서 2030년 20%로 증가할 것이며, 재생에너지 발전설비 용량은 2016년 13.3GW에서 2030년 63.8GW로 증가하고 있다. 신규 용량의 대부분을 태양광(31GW), 풍력(16.5GW)으로 충당할 계획이며 2018년 1.7GW를 시작으로 2030년까지 5.6GW로 단계적으로 증가시킬 계획이다. 국민 수용성을 제고하고 국내 보급 여건 등을 고려하여 주택·건물 등 자가용, 협동조합 등 소규모 사업, 농가 태양광 등 국민 참여형을 장려하면서 동시에 대형

구분	단기(2018~2022 : 5년)					중장기(2023~2030 : 8년)								총계 (2018 ~2030)
	2018	2019	2020	2021	2022	2023	2024	2025	2026	2027	2028	2029	2030	
설비 신규 용량 (GW)	1.7	2.4	2.5	2.8	3.0	3.2	4.0	4.2	4.2	4.7	5.1	5.1	5.6	48.7
	소계: 12.4 GW					소계: 36.3 GW								
누적	16.8	19.2	21.7	24.5	27.5	30.7	34.8	39.0	43.2	47.9	53.1	58.2	63.8	-
발전량 (TWh)	47.3	51.6	56.2	61.1	66.5	72.5	79.7	87.4	95.2	103.6	113.0	122.4	132.4	-
(발전 비중, %)	(8.0)	(8.5)	(9.1)	(9.8)	(10.5)	(11.3)	(12.4)	(13.5)	(14.6)	(15.8)	(17.2)	(18.5)	(20)	

자료: 산업통상자원부.

프로젝트 개발을 병행하여 공급 물량을 확보하고 경제성을 개선하고자 하는 방향이 제시되었다.

신재생에너지원의 보급률을 높이기 위해서 발전차액지원제도(FIT)와 신재생에너지 의무할당(RPS)은 가장 대표적인 수단으로서 대부분의 국가에서 두 정책 중 하나 혹은 모두를 시행함으로써 정책적인 보급률 견인을 시도하였다. 이는 재생에너지 시장을 형성시키기 위해서 대부분의 국가가 선택한 방식이었다. 한국은 과도한 재정 부담으로 인해 2012년부터 FIT 제도를 폐지하고 RPS 제도로 전환하였다. 이러한 RPS로의 전환이 재생에너지의 보급률 향상에 어느 정도 실효성이 있을 것인지, 즉 실제로 RPS로 달성 가능한 목표인지에 대한 논의가 제기되었다.

RPS는 500MW 이상의 발전설비(신재생에너지 설비는 제외)를 보유한 발전사업자에게 총 발전량의 일정 비율 이상을 신에너지 및 재생에너지를 이용하여 공급하도록 의무화한 제도[1]이다. 현행 연도별 공급의무량[2]은 2017

---

1   2018년 현재 한국수력원자력, 남동발전, 중부발전, 서부발전, 남부발전, 동서발전, 한국지

년 4%, 2018년 5%, 2023년 10%이나 재생에너지 3020 계획의 추진으로 공급의무량이 2030년 28%까지 상향 조정될 예정이다.[3] 정부는 재생에너지 발전 단가 하락을 가속화하기 위해 원별, 규모별 특성을 반영하여 RPS 제도 개선을 추진하겠다고 발표하였는데, 발전 단가가 빠르게 하락 중인 대규모 태양광은 장기고정가격에 기반한 정부 주도의 경매제도 도입을 검토하고 있으며, 발전 단가 하락 속도가 느린 풍력은 RPS 제도 유지, 소규모 태양광(30kW미만, 100kW미만)은 한국형 FIT를 적용할 것을 계획하고 있다.

RPS 시행 초기인 2012~2014년 기간 의무이행률은 80% 이하 수준이었고, 정부가 매년 의무비율을 0.5%p씩 하향시킨 2015~2016년에도 90%수준에 머물러 초기 목표를 달성하지 못하였고 그로 인해 발전사들은 과징금을 납부하게 되었다. 재생에너지 확대하기 위한 제도임에도 불구하고 수입 바이오매스나 연료전지가 의무 이행에서 차지하는 비중이 큰 편이고, 발전공기업 RPS 의무 이행분 중에서 석탄발전소의 우드펠릿 혼소나 중유발전소의 바이오중유 연소가 일정한 비중을 차지하고 있으며, 상대적으로 보급이 용이한 LNG를 연료로 하는 연료전지(신에너지) 역시 포함되었다.[4] 즉, 현재 RPS 제도의 시행에서 양과 질의 측면에서 모두 신재생에너지 보급이 기대에 미치지 못하는 상황이라 볼 수 있다. 이로 인해 REC 가중치 조정을 통해 LNG 기반의 연료전지 등 신에너지와 화석연료 기원

역난방공사, 수자원공사, SK E&S, GS EPS, GS 파워, 포스코에너지, 씨지앤율촌전력, 평택에너지서비스, 대륜발전, 에스파워, 포천파워, 동두천드림파워, 파주에너지서비스, GS동해전력, 포천민자발전 등 총 21개사가 공급의무자에 해당.

2 공급의무자의 총발전량(신·재생에너지발전량 제외) × 의무비율.

3 연도별 공급의무량 비율은 '신에너지 및 재생에너지 개발·이용·보급 촉진법 시행령 별표 3'에서 제시되었다.

4 2015년 기준 발전 6개사는 RPS 의무이행실적 중 절반 이상을 외부구매를 통해 이행했으며, 신·재생에너지로 분류하는 것이 적절하지 않다는 비판이 많은 우드펠릿 혼소가 자체 이행량 중 44%를 차지했다.

의 폐기물, 수입 바이오매스 활용(우드펠릿 혼소나 바이오중유 연소)이 억제되어야 한다는 의견이 개진되었다. 중기적으로 논란이 큰 이행 방식에 대해서는 의무 이행 수단에서 제외 여부도 검토되고 있다.

RPS 의무비율을 2030년 28%로 상향 조정하기로 하였기 때문에 이에 맞추어 발전공기업을 포함한 모든 의무사업자의 연도별 RPS 의무비율에 대한 조정과 발표가 2018년에 진행될 예정이다. 국정과제와 연계하여 한전이 신재생에너지 발전 사업에 진출하는 것을 허용하는 전기사업법 개정안이 국회에 계류 중이다. 한전이 신재생에너지 보급의 일정한 몫을 담당할 경우 나머지 공급의무자들의 RPS 의무비율은 다시 재조정이 필요하다. 한전은 서남해 해상풍력이나 에너지자립섬 등 타 사업자가 추진하기 어렵고 송배전망 관리 주체인 한전이 시너지를 낼 수 있는 분야에서는 재생에너지 사업을 수행하는 것이 바람직하다는 시각도 있다.

신재생에너지의 발전원으로서의 도입은 간헐적인 공급의 특성상 공급 안정성과 수요 대응성을 담보할 수 있는 백업 전원 설비 용량 혹은 전력 저장 장치의 설치를 요구한다. 이에 많은 국가에서 설비 투자를 유인하고 공급안정성을 확보하기 위한 제도가 추진되고 있다.

3) 동북아 전력 연계망의 논의

동북아 그리드 사업은 1990년대의 몽골 고비 사막의 태양광을 발전원으로 하여 중국, 러시아, 한국, 일본의 전력망을 연계하여 피크 수요에 대응하고 효율성을 높이기 위한 비즈니스 모델로 그 논의가 출발하였다. 다소 추상적인 아이디어에서 비롯한 제안은 동북아 국가들의 지역 협력 모델로 그 구상이 구체화되고 참여 국가와 연계 방식 등이 변화하면서 그 논의가 꾸준히 전개되어왔다. 2015년 러시아와 '한-러 전력 연계 예비타당성조사 공동연구'의 진행이 완료되었고, 2016년 3월에는 한-중-일-러 4국 간 '계통·연계 예비타당성 공동연구'를 위한 MOU가 체결된 바 있다. 2017년 이후 다자간 공동연구 및 비즈니스 모델 수립 등의 활동을 수행 중이며, 2017년 말 한-중 정상회담에서 한-중 슈퍼그리드가 주요 협력 안건으로 확정되면서 사업의 현실화 가능성이 증대되었다.

1990년대 후반에 진행된 러시아와 한국의 송전망 연결 구상은 당시 기술력이 경제성을 담보하지 못하면서 논의가 진전되지 못하였다. 그러나 현재는 슈퍼그리드가 가능한 기술적 조건들이 갖추어졌으며, 다양한 발전원을 하이브리드 그리드 형태로 연계하여 통합된 전력망의 운영이 가능하다. 전력 다수요 국가인 한국, 중국, 일본으로 러시아와 몽골에서 생산된 전력이 공급될 수 있으면 전력망 연계를 통한 경제성을 충족시킬 수 있는 환경이 갖추어졌다. 이 지역에서는 발전원의 구성과 전력부하구조가 국가마다 상이하고, 보완성이 높은 패턴을 보이므로 연계를 통한 경제적, 환경적 편익이 클 것으로 기대되고 있다.

전력 연계망의 목적에 동의하고 효과에 대해서는 공동의 이해를 공유하지만 동북아 슈퍼그리드에 대한 각국의 입장과 맥락은 다르게 나타난다. 일본의 경우 후쿠시마 원전 사태로 인한 전력 부족 문제와 높은 전력 요금을 타개하기 위한 방법 중 하나로 권역 전력 연계망을 고려하였다. 반면 중국은 세계전략 차원의 장기적인 비전인 GEI(Global Energy Inter-connection)의 일부로 동북아 슈퍼그리드를 포함시켰다(윤성학, 2017). 러시아는 전력 수출을 통해 동북아를 새로운 시장으로 확보하기 위한 목적으로 추진하고 있다. 한국은 동북아 전력 연계망을 통해 전력 계통에서의 고립된 '섬'에서 벗어나고, 특히 남북관계 개선과 동북아 지역 협력의 차원을 염두하고 있다. 이러한 각국의 입장의 차이로 인해 북한 참여 여부와 슈퍼그리드의 물리적인 연결 구조에 대한 전략이 다르게 나타나고 있다.

기술적 조건은 갖추어진 상태에서 전력 연계망 이슈는 전력시장의 통합 즉, 권역 단일 전력시장의 논의로 이어진다. EU와 같은 지역 공동체가 없는 상황에서 단일한 전력 시장 운영을 위한 전력 거버넌스의 디자인은 앞으로의 동북아 슈퍼그리드 논의에서 주요한 주제가 될 것이다. 앞서 살펴본 것과 같이 동북아에서는 전력 연계망의 구상 자체가 국제 역학 관계와 지정학적 환경 변화에 의존적이다. 따라서 권역 통합 전력 시장의 구상은 각국의 전력 시장 운영시스템과 충돌하지 않으면서 시장의 투명성과 공급의 안정성을 달성할 수 있는 거버넌스가 논의되어야 한다.

3. 각국의 제도와 구조 변화 및 벤치마크

1) 전력 산업 자유화와 설비투자 유인의 문제 : EU의 분리 모델

1990년 이전 유럽의 전력산업은 국영전력회사 또는 규제가격이 적용되는 민영 내지는 공영 전력회사의 형태로 운영되있다. 각국의 전력세동은 송전망을 통하여 광범위하게 연결되어 피크부하 시기의 상호 거래를 통한 전력수급안정 및 경제적 이익을 추구하고자 하였다. 하지만 국가 간 전력계통의 연계는 경제적인 관점보다는 전력계통 안정도의 관점에서 결정되었으며, 국가별 발전설비의 과잉 투자와 경쟁 없는 시장구조로 효율성이 저하되는 문제가 지속적으로 발생하였다(Botterud & Doorman, 2008; Joskow, 2006). 이에 1990년 중반을 거치면서 국가 간의 전기요금 차이를 단일 전력시장 형성을 통해 완화하고, 전력시장의 구조 개편을 통해 경쟁을 도입하여 유럽 전체의 전력 가격을 낮추려는 목적으로 전력시장 자유화가 시작되었다. 즉, 역내 단일 에너지 시장을 통해 경쟁을 촉진하여 소비자 측면에서 합리적인 가격의 전력 공급회사를 선택하는 기회를 제공함으로써 에너지원의 다양화와 에너지시장의 효율성을 제고하려는 목적으로 유럽의 에너지시장 자유화가 추진되어왔다.

EU 집행위원회(European Commission, EC)는 1996년 제1차 에너지 패키지(Directive 96/92)와 이를 개정한 2003년 제2차 에너지 패키지(Directive 2003/52), 2009년 제3차 에너지 패키지(Directive2009/72)를 통해 전력시장 자유화를 추진해왔다.[5] 패키지의 주요 내용은 소매시장 개방, 제3자 접속 개방(Third Party Access), 계통운영자(System Operator, SO)에 관한 기본 원칙을 제시하는 것이다. 이 중 분리, 분할의 논의는 경쟁이 가능한 발전·판매와 규제 부문인 계통운영·송배전을 분리(unbundling)하고자 하는 것이며, 이러한 조치가 기존 수직 통합된 기업 구조와 산업 구조에 큰 변화를 가져왔다.

3차 에너지 패키지에서 제시된 분리 모델은 소유권 분리(Ownership unbundling, OU), 독립계통운영자(Independent System Operator, ISO), 독립 송전 운영자(Independent Transmission Operator, ITO)로서 EU의 국가들은 3가지 모델 중 각국의 여건에 맞는 모델을 선택하여 이행하였다. 송전 분리는 수직 통합 기업의 분할과 계통 운영자와 송전 자산 소유자 간의 거버넌스에 관한 문제이다. 유럽의 구조 개편에서 핵심적으로 다루어져온 전통적인 분할의 문제이며, 분리 모델은 송전 부문이 수직적으로 통합된 기업과 분리되어 있는지 여부와 시스템 운영자가 전송 자산 소유자와 일치하는지 여부로 구별된다.

가장 강도 높은 분리 모델인 OU는 발전 부문과 송전 부문이 각각 서로

---

5 2017년 1월 공개된 4차 에너지 패키지는 청정에너지에 관한 것이다. EU의 청정 에너지로의 전환을 가속화하고 EU경제의 에너지 전환으로의 통합을 목표로 하는 규제의 제안과 조치를 포함하고 있다. 따라서 자유화에 관해 논의하는 이 절에서는 3차 에너지 패키지까지의 분할 분리 모델에 대해서 다룬다.

통제권을 보유할 수 없는 독립 주체에 의해 통제되거나 소유되어야 할 것을 요구함에 따라 동일한 주체가 전력 생산 기능을 수행하는 사업에 대한 통제권을 행사할 수 없으며, TSO 또는 계통 운영에 대한 권리를 통제하거나 행사할 권리가 없다. ISO 모델에서는 TO와 SO는 모두 시스템의 다른 부분에서 분리된 소유권의 형태이며, SO는 송전 부문 자산과 관련이 없고, TO는 계통 운영 기능이 없다(Pollitt, 2008). 몇몇 국가들은 국가의 송전 자산 통제권에 대한 영향력을 유지하기를 원했기 때문에 ISO 모델을 회피하려는 경향이 강하게 나타났다. 이에 ISO 모델은 제3차 에너지 패키지에서는 영국, 아일랜드 및 라트비아에서만 적용되었다(Moselle, 2008). ITO 모델은 2008년, 독일과 프랑스를 포함한 8개 회원국에 의해 제안되었으며, 주로 제2차 에너지 패키지의 분리 모델을 거부한 국가들이 채택하였다. 송전 부문이 수직 통합 기업에 속한 경우로서 ITO는 수직 통합적 의사 결정을 배제하는 것을 조건으로 분리의 모델로 승인되었다.

완전히 기능하는 ITO(TSO)는 계통 운영 및 자산 관리를 통합할 수 있다는 이점이 제시되었다. 송전망 투자에 관한 계획과 의사 결정은 자산 소유사의 고유한 영역이므로 계통 운영과 자산 관리가 분리되면 전력 공급 안정성에 관한 책임 문제가 발생할 수 있기 때문이다. 전력 공급 중단 사태가 발생하면 계통운영자는 송전자산 소유자의 전력망관리에 책임을 전가할 수 있고, 송전자산 소유자는 계통운영자가 계통을 올바르게 조정하지 않은 것으로 책임을 물을 수 있는데, 이는 공급 중단에 관한 책임의 주체가 모호할 수 있다는 것을 의미한다(Nardi, 2012; Meletiou et al., 2018). 이러한 점에서 ITO 모델은 책임성 담보에 좀 더 유리한 모델로 평가된다.

2) 영국의 EMR 전력 시장 구조 개편: 신재생 도입을 위한 시장 제도 개선

영국의 전력시장개혁(Electricity Market Reform, 2017년 4월부터 시행)은 노후 발전설비를 대체하여 전력 공급 안정성을 확보하고 저탄소경제로의 전환을 가속화하며 대규모 투자를 유인할 수 있는 시장 여건을 조성하기 위해 추진되었다. 영국 정부는 「2008기후변화법(The Climate Change Act 2008)」에서 온실가스 배출량을 2050년까지 1990년 대비 80% 감축하겠다는 목표를 규정하였으며, EU의 신재생에너지지침(Renewable EnergyDirective)에 따라 2020년까지 총 에너지 소비의 15%를 신재생에너지로 공급하겠다는 목표를 설정하였다.

이 법안에는 온실가스 배출 감축을 위한 탄소가격하한제(Carbon Price Floor), 탄소배출허용기준(Emissions Performance Standard) 등의 제도와 신재생에너지 부문의 투자 확대를 위해 신재생에너지 의무할당제(Renewables Obligation, RO)를 대체할 장기차액계약제도(CfD), 전력공급안정성 확보를 위한 용량시장(Capacity Market)제도 도입 계획이 포함되어 있다. 전체 설비의 1/4(20GW)가 노후화로 인해 폐쇄될 것이고, 이에 따라 공급예비율이 급감할 것이라 예측한 바 있다. 즉, 2015년 시작된 영국 전력 시장 개혁 논의는 설비 예비율 부족이라는 평가가 가장 주요한 동인이 되었다. 설비 예비력 하락에 대응하기 위해 설비 투자를 유인할 수 있는 제도의 이행이 필수적이었다. 새로운 시장제도를 도입한 전력시장개혁은 재생에너지 공급의무(Renewable Obligation)를 폐지하고 제도 개선을 통해 설비 투자를 유인하고 공급안정성을 확보하기 위한 일환으로 추진된 것이다.

장기차액거래제도(Long-term Contracts in the form of Feed-in Tariffs with Contracts for difference, FiT CfD)는 노후설비 대체 및 재생에너지원 확대에 필요한 투자를 유인하기 위해 도입된 제도이다. 저탄소 발전원으로부터 생산된 전력에 일정 수준 이상의 가격, 즉 권리행사가격(strike price)을 보장해 가격 변동성에 대한 노출을 줄이고 수익 측면의 불확실성을 개선함으로써 저탄소 발전설비에 대한 투자를 촉진하기 위해 고안되었다. FiT CfD는 저탄소 발전사업자(generator)와 정부기관(이하 "CfD 체결기관") 간에 체결되며, 시장 기준가격(market reference price)이 계약상의 권리행사가격보다 낮은 경우, 발전사업자는 그 차액을 보상받아 기대 수익을 달성할 수 있으며, 반대로 기준가격이 권리행사가격보다 높을 경우 발전사업자가 그 차액을 반납하여 전력소비자에 대한 부담을 제한하는 구조로 이루어져 있다.

용량시장(Capacity Market)은 전력공급안정성을 확보하기 위한 것으로 피크 수요 공급자 인센티브를 위해 설계된 것이다. 정부는 용량시장에서의 경매를 통해 예비용량을 미리 구매함으로써 미래의 전력 부족에 대비해 공급력을 확보한다. 영국의 ISO인 내셔널그리드(National Grid)가 공급 개시 4년 전에 경매를 시행하여 필요한 예비 용량을 구매하고, 공급자에게는 용량요금(capacity payment)을 지급하는 시스템으로 일반 발전사업자뿐만 아니라 수요반응(Demand-side Response) 제공자나 저장설비사업자도 경매에 참여할 수 있다. 발전사업자는 약속한 예비용량을 공급하는 데 실패할 경우 위약금을 지불해야 한다. 용량시장제도는 뉴잉글랜드, 미국의 PJM 시장 등에서 효율적으로 운영되고 있으며, 프랑스 역시 전력 공급 안정성 개선을 위해 이 제도를 도입하였다.[6]

카본 프라이스 플로어(Carbon Price Floor, CPF)는 탄소 배출권 시장에서 거래되는 탄소 가격의 변동성이 커서 투자 유인 효과가 저조했기 때문에

---

6 발전 용량이 프랑스 장기 수급계획의 목표치에 이르지 않는 경우, 정부는 입찰을 실시할 수 있으며, 입찰을 통해 낙찰된 신재생 발전사업자는 EDF 및 지방배전사업자와 전력매입계약을 체결한다. 또한, 이 계약으로 인한 추가 비용분은 CSPE를 통해 EDF 및 지방배전사업자에게 보상된다.

이를 해결하기 위한 대응책으로 도입되었다. 탄소가격의 최저 수준을 설정하여 화석연료 사용을 효율적으로 억제하고 탄소가격의 불확실성을 제거함으로써 신재생에너지, 원자력, 가스 등 저탄소 발전설비에 대한 투자를 증진하기 위한 것이었다. CO_2 1톤당 가격하한선이 2013년 15.7파운드에서 시작하여 2020년 30파운드, 2030년 70파운드로 상향 조정될 예정이다. 영국 정부가 설정한 탄소하한가격과 EU ETS 탄소가격 간의 차이, 즉 탄소가격지원금(carbon price support rates)은 기후변화부담금(Climate Change Levy) 등의 징수를 통해 충당되고 있다.

궁극적인 탈탄소화 및 온실가스 감축 의무를 달성하기 위한 조치로 신규 화석연료발전소의 연간 CO2 배출량을 제한하는 탄소 배출기준(Emission Performance Standards, EPS)도 도입되었다. EPS는 발전 용량 50MW 이상의 신규 화석연료발전소의 연간 CO_2 배출량을 450g/kwh로 제한하며, 설정된 배출량 제한 수준은 2045년까지 유효할 예정임에 따라 CCS 설비를 설치하지 않은 신규 석탄화력발전소의 건설이 제한될 전망이다.

전력 시장은 다양한 층위로 운영되고 있는데, 도매시장은 소매시장과 다른 형태로 조직되어 있다. 전력 도매시장은 크게 지리적인 범위에 따라, 거래 시간에 따라, 구분될 수 있다. 도매시장의 참여자는 발전사(generator, 전력생산자), 전력 공급자(electricity supplier, 발전사로부터 전력을 구매하여 소매시장에서 소비자에게 판매), 대규모의 산업 소비자로 구성되어 있다. 시장에서의 계약의 형태에 따라 거래는 다른 시기에 발생한다(EPRS, 2016).

BETTA 체제하에서 전력 공급자는 전력 수요를 맞추기 위해 쌍무계약을 체결하거나 거래소(Power exchange, PX)를 통한 거래를 자유롭게 선택할 수 있고, 발전회사는 쌍무계약이나 거래소의 선/현물계약에 근거하여 급전 수준을 스스로 결정한다. 실시간 균형시장(Balancing market)에서 계통 운영자는 유일한 구매자이자 매매 당사자로서, 통지 받은 전력 공급량과

실 전력량의 차이에 대한 균형(Energy Balancing)을 위해 전력량의 출력 조정을 구매7하는 중앙 집중적 거래를 운영한다. 또한 혼잡 관리 등 계통안정성을 확보(System Balancing)하는 최종조정자이다. GBSO인 NGET는 각 발전사업자로부터 통보된 물리적 통지(Physical Notification)에 근거해, 공급력의 과부족이나 전력 계통의 안정성을 확인하고, 최종통보(Gate Closure) 전에 계통운영보조서비스(Ancillary Service) 계약8을 활용해 수급 조정 준비를 실시한다. 즉, 계통 운영자에 의해 최종 통보 시점부터 전력 거래 종료 시까지 보조서비스 계약의 투입이나 밸런싱 시장에서의 거래를 통해서 최종적인 수급 조정이 이루어지며, 공급 안정성을 담보하고자 하는 도매 시장 제도가 운영되고 있다.

실시간 균형시장에서 사업자는 발전/수요 계획(PN) 이외에도 발전량을 증가시키거나 수요량을 줄이는 OFFER 입찰과 BID 입찰에 참여할 수 있는데, GBSO는 예상 수요와 PN 정보를 비교하여, 계통에 전력이 부족한 경우에는 OFFER 입찰을 싼 것으로부터 순서대로 계통에 전력이 남는 경우에는 BID 입찰을 값이 비싼 순서로 수급 조정용 전력으로서 낙찰해, 수급 밸런스를 유지한다. 보조서비스의 낙찰도 같은 방식으로 이루어진다. 낙찰자에 대해서는 입찰 가격대로 지불된다. 영국의 실시간 균형시장 거래량은 전체 전력소비량의 2% 수준으로 평가된다.

7　NGET는 수급균형을 위한 전력량 구입을 밸런싱 시장에만 의존할 필요는 없으며, 사전 장단기 계약(일반적으로 옵션계약의 형태)을 이용할 수도 있다.
8　보조서비스 계약이란 전력계통의 안정운영을 위해 GBSO가 발전사업자(일부 수용가)로부터 쌍무계약으로 조달하는 것으로, 모든 사업자에게 계통에서 필요시는 의무적으로 제공하도록 부과한 '의무적 서비스', 계통안정에 필수 불가결한 설비를 소유하는 사업자로부터 교섭해서 조달하는 '필수 서비스', 경쟁시장에서 조달하는 '상업 서비스'로 분류된다.

3) 노드풀(Nord pool)의 성공 : 전력 시장 유동화와 권역 시장 통합

전력 선도 계약(forward contract)은 구매자와 판매자 사이의 양자 계약으로 미래의 특정 시점에 특정 가격으로 전기를 공급하는 것에 대한 것이다. 가격은 고정되거나 유동적일 수 있으며 계약은 보통 OTC(자체 규제) 방식으로 거래된다. 거래량은 보통 청산되며, 현금으로 결제된다. 구매자와 판매자가 선도 계약을 통해 전력을 거래할 의지에 따라 시장 유동성이 결정된다. 선도 계약은 중 일부는 선물 거래소를 통해 등록되었지만, 본질적으로 거래 참여하는 양자 간의 계약으로 가격과 물량에 대해 알려진 정보가 포괄적이지는 않다.[9] 선물 계약(future contract)은 거래 시점에 합의된 가격으로 미래의 정해진 날짜에 지정된 상품을 공인된 거래소에서 거래하는 법적 구속력 있는 계약이다. 표준화된 거래 조건에 따라 거래가 나타나므로 비교적 간단하게 이루어진다.

거래자들은 일반적으로 중개자(Broker)를 통해 제공될 수 있는 전력 공급의 유연성에 대해서 선호를 가지고 있지만 실제로는 대부분의 중개된 상품들이 표준화되어 있으며 일반적으로 유럽 에너지 거래자 연합(European Federation of Energy Traders, EFET) 내에서 합의된 표준 조건을 기반으로 한다. 따라서 거래소에서 거래된 선물과 중개자에 의한 선도 거래의 주된 차이점은 신용 거래 조건과 가격 매칭 과정이라 할 수 있다.

대체적인 전력 시장의 발달은 하루전시장(day ahead market), 당일시장(intraday market)에서의 현물이 양자 간 거래로 이루어지다 현물 시장의 변동성을 상쇄시키기 위해서 선도 거래가 증가하는 것에서 시작한다. 주로

---

9   REMIT 데이터가 완전히 수집되고 분석되면 보다 포괄적인 거래의 양상을 살펴볼 수 있을 것이다.

현물 거래가 발달한 국가가 일본이며, 영국은 선도 거래의 증가가 나타나는 시점에 있다. 영국에서 선물 시장이 발전하지 않은 것은 영국 전력 시장이 중개자(broker) 기반의 장외거래(현물) 중심의 시장이었기 때문인 것으로 지적된다. 기존의 브로커는 거래소에서의 금융 거래를 꺼리므로 중개 중심의 거래 관행은 금융 시장의 발달을 저지하는 경향이 있는 것으로 보인다. 그러나 현물 시장이 차지하는 비율이 증가한 상태이기 때문에 그 중요도가 증가하고 이에 따라 자연적으로 금융 시장도 개발이 나타나는 것이 수순이다. 전날 시장의 집중도가 높아 가격이 지배적이 되면 누군가가 금융 거래를 시작하게 되는 것으로 유동성이 높아지게 되는 것이다. 선도 거래에서의 유동성이 증가하고 선도 거래 곡선에 대한 예측의 정확도가 높아지면 선물 거래가 증가하게 되는데, 주로 프랑스, 독일의 전력 시장에서 나타난다. 이들 국가의 경우 현물 거래는 대부분 OTC 거래로 이루어져왔으며, 선물의 거래가 금융 거래로 이루어지고 있다. 가장 발달한 시장의 형태로는 미국과 노르딕 국가에서 나타나며, 다양한 파생상품이 등장하여 금융거래가 이루어지고 선도 시장과 선물 시장에 금융 거래의 비중이 높아지는 현상을 보인다.

노르딕 모델은 대부분의 전력산업이 공적 소유로 유지되는 모델이자, 송전 부문의 안정성과 권역 시장 통합을 동시에 달성한 모델로 평가된다. 노드풀(Nord pool)의 소유 구조는 노르웨이의 스타트네트(Statnett)가 28.2%, 핀란드의 핀그리드(Fingrid)가 18.8%, 스웨덴의 크라프트넷(Kraftnet)이 28.2%, 덴마크의 에너지넷(Energinet)이 18.8%의 지분을 보유하고 있다.[10] 특히 노르웨이, 스웨덴, 덴마크는 거의 유사한 형태의 전력 거버넌스를 보

---

10 나머지 지분은 발트 국가 Elering(에스토니아), Litgrid(리투아니아), Augstsprieguma tikls(AST)(라트비아)가 각 2%를 차지한다. 에스토니아는 2010년, 리투아니아는 2012년, 라트비아는 2013년에 노드풀에 참여하게 되었다.

이고 있으며, 국유 TSO가 MO로 기능함으로써 성공적인 거래 풀을 창출한 것으로 평가된다.

노드풀의 경우 국영계통운영사업자에 의한 단일 거래시장 운영이 시장 유동화를 앞당긴 요인 중 하나로 지적된다. TSO가 노드풀을 운영하는 MO라는 점도 노드풀의 성공 요인으로 지적되었다. 다른 지역에서 SO와 MO의 불일치로 인한 분열 경쟁이 나타나는 것에 반해 이 시장에서는 TSO가 시장을 운영함으로 권역 통합 시장의 작동이 원활할 수 있었다는 것이다. 현물시장에서 양자 간의 조정은 매우 중요한 것으로 평가된다.

EU 지역에서는 발전원 믹스 중 재생에너지원이 2002년 2% 수준에서 2017년 말 27.5%를 차지하는 것으로 괄목할 만한 비중 확대가 나타났다. EU가 목표로 하는 '최종 에너지소비 중 재생에너지비중 최소 27%'를 달성하면서 장기적인 에너지 및 기후 목표를 충족시키고, 통합된 유럽 에너지 시장을 목표로 한다면 전력망 연계(Interconnector)가 필수적이라는 점 역시 인정되고 있다. EU는 각국 전원의 10%를 통합 전력망에 연계하는 목표치를 설정하였는데, 이 수치는 석탄과 가스가 EU의 발전원 믹스의 대부분을 차지하던 2002년에 제시된 원래의 목표이다. 전력망 연계 목표치는 2016년에 조정이 이루어져 2030년까지 15%로서 기존의 경우보다 목표치가 높아졌다. 그러나 재생 에너지 발전원이 지배적인 대규모 중앙 집중식 발전소를 대체하면서 보다 유연한 접근이 필요할 것이라는 지적도 꾸준히 제기되었다. 전력 거래를 촉진하고 공급의 안전성을 향상시키면서 급속히 증가하는 신재생 에너지 발전소의 EU 통합 촉진을 위해서는 이러한 목표치를 위한 연계를 추진해야 하나 개별 국가에서는 애초의 2020년 목표치에도 도달하지 못할 것으로 전망되어왔기 때문이다. 이에 EU 회원국들은 2030년까지 전력망 연계 용량 구축 목표에 관해서 단일 규모의 목표를 폐지하는 방안을 검토 중이며, 기존의 엄격한 목표를 대체할 수 있는 새로운 기준을 제시한 보고서를 발표함으로써 각 회원국의 개별 전력망 연계 용량 요구를 평가할 수 있는 방안을 제시했다.

재생 에너지의 획기적 확장을 위해 국경 간 무역 루트를 열어주는 것은 저탄소 에너지 전환의 진정한 가능성을 열 수 있는 핵심적인 요인으로 평가된다. 북유럽에서의 수력 및 지열 에너지 수출, 북서부 유럽에서의 해상 풍력 발전 또는 이베리아 반도의 육상 풍력 및 태양열·태양광 발전이 그 예가 될 수 있다. 지리적 위치에 의존적인 전력망 연계는 투자의 안정성을 위해 구조적 가격 차이에 의존하게 되는데, 전문가들은 단일 수식을 사용하여 다양한 특성을 가진 회원국의 '상호 연결성'을 측정하는 과학적 합의가 없음을 인정하게 되었다. 이에 따라 2030년 상호 연결 목표는 유럽 간 전력 기반 시설 개발을 추진하는 중요하고 유용한 정책 도구로 간주되었다. 재생 에너지의 성장과 교역을 더욱 지원하기 위해서는 상호 연결이 실제로 필요하다고 보았으며 지리적인 위치가 물리적인 병목 현상을 심화시키는 것으로 평가되었다. 스페인, 포르투갈 또는 키프로스와 같은 국가의 문제를 해결하기에는 단일 목표치가 충분하지 않을 것으로 판단하였다.

EC의 전문가 패널은 엄격한 목표치를 대체할 수 있으면서 전력망 연계가 유리하게 고려될 수 있는 세 가지 주요 기준을 권장하였다. 첫째, 전력망 연계는 가격 격차를 최소화해야 하는데, 연결될 국가와 지역 또는 입찰 구역 간 2.35 €/MWh 유로 이상의 가격 격차가 있는 경우 추가적인 연계 전력망 개발을 고려할 수 있는 것으로 보았다. 둘째, 회원국은 모든 조건에서 수입을 포함하여 전력 수요가 충족될 수 있도록 해야 하며, 연계전력망의 정격 송전 용량이 피크 부하의 30% 미만인 국가에서는 추가로 이에 대한 옵션을 긴급히 조사할 필요가 있는 것으로 보았다. 셋째, EU의 재생 에너지 초과 전력 공급이라는 측면에서 병목 현상이 없어야 하며, 연계 전력망의 정격 송전 용량이 재생 에너지 발전원 설치 용량의 30 % 미만인 국가에서는 추가 전력망 연계를 위한 용량 옵션이 긴급히 조사되어야 할 필요가 있다. 그러나 모든 이해관계자가 엄격한 목표를 폐지하는 데 찬성하지는 않으며, 전력망 연계 목표를 추구하였다가 다시 그것을 제거하는 것은 역행 단계가 될 것이라는 비판적인 시각도 존재한다.

4. 한국의 전력 거버넌스에의 시사점

현시점에서 전력 거버넌스의 논의는 중심축으로 진행되었던 전통적인 구조 개편 이슈와 더불어 앞서 제시한 기후변화 대응의 축이 동시에 전면에 부각되는 환경 변화하에서 이루어지고 있다. 1990년대부터 진행되어 온 구조 개편뿐만 아니라 발전원의 믹스 조정을 통해 발전 부문에서 온실가스를 획기적으로 감축해야 하는 도전을 맞았다. 즉, 한국은 경쟁시장의 형성이라는 유틸리티 1.0시대의 과제가 진행되는 동시에 재생에너지 확대와 전력 산업 혁신이라는 유틸리티 2.0에 대응하는 방안의 모색을 이루어야 한다. 수직통합 독점 국영기업으로 시작되어 진통을 겪으면 변화를 모색해온 한국 전력 산업 구조의 방향 설정을 위해서는 앞서 자유화가 진행되고 재생에너지 보급이 빠르게 일어났던 국가들로부터 벤치마크할 필요가 있다. 특히 기후변화 대응이라는 측면에서 변화하는 전력 거래 환경에 대응하기 위한 조정 능력을 강화할 수 있는 거버넌스의 논의는 중요하다.

제8차 전력 수급 계획에서는 재생에너지 발전 확대를 수용할 수 있는 송·변전 인프라 대비가 요구되었다. 발전 부문과 송배전 부문 간의 설비 투자 조정 문제가 발생함으로 인해 이를 매칭하기 위한 투자가 필요하다. 일반적으로 소규모 재생에너지 발전 설비는 2~3년 내에 완공되나 전력계통 보강은 6년 이상 소요되면서 신재생 발전과 계통 확충 간의 시차가 발생하기 때문이며, 재생에너지 발전이 농촌, 산간 등에 집중될 것으로 예상됨에 따라 해당 지역 내 변전소 신설 및 수요 지역으로의 송전망 보강이 요구되고 있다. 또한 재생에너지의 전력망 접속 지연을 해소하기 위해 계통 인프라의 선제적 매칭 방안을 강구하고 있다.

재생에너지 변동성에 대응하기 위한 통합 관제시스템 구축 운영, 유연성 백업설비 활성화를 위한 전력시장 제도 개선이 논의되고 있다. 발전비용 중심의 현재 전력 시장으로는 계통안정 기능의 핵심인 유연성 설비에 대한 보상이나 규제가 어려운데, 유연성 자원이 전력시장에 충분히 진입할 수 있도록 인센티브를 제공하거나 사업자의 유연성자원 의무보유 방안 등이 검토될 필요가 있다. 재생에너지 출력변동성 백업설비에 대해 합리적으로 보상할 수 있도록 실시간 시장 도입 검토되고 있으며, 이는 앞서 살펴본 조정 시장과 임밸런스 정산 과정이 유연성 설비 활성화를 위한 전력시장 제도로서 벤치마크될 수 있을 것이다.

동북아 슈퍼그리드 구상으로 출발한 권역통합전력시장 논의는 통합적 시장제도의 디자인과 전력 거버넌스의 논의를 가져왔다. 노드풀이 보여준 전력산업 소유구조와 통합시장운영 거버넌스는 성공적인 기래풀을 위해 고려해야 할 요소를 제시하고 있다. 동북아 슈퍼그리드의 참여국가 간 전력산업구조와 시장운영방식이 상이하므로 이를 시장의 투명성과 공급 안정성을 담보할 수 있는 형태로 논의를 진전시키는 것이 중요하다. 계통 운영자, 시장운영자, 송배전망 소유자의 구조가 통합권역시장 운영에서 조화를 이룰 수 있는 방향이 고려되어야 할 것이다.

참고문헌

윤성학. 2017. 「동북아 슈퍼그리드 전략 비교 연구」. ≪러시아연구≫, 제27권 제2호, 201~225쪽.
한국전력거래소. 2017. 「2017년 해외 전력 시장 동향」.

Botterud, A., & Doorman, G. 2008. "Generation investment and capacity adequacy in electricity markets." *International Association for Energy Economics*, Q2, pp. 11~15.

European Parliamentary Research Service (EPRS). 2016. *Understanding electricity markets in the European Union.*

Joskow, P. 2006. "Competitive electricity markets and investment in new generating capacity." *AEI- Brookings Joint Center Working Paper*, pp. 6~14.

Meletiou, A., Cambini, C., & Masera, M. 2018. "Regulatory and ownership determinants of unbundling regime choice for European electricity transmission utilities". *Utilities Policy*, 50, pp. 13~25.

Moselle, B. 2008. "Reforming TSOs: Using the "Third Package" legislation to promote efficiency and accelerate regional integration in EU wholesale power markets." *The Electricity Journal*, 21(8), pp. 9~17.

Nardi, P. 2012. "Transmission network unbundling and grid investments: Evidence from the UCTE countries". *Utilities Policy*, 23, pp. 50~58.

Pollitt, M. 2008. "The arguments for and against ownership unbundling of energy transmission networks." *Energy policy*, 36(2), pp. 704~713.

https://www.elexon.co.uk/

08

일본 에너지·전력 거버넌스의 변화와 한계*
도쿄전력 사례를 중심으로

임은정

1. 들어가며

문재인 정권 출범 이후 한국은 여러 정책 분야에서 다양한 변화를 겪고 있다. 그중에서도 경제 안보의 기반이 되는 에너지 정책 역시 큰 변화의 흐름을 타고 있다. 문재인 대통령은 후보 시절부터 에너지 정책 중에서 다른 무엇보다 전력 공급 부분에 초점을 맞추어 그동안 한국의 전원믹스(발전원 구성)에서 주요한 역할을 담당해온 원자력 발전에 관한 정책들을 전면적으로 재검토할 것을 공약한 바 있다. 이는 결국 단계적으로 원자력 발전을 감축하여 중장기적으로 '원전 제로' 시대를 지향하겠다는 것으로 요약할 수 있을진대, 이와 더불어 석탄 화력 발전과 같은 전통적 에너지원에

---

* 이 글은 다음의 논문을 수정·보완하여 단행본용으로 편집한 것임을 밝힌다. 임은정, 「일본 에너지 분야 거버넌스 개혁의 모순과 한계: 도쿄전력 사례를 중심으로」, ≪일본연구논총≫ 제47권(2018), 109~139쪽.

의존하기보다는 신재생에너지 공급의무화(Renewable Portfolio Standard, 이하 RPS) 제도[1]의 의무공급비율을 상향 조정하는 등의 노력을 통해 신재생에너지 보급 확대도 에너지 정책 분야의 주요 공약으로 제시된 바 있다(더불어민주당, 2017: 259~260).

이러한 문재인 당시 대통령 후보의 공약, 즉 석탄 화력과 원자력 발전에 대한 비판적인 입장은 2011년 3월 발생한 후쿠시마 다이이치 원자력 발전소 사고(이하, 후쿠시마 사고)와 2016년 9월 발생한 경주 지진 등으로 인해 국민들 사이에 원자력의 안전문제에 대한 경각심이 커진 것과 기후변화로 인한 경제적 손실이나 미세먼지 등으로 인한 국민 건강에 대한 위해가 매년 더 심각해지는 데에 대한 국민적인 우려를 반영한 측면이 있다.

문재인 대통령은 취임 직후인 2017년 5월 16일, 노후 석탄 발전소 8곳을 임시로 정지시키는가 하면(강찬호·이승호, 2017), 같은 해 6월 19일에는 한국의 최고령 상업용 원자로인 고리 1호기의 영구정지를 선포하며, "원전 정책을 전면적으로 재검토해 원전 중심의 발전정책을 폐기하고 탈핵 시대로 가겠다"고 거듭 강조하기도 하였다(박경준, 2017). 결국 2017년 12월에 발간된 『제8차 전력수급 기본계획』은 지금까지 한국의 전력 수요 전망이 경제 성장을 우선시해 부정확한 측면이 있었다는 점과, 전원믹스에서도 경제성을 중시한 나머지 환경·안전에 대한 고려가 미흡했던 점, 수급 계획의 수립 과정에서 중간결과 공개 절차 등이 미흡하여 절차적 투명성 측면에 한계가 있었던 점 등을 재고해야 할 만한 문제점으로 지적하고 있다(산업자원부, 2017: 10~11). 실제로 한국에서 최종에너지 대비 전력소비량의 비중은 2001년 이래 빠르게 증가해왔으나, 2010년부터는 19%대에

---

1   한국은 2012년부터도 기존에 운영해오던 재생에너지발전 보조금(Feed-in Tariff, 이하 FIT) 제도에서 RPS 제도로 전환한 바 있다.

머무르고 있는 상황이다(같은 책, 4쪽). 따라서 앞으로 경제 성장 둔화와 인구 감소 추세 등을 감안하여 전력 수요 전망을 투명하고 보수적으로 진행하면서, 노후 원자력 발전소와 석탄 발전소의 폐쇄를 필두로 점차 원자력과 석탄의 의존도를 줄이고, 천연가스 및 신재생 에너지 활용을 높여가자는 것이 8차 기본계획의 주요 골자라고 할 수 있겠다.

한편 한국 정부는 파리협정(The twenty-first session of the Conference of the Parties, 약칭 COP21)에서 국가별 기여 방안(Intended Nationally Determined Contributions, 약칭 INDC)으로 2030년까지 온실가스 배출전망치(business-as-usual, 약칭 BAU)[2] 대비 37% 온실가스 감축을 공약한 바 있다. 온실가스 감축 측면에 있어서 상술한 바 있는 석탄 화력 발전의 감축과 신재생 에너지의 확충은 긍정적이지만 원자력 발전의 경우에는 이산화탄소 배출 측면에서 가장 우수성을 보이는 에너지원이기 때문에 이를 축소하겠다는 것은 신기후변화체제에서의 국제적 공약과는 다소 상충되는 측면이 있다.

이러한 한국의 상황에서 향후 한국의 에너지 정책이 나아가야 할 방향을 논하고자 할 때에 이웃 국가인 일본의 사례는 반추해볼 가치가 높다고 힐 수 있다. 일본의 에니지 상황은 한국의 상황과 흡사한 면이 매우 많기 때문이다. 일본 역시 한국과 마찬가지로 부존자원이 전무하다시피 하기 때문에 에너지원의 공급은 절대적으로 수입에 의존하고 있을 뿐 아니라, 다자간 전력망(이른바 슈퍼그리드)에 연결되어 있지 않아 자체적으로 전력의 수요·공급을 조절해야 하는 상황이다. 더군다나 일본은 COP21에서 2030년까지 온실가스 배출량을 2013년 대비 '절대적으로' 26% 감축하겠다고 공약한 바 있으며, 이러한 일본의 국제 공약은 전문가들 사이에 대체적으로 한국이 제시한 수치보다 좀 더 공격적인 것으로 평가받고 있다. 그

---

[2] 한국은 자국의 BAU를 850.6 MtCO2eq로 책정하고 있음.

러나 2011년 3월 후쿠시마 다이이치 원자력발전소 사고(이하 후쿠시마 사고)를 겪은 이후, 원자력 대신 화력발전 의존도가 급증하면서 신기후변화체제에서의 국제 공약을 준수할 수 있을지 우려되는 상황이다.

한국 역시 현재 문재인 정부의 계획대로라면 원자력과 석탄의 비중이 상대적으로 줄어들고 가스와 신재생 에너지의 활용이 증가할 것으로 예상되기 때문에, 향후 전원믹스 구성은 현재 일본의 상황과 더욱 흡사해질 것으로 예상된다. 따라서 에너지 수급 구조의 대변화를 겪으며 신기후변화체제에서 이뤄진 국제적 공약 사이에서 고민하고 있는 현재 일본의 상황을 파악하는 것은 한국에도 시사하는 바가 많을 것이라 기대할 수 있다.

이 장은 후쿠시마 사고 이후 일본 정부가 단행한 에너지 정책의 변화와 거버넌스 체계의 개혁을 도쿄전력의 사례를 중심으로 살펴봄으로써 한국에 반면교사가 될 만한 교훈들을 분석하고자 한다. 이 장은 다음과 같이 구성된다. 다음 절에서는 후쿠시마 사고 이후 일본 에너지 상황의 변화와 그에 따른 정책적인 조치를 개괄한다. 3절에서는 일본 정부가 기업지배구조, 즉 거버넌스의 전반적인 문제점을 어떻게 인식하고 있었는지를 언급한 뒤, 이 맥락에서 도쿄전력의 기업지배구조가 어떠한 개혁을 경험하게 되었는지를 살펴본다. 4절에서는 기업지배구조의 변화 이외에 도쿄전력이 자체적으로 취하고 있는 노력들에 대해 서술하겠다. 마지막 5절에서는 이러한 변화 속에 있는 일본과 도쿄전력의 사례가 현재 한국에게 함의하는 바를 총괄하는 것으로 결론을 대신하고자 한다.

주: 신재생 에너지란 태양광, 풍력, 바이오매스, 지열 등을 포함.

자료: 『2013년 에너지백서』의 그래프 211-3-1 (資源エネルギー廳 2017, 138).

2. 후쿠시마 이후 일본 에너지 상황 및 정책의 변화

2011년 3월 11일 발생한 동일본 대지진과 후쿠시마 사고로 인해 일본의 에너지 수급은 대변화의 국면을 맞이하게 되었다. 일본은 후쿠시마 사고 이후 순차적으로 국내 모든 원자력 발전소의 운전을 정지하였는데, 2013년 9월 16일 후쿠이(福井) 4호기가 가동 중지됨에 따라 '원전 제로' 상태가 되었다. 23개월간 지속된 '원전 제로 상태'는 2015년 8월 센다이(川內) 1호기가 재가동되며 종료되었는데, 원전 제로 상태에 의해 발생한 부족분은 화력발전의 가동을 최대화해 채워왔다. 〈그림 8-1〉은 일본에서의 1차 에너지 공급이 어떻게 변화하였는지를 나타내고 있다. 보다시피 후쿠시마 이후 전반적으로 에너지 공급이 줄어들기도 하였지만 원전 제로 상태에 접어들면서 원자력 발전이 감당하고 있던 부분을 화석에너지가 채우고 있는 것을 알 수 있다.

그 결과, 1차 에너지 공급에서 천연가스, 석탄, 석유 순으로 그 비중이 증가하여 2015년 기준, 1차 에너지 공급에서 석유는 41%, 석탄은 25.9%, 천연가스는 24.3%를 차지(資源エネルギー廳, 2017a: 138)하였고, 에너지 자급률은 후쿠시마 이전인 2010년에 19.9%였던 것이 이후에는 6%대로 현저히 저하했다(같은 책, 140쪽). 이는 화석 연료의 공급을 절대적으로 수입에 의존해야 하는 일본의 입장에서 에너지 안보를 저해하는 부정적인 상황으로 인식될 수밖에 없는 것이다.

한편 상승하는 전기요금 역시 일본 경제에 부정적인 요소로 인식될 수밖에 없었다. 일본의 전기요금은 1970년대 두 차례의 석유 위기를 겪으면서 급격하게 상승하였지만, 1990년대 이후에는 점차적으로 하락해 1994년부터 2007년을 단순 비교할 경우 약 20%가 하락하고 있었다. 그러나 후쿠시마 사고 이후 수입 화석 연료에 보다 많이 의존하게 됨에 따라 전기요금이 지속적으로 상승하여, 후쿠시마 사고 전인 2010년에는 kWh 당 16엔 정도이던 전기요금(전력·전등 합산 요금)이 2년 후인 2013년에는 20엔 정도까지 상승하고 말았다(資源エネルギー廳, 2014a: 11). 아베 정권의 리더십하에 장기 불황을 타개하고 경제 재건을 꾀하고 있던 일본에게 전기요금의 지속적인 상승은 경제적으로나 사회적으로 부담이 되지 않을 수 없었을 것이다(임은정, 2018: 190).

아울러 온실가스 감축문제는 국제적인 공약이 걸려 있는 중대 과제이다. 일본 전력 부문의 이산화탄소 배출량은 에너지기원 이산화탄소 총배출량에서 약 40%를 차지하는 것으로 나타났는데 이는 최종에너지에서 전력이 차지하는 비율이 25%대인 것에 비해 훨씬 높은 것이다(環境省, 2017: 4). 결국 최종에너지에서 전력이 차지하는 비율에 비해 전력으로 인한 이

산화탄소 배출량의 비율이 높게 나타나는 것은 현재 일본의 전원믹스 구성과 상관이 있다고 볼 수밖에 없다. 동일 발전량을 생산하는 데 석탄은 0.71~0.867kg, LNG는 0.320~0.415kg의 이산화탄소를 배출하는 것으로 알려져 있는데(같은 책, 7쪽), 후쿠시마 이후 화석연료 의존이 높아진 상황, 특히 원전 제로가 종식되기 직전인 2014년까지 전원구성의 대부분을 화석연료가 감당하고 있었기 때문인 것이다. 이로 인한 이산화탄소 배출 증가는 매우 심각해져, 일본 정부 역시 이를 일본이 당면한 최난제 중 하나로 지적하고 있다(資源エネルギー廳, 2014b: 4). 전술한 바 있는 파리협정에서의 국제적 공약과 현재 일본의 상황을 비교해보면, 공약을 지킬 수 있으리라고 낙관하기 힘든 상황으로 보인다.

요컨대 일본은 후쿠시마 사고를 겪으며 에너지 안보의 훼손, 전기요금 상승, 이산화탄소 배출 증가라는 구조적인 문제가 심화되는 국면을 경험해왔다고 볼 수 있다. 이렇듯 에너지를 둘러싼 문제가 심각해지고 있는 가운데, 일본 정부가 선택한 정책적 결단은 크게 두 가지로 요약될 수 있다.[3] 무엇보다 큰 변화는 전력 시장과 가스 시장의 전면 자유화를 꼽을 수 있다. 일본 전력시장 부문의 자유화는 1996년 4월 1차 개혁을 통해 전력회사에 전력을 공급하는 발전사업자(Independent Power Producer, IPP)의 시장 참가가 가능해진 것으로 시작되었다. 이어서 2000년 3월 실시된 2차 개혁을 통해서는 특별고압 사용자를 대상으로 소매시장을 부분적으로 개방하였고, 이에 따라 일반전기사업자(General Electricity Utility, GEU)가 독점하고 있던 송전망을 특정규모전기사업자(Power Producer and Supplier, PPS)에게 개방하게 되었다. 2003년 4월 실시된 3차 개혁을 거치면서는 전기사업법

---

[3]   일본의 에너지 정책의 변화 및 동향에 대해서는 이하 논문 참조. 임은정, 「아베 시대의 일본 에너지 정책 변화: 에너지 시장 자유화와 원자력 회귀를 중심으로」, ≪아세아연구≫, 제61권 제1호(2018), 177~216쪽.

개정을 거쳐 전력거래소(Japan Electric Power Exchange, JEPX)가 설립되었고, 2004년 4월과 2005년 4월에 걸친 개혁을 통해서는 계약 전력이 보다 낮은 수준의 고압고객에게까지 송전망이 점차적으로 개방되었고 2008년 4월에는 4차 개혁마저 실시되었으나, 그럼에도 불구하고 기존 GEU에 의한 독점 구조는 그다지 크게 바뀌지 않고 있었다(한국전력거래소 전력경제연구실, 2015: 10~13). 그러던 중 2012년 말 아베가 재집권하면서 세 차례에 걸쳐 전기사업법을 개정하여, 2016년 4월부터는 일반 가정에서도 IPP로부터 전기 구매가 가능하도록 전면자유화가 단행되었고, 마침내 GEU에 의해 독점적으로 전기가 공급되었던 약 8조 엔 가량의 전력시장이 경쟁 체제로 전환된 것이다. 2020년 4월에는 송배전 부문이 발전 부문과 법적으로 분리될 계획이라고 알려져 있다.

도시가스 부문 자유화는 전력 부문의 자유화보다 1년 정도 앞선 1995년부터 진행되었는데, 1차 개혁은 일본의 「가스사업법」이 1995년 6월에 개정됨에 따라 연간 계약수량 200만㎥ 이상의 대규모 수요가에 대한 공급시장이 자유화되는 것으로 시작되어, 1999년에 단행된 2차 개혁을 통해서는 요금 인하를 인가제에서 신고제로 변경하고 대규모 수요가의 자유화 범위를 보다 확대하였으며, 이어서 3차 개혁을 통해서 자유화 범위를 더욱 확대시켰다. 2016년 4월, 전력소매시장 전면 자유화와 더불어 가스소매시장 역시 전면 자유화되었으며(임은정, 2018: 189), 2022년 4월에는 도관 부문도 분리될 예정이다.

이렇듯 속도를 내지 못하던 일본의 전력·가스 부문의 전면자유화가 후쿠시마 사고라는 위기를 겪으며 오히려 전격적으로 단행되었다고 볼 수 있는데, 이것을 달성하는 데에는 리더십 교체, 즉 아베의 복귀가 큰 변수였다고 하지 않을 수 없다. 경제 재건이라는 기치하에 내건 '아베노믹스'의 세 번째 화살, 즉 '민간 투자를 활성화할 수 있는 성장 전략' 수립과의

연계성 차원에서 전력·가스 시장 전면 자유화가 가속화된 측면이 있기 때문이다(임은정, 2018: 185). 현재 일본 정부도 중·장기적으로 인구 감소 및 인구·세대 구성의 변화와 같은 사회적 변화와 사물인터넷(Internet of Things, IoT) 기술이나 인공 지능(Artificial Intelligence, AI) 기술 등 첨단 기술의 혁신에 의해 전력·가스 사업 분야에서의 부가가치 창출 구조 자체가 변화할 가능성이 커졌다는 것에 주목해야 한다고 인식하고 있다(資源エネルギー廳, 2016: 2). 일본 정부는 가스사업자, 통신사업자 등이 전력시장의 경쟁 구도에 참가하게 됨에 따라 이(異) 분야 간의 연계나 기존 에너지 기업들이 종합에너지기업으로 진화하는 현상이 계속될 것으로 전망하고 있으며(資源エネルギー庁, 2016: 32~36), 에너지 회사들과 지자체들과의 연계 사업 등도 실제로 늘어나고 있는 상황이다.

그러나 아직까지는 에너지 시장 자유화로 인해 새로운 산업이 급부상하기보다는 기존 공급자들 간의 경쟁, 특히 대규모 사업자들 간의 치열한 경쟁이 보다 두드러지게 나타나는 상황이다. 결론적으로는 대규모 사업자들 간의 규모의 경제를 기반으로 하는 경쟁구도 속에서 중소 사업자들은 혁신적인 기술 개발이나 지자체와의 연계 등을 통해 틈새시장을 공략하는 쪽으로 가는 현상이 혼재되어 나타날 것으로 전망된다.

전력·가스 시장의 자유화와 더불어 주목해야 할 정책적 변화는 일본의 원자력 정책이 후쿠시마 사고 이전으로 돌아가고 있다는 것이다. 후쿠시마 사고 발생 후 당시 민주당 정권은 원전의 가동을 중지시키며 기존의 원자력 추진 정책에 대해 비판적인 입장으로 선회한 바 있다(임은정, 2018: 192). 하지만 2012년 12월 16일에 아베 신조의 자민당이 정권 복귀에 성공하면서 민주당의 탈 원전 정책도 추진력을 상실하고 말았다. 아베의 복귀 이후 일본의 원자력 정책은 기존의 원자력 정책으로 '회귀'하였는데 (같은 책), 기존의 원자력 정책이란 원자력 발전과 사용 후 핵연료의 재처리, 그리고 플루써멀 방식, 즉 재처리를 통해 추출된 플루토늄을 혼합 산화물 연료(Mixed OXide fuel, MOX fuel)로 재활용하는 방식을 동시에 추진하는 것을 일컫는다. 위 세 가지 중 어느 하나가 무너지면 나머지도 작동하지 못하게 되는 측면이 있다는 점에서 이 세 가지는 일본 원자력 정책의 '삼위일체(trinity)'로 표현될 수 있다(Lim, 2016).

일본 정부 역시 위 세 가지를 모두 포기하거나 셋 다 추진하거나 하는 양자택일 외에는 다른 방법이 없는 것으로 인식한 듯하다. 결국 현재 아베 정권은 기존의 원자력 정책으로 회귀하는 것, 즉 위 세 가지를 다시금 동시에 추진하는 것으로 현재 국면을 타개하고자 하고 있으며, 이러한 정책적 변화는 전력시장의 자유화 흐름과 맞물리며 사업자들이 원전 재가동을 선호하게 되는 결과를 초래하고 있다. 경쟁이 심화된 상황에서 원전을 보유하고 있는 대규모 전력회사 입장에서는 원자력 재가동만큼 수익성을 보장해주는 대안을 찾기가 쉽지 않기 때문이다. 재가동이 속도를 내는 데에는 정치적, 사회적 부담들이 여전히 많지만 위와 같은 이유에서 앞으로도 일본은 결국 원전 재가동에 속력을 내는 쪽으로 갈 수밖에 없는 상황이라 볼 수 있겠다(임은정, 2018: 207). 다음 절에서는 이러한 일본의 에너지 정책의 변화 기조하에 도쿄전력이 겪은 기업지배구조의 변화와 개혁을 위한 노력들을 살펴보도록 하겠다.

3. 도쿄전력 지배구조의 개혁

후쿠시마 사고 이후 도쿄전력이 겪은 개혁을 논하기에 앞서 한국의 상황과 일본의 상황을 잠시 대비해보자. 한국은 다자간 전력망에 연결되어 있지 않아 주변국인 일본, 중국 등으로부터 전력 수출입이 불가능한 상황에서 전기의 생산은 주로 남동부 지역에, 소비는 수도권 지역에 편중되어 있다. 따라서 국내 장거리 전력수송을 위해 남북과 동서를 연결하는 송전망의 안전 확보와 안정적 관리가 국가 경제 안보에서 절대적으로 중요한 상황이라고 하겠다. 이런 상황에서 현재 국내 전력 산업의 체계는 전력 생산, 수송, 판매 체계로 구분하는 것이 가능한데, 한국전력공사(이하 한전)는 산하 6개 발전회사[4]와 민간 발전회사, 구역전기사업자가 생산한 전력을 전력거래소에서 구입, 이를 송배전망을 통해 수송하여 일반 고객에게 판매하는 체제로 운영되고 있다(한전 홈페이지). 발전 부문이 자유화된 이상 한전이 전원 믹스 구성에 원칙적으로는 큰 영향력을 미치지 못하면서 송배전과 판매만 독점하고 있는 상황이기 때문에 에너지 전환의 흐름 및 기후변화 대책 마련의 상황 속에서 한전의 역할을 어떻게 규정해야 할지 등도 현재 한국이 고민해야 하는 문제 중 하나라고 할 수 있겠다. 이러한 문제의식에 기반하여 후쿠시마 사고 이후 도쿄전력이 겪고 있는 개혁을 고찰해보도록 하자.

일본 정부는 후쿠시마 사고를 계기로 『일본 재부흥 전략 2016 ─ 제4차 산업혁명을 향하여』를 제시한 바 있다(內閣府, 2016). 이어서 일본 정부는 과거 20여 년 동안 전반적으로 일본 기업들의 '벌어들이는 능력(稼ぐ力)'이나 기업 가치가 구미 선진국이나 신흥국가들의 기업들에 비해 침체되어 있는 것을 문제시해 『기업지배구조에 관한 실무지침[이른바 CGS(Coporate Governance System) 가이드라인]』을 정립한 바 있다. 이 가이드라인에 의하면 일본 정부는 일본 기업들이 저수익 사업마저 끌어안고 온 경향이 기업 가치 침체의 주요 원인 중 하나였다고 분석하고 있다(經濟産業省, 2017: 1). 이

---

4 2001년부터 한전의 발전 부문이 6개 자회사 즉 한국남동발전, 한국중부발전, 한국서부발전, 한국남부발전, 한국동서발전, 한국수력원자력으로 나뉘었다.

러한 맥락에서 본 가이드라인을 통해 일본 정부는 기업지배구조의 이른바 교과서적인 틀에 관해 비교적 상세한 지침을 제안한다.

이와 같은 관점에서 일본 정부는 전력산업 분야, 특히 후쿠시마 원전의 운영자인 도쿄전력 역시 기업지배구조 개혁을 단행해야 할 대상으로 인식하였고, 사고의 책임자인 도쿄전력은 불가피하게 개혁의 대상이 되어 공적 관리를 받으며 기업지배구조 개혁을 겪게 되었다. 도쿄전력의 기업지배구조는 후쿠시마 사고 당시의 대응 과정 등이 하나씩 밝혀지면서 정부와 여론의 비난의 대상이 되었기 때문이다. 예를 들어 NHK는 다큐멘터리 시리즈 제작 및 방영을 통해 사고 당시 도쿄전력의 대응을 다소 비판적으로 보도하고 있다(NHK, 2018). 물론 후쿠시마 사고 이후에도 도쿄전력은 여전히 전국 판매전력량의 29%, 발전설비로도 전국 설비의 25%를 차지하는 거대 전력사업자이다(東京電力, 2017: 43). 한국의 총발전량이 2015년 현재 545,928GWh를 기록한 것을 감안하면(전력통계정보시스템), 도쿄전력의 총발전량은 대략 한국 총발전량의 절반 규모에 이르고 있는 것이다.

우선 도쿄전력은 2011년 11월에 '긴급특별사업계획', 2012년 5월에 '종합특별사업계획', 2014년 1월에 '신종합특별사업계획'을 책정한 바 있다. 도쿄전력 입장에서는 2014~2016년 동안 '일시적 공적관리'를 받는 것으로 여겼으나, 2016년 이후에도 아직 도쿄전력의 경영개혁이 도중에 있다는 점과 후쿠시마 부흥 사업에 관련된 자금 규모가 당초 11조 엔으로 책정되었던 것이 약 22조로 확대되었다는 점, 전력시장을 둘러싼 환경이 급격하게 변화하였다는 점 등을 감안하여 국유화를 지속하기로 결정하였다(東京電力, 2017: 13). 〈표 8-1〉은 도쿄전력의 10대 주주 구성을 보여주는데, 일본 정부 관련 출자가 과반 이상을 차지하고 있는 것을 알 수 있다.

국유화의 지속과 함께 일본 정부의 기업지배구조 개혁 추진과 궤를 같이 하여, 도쿄전력은 2016년 4월에 조직을 개편해 지주회사(홀딩스 컴퍼니)

주주명	소유 주식 수 (천 주)	발행 주식 총수 대비 소유 주식 수 비율(%)
원자력손해배상·폐로등지원기구	1,940,000	54.69
일본마스터트라스트신탁은행 주식회사 (신탁구)	60,902	1.72
도쿄전력그룹종업원지주회	49,929	1.41
일본트러스티서비스신탁은행 주식회사 (신탁구)	47,387	1.34
도쿄도	42,676	1.20
주식회사 미츠이스미토모은행	35,927	1.01
일본트러스티서비스신탁은행 주식회사 (신탁구9)	33,497	0.94
일본트러스티서비스신탁은행 주식회사 (신탁구5)	30,144	0.85
일본생명보험상호회사	26,400	0.74
STATE STREET BANK WEST CLIENT-TREATY 505234	24,607	0.69

자료: 도쿄전력 홈페이지.

체제로 이행하였다. 지주회사인 도쿄전력 홀딩스 주식회사 산하에 기간 사업 3사, 즉 도쿄전력 퓨얼 앤 파워 주식회사, 도쿄전력 파워그리드 주식회사, 도쿄전력 에너지 파트너 주식회사를 설치하고 각각 발전 부문, 송전/배전 부문, 소매 부문을 담당하게 한 것이다. 아울러 도쿄전력 홀딩스는 지주회사로서의 역할뿐 아니라, 신재생 에너지 발전 분야와 원자력 발전 관리 업무를 감당하게 되었다. 〈그림 8-2〉는 기업지배구조 개혁 이후 도쿄전력의 구조를 나타내는 개념도이다. 〈그림 8-3〉의 한전의 상황과 대비해볼 수 있겠다.

이렇게 공적 관리하 지주회사 체제로 전환된 현재 도쿄전력이 당면한 과제 중 가장 심각한 것은 매년 막대한 자금을 확보해야 한다는 것이다. 도쿄전력은 후쿠시마 원자로 폐로 사업에 투입되는 비용 8조 엔, 손해 배

| 연료 조달 | 발전 | 송전/배전 | 소매 | 소비자 |

도쿄전력 홀딩스 주식회사
수력, 태양광, 풍력, 바이오매스 등의 재생에너지 발전
(101억 kwh, 타사 FIT분 포함) 및 원자력 발전 관리

법인
(1,574억 kwh)

JERA
• 개발
• 조달
• 운송
▶ LNG/LPG:
UAE, 말레이시아,
러시아, 호주 등
▶ 석탄: 호주, 인도
네시아, 캐나다,
미국
▶ 석유: 인도네시아,
호주, 가봉, 차드
등

**도쿄전력
퓨얼 앤 파워
주식회사**
▶ 화력발전
총 1,903억 kWh
▶ 천연가스화력
발전: 2,357만 톤
소비
▶ 석탄화력발전:
814만 톤 소비
▶ 석유화력발전:
213만 kl

**도쿄전력
파워 그리드
주식회사**
• 송전선 약 4만 km
• 발전소 약
1,600개(지하 약
200개)
• 배전선 약 35만
km

**도쿄전력
에너지파트너
주식회사**
• 판매전력량
2,438억 kwh
• 판매가스량
151만 톤

개인
(864억 kwh)

자료: 東京電(2017), 44쪽.

상으로 지출되는 비용 8조 엔, 제염 및 중간 저장을 위해 사용되는 비용 6조 엔을 합하여 대략 22조 엔가량을 지출할 필요가 있는데, 그중 도쿄전력이 변통해야 할 금액은 약 16조 엔 정도로 책정되어 있다(같은 책, 14쪽). 이는 도쿄전력이 향후 10년 이내에 연 3000억 엔 이상의 추가 경영이익을 창출할 필요가 있다는 것을 의미하는 것이다(같은 책, 15쪽). 하지만 상술한 바 있는 일본 전력시장의 변화는 결코 도쿄전력에게 유리하지 않은 상황이라고 하겠다. 전력 수요가 전국적으로 정체 내지 감소하는 경향일 뿐 아니라, 상술한 바와 같이 전면 자유화로 인해 대기업 간의 경쟁이 치열해지고 있기 때문이다(임은정, 2018: 191).

안팎으로 어려운 국면 속에서 2017년 5월, 도쿄전력 홀딩스가 '신신 종합특별사업계획(이하 신신계획)'을 책정하였다(東京電力グループ, 2017: 11~15). 이 신신계획의 일환으로 도쿄전력 퓨얼 앤 파워는 츄부전력(中部電力)과 각

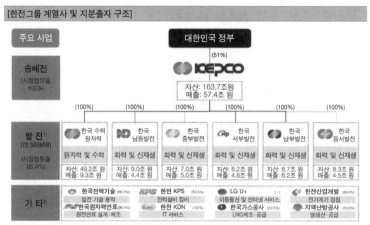

〈그림 8-3〉 한전그룹 계열사 및 지분출자 구조

자료: 홍준표(2015), 4쪽.

각 50%씩 출자하여(총자금 규모 50억 엔) 연료 조달을 위해 JERA를 설립하였
는데(JERA 홈페이지, 〈그림 8-2〉 참조), 도쿄전력 입장에서는 세계 시장에서도
최대 규모인 도쿄전력의 연료 조달량을 앞세워 세계 연료 시장에서 수익
성이 높은 사업들을 JERA의 자회사들을 통해 지속적으로 확장해나가겠다
는 계획이다(같은 책, 18쪽).

한편 이렇게 사업별로 분리하는 과정을 통해 일본 정부가 기대하는 것
은 적자생존 원칙에 따라 수익성과 경쟁력이 높은 사업이 시장에서 살아
남고 그렇지 못한 사업은 축소해 결국 총체적으로는 지속 가능한 성장을
꾀한다는 것이다. 아울러 폐쇄적이었던 기업지배구조를 개선하여 외부
인사도 경영에 참가하게 함으로써 지속적인 혁신을 달성해나가겠다는 취
지이다(경산성 관료 인터뷰, 2018.02.28). 하지만, 도쿄전력 입장에서는 일괄
적으로 처리하던 업무가 세 분야로 분산되어 업무의 효율성이 저하되었

다고 판단하는 의견도 있다(도쿄전력 관계자들 인터뷰, 2018.02.27).

　이러한 지배구조의 변화를 겪으며 도쿄전력은 오히려 현재 한전의 상황과 유사해진 점이 있다. 한전 역시 발전 부문과 송배전 부문의 사업이 구분되어 있는 구조라는 것은 상술한 바와 같다. 따라서 발전 부문이 자유화되어 전력원 구성에 미칠 수 있는 역할이 한정되어 있는 현재 한전 입장에서 도쿄전력이 지주회사 체제로 이행하여 관련 사업들을 분리시킨 후, 어떤 노력들을 통해 난국을 돌파하려 하는지를 살펴보는 것이 참고가 될 것이라고 생각된다. 물론 앞으로도 나타날 여러 변화들이 한전의 현재 상황과 어떤 유사점 내지 상이점을 보일지 귀추가 주목된다고 하겠다.

4. 도쿄전력의 사업 기반 강화를 위한 노력들

　상술한 지배구조의 개혁과 더불어 도쿄전력은 아래의 6가지를 기업의 경쟁력 강화를 위한 사업 기반으로 인식하여, 개혁을 단행해왔다(東京電力, 2017: 64~77). 첫째, 후쿠시마 사고로 인해 심각하게 훼손된 '도쿄전력'이라는 기업브랜드 가치를 어떻게 다시 회복하며 경쟁 환경 속에서 차별화시키고 브랜드 가치를 높일 수 있는가에 대한 고민이다. 이를 위해 도쿄전력은 상술한 바 있는 기업지배구조를 개혁과 더불어 브랜드명을 변경하는 등의 방법으로 일단 이미지 쇄신에 힘쓰고 있다.

　둘째, 기업 경영에서 제반적인 투명성 향상이 절실하다는 점이다. 이 일환으로 도쿄전력은 방사선 데이터를 1년에 약 10만 건 정도로 전수 공개하고 있다. 도쿄전력은 후쿠시마 원자력 발전소 외에 원자력 발전소를 두 곳에 더 운영해왔다. 아오모리현(青森縣)에 위치한 히가시도오리(東通) 원전과 니가타현(新潟縣)에 위치한 가시와자키가리와(柏崎刈羽) 원전이 그것이다(도쿄전력 홈페이지). 도쿄전력의 설명에 따르면 가시와자키가리와 지역에서는 주민 설명 방문을 약 4만 1000건에 걸쳐 진행해오고 있다. 또한 후쿠시마 원전을 시찰한 숫자도 2011~2016년도 누계로 3만 1549명에 이르고 있다.

셋째, 도쿄전력이 강조하고 있는 것은 인적 쇄신이다. 2016년 말 기준으로 도쿄홀딩스의 종업원 수는 3만 3197명인데, 외부 인재나 여성관리직 비율을 높이거나, 관리직 연령을 낮추는 것 등을 인적 쇄신의 목표로 삼고 있다.

넷째, 지적자본의 축적을 통해 새로운 시장가치를 창조하여 시장경쟁력을 높여가겠다는 것이다. 도쿄전력의 연구개발비는 2016년 실적으로 약 170억 엔 정도를 기록하였으며, 특허출원 수는 2001년부터 2016년 동안 4467건에 이르고 있다. 앞으로도 이러한 지적 재산의 확충을 통해 기업의 경쟁력 및 자산가치를 높이겠다는 전략이다.

다섯째, 사업효율성의 향상을 통해 경영 체질을 바꾸고 성장을 지속시키겠다는 것이다. 예를 들어 전기사업 영업비용 및 코스트 삭감액은 2016년 실적으로 7673억 엔, 주요 자회사의 코스트 삭감액 역시 2016년 기준으로 666억 엔 정도에 이르렀다. 아울러 2015년도 기준으로 도쿄전력이 매각한 자산 가치의 누계는 8591억 엔가량으로 이는 '신신계획'에서 설정한 목표 이상의 추가 달성에 해당한다고 밝히고 있다.

마지막으로 가장 중요한 부분 중 하나인 환경에의 배려이다. 우선, 일본 전기사업저탄소협회 회원사업자의 이산화탄소 배출계수 평균이 0.516 kg-CO2/kWh인데 반해 도쿄전력은 2016년 실적으로 0.474kg-CO2/kWh을 기록한 바 있으며, 산업폐기물의 재활용률도 99.5%를 달성했다. 또한 화력발전소의 질소산화물(NOx) 및 유황산화물(SOx)의 배출량 저감이나 평균 열효율 부분에서도 상대적으로 우수한 실적을 거두고 있다고 자평

하고 있다.

한편 도쿄전력이 전력회사로서 할 수 있고 해야 하는 친환경 정책의 일환으로 보기에는 다소 맥락에서 벗어난 듯하지만, 도쿄전력이 홍보에 힘을 기울이고 있는 다목적 사업은 오제(尾瀬) 국립공원의 자연보호 활동이다. 오제 국립공원은 후쿠시마현(福島縣), 도치기현(栃木縣), 군마현(群馬縣), 니가타현의 네 개 현에 걸쳐 있는데, 오제 국립공원 전체 면적의 약 40%를 도쿄전력 홀딩스가 소유하고 있다. 이는 역사적으로 다이쇼(大正) 시대에 당시 전력회사가 발전소 건설 등을 목적으로 취득한 토지를 도쿄전력이 설립 당시 계승받았기 때문이다. 현재 그룹 내의 도쿄 파워테크놀로지 주식회사와 습원 회복, 등산로를 나뭇길로 재정비하는 등의 자연보호 사업에 참여하고 있다. 도쿄전력은 오제 국립공원 보호 산업을 통해 지역의 스테이크홀더들과의 소통을 꾀하고, 지역 부흥을 위한 공헌과 국민적 재산의 공적 관리 등에 기여함으로써 기업 브랜드 이미지를 향상시킬 수 있을 뿐만 아니라 사원들의 환경 의식을 고양하는 등, 다방면에서 긍정적인 효과를 낼 수 있는 사업으로 인식하고 있다는 점이 흥미롭다.

이러한 쇄신의 움직임과는 매우 모순적으로 보이지만 도쿄전력이 상술한 바 있는 거액의 영업수익을 창출하는 데서 최우선시하는 것은 역시 가시와자키가리와 원전의 재가동이다. 이러한 인식은 원자로 1기를 가동하였을 경우, 연간 400~900억가량의 비용이 삭감된다는 계산(東京電力, 2017: 12)에 근거한 것이라고 하겠다. 한편 국민들의 원전 안전성에 대한 우려를 충분히 의식하여 해당 발전소의 안전 대책 비용으로 6800억 엔을 추가로 책정하고 있다는(같은 책, 12쪽) 설명이다. 아울러 가시와자키가리와 원전의 재가동은 상술한 바 있는 아베 정권의 원자력 정책 회귀 흐름과도 그 궤를 같이 하는 것으로 평가할 수 있겠다.

다른 한편으로는 제라(JERA)를 기반으로 세계 시장에서 사업을 확장해 수익성을 높이려는 목표와 함께(같은 책, 46쪽), 신재생 에너지 분야에서도 종합적인 서비스를 구축해나가겠다는 전략도 세우고 있다(같은 책, 63쪽).

5. 나오며: 한국에의 정책적 함의

이상에서는 후쿠시마 사고라는 대위기를 계기로 일본이 겪은 에너지 분야의 변화와 단행된 정책들, 아울러 전력업계 기업지배구조의 개혁 등을 도쿄전력의 사례를 중심으로 살펴보았다. 이제 마지막으로 앞서 살펴본 일본의 사례가 한국에 시사하는 함의를 총괄하는 것으로 이 장을 마무리하고자 한다.

무엇보다 에너지 시장 자유화가 초래한 중대 모순들에 주목할 필요가 있다. 상술한 바와 같이 일본은 후쿠시마 사고를 계기로 전력과 가스시장의 자유화를 단행하였다. 그러나 아직까지 에너지 시장 자유화를 통해 나타난 두드러진 변화는 대기업들 간의 치열해진 경쟁이다. 대규모 사업자들끼리 경쟁이 심화되다 보니 사업자들은 수익성이 높은 전력원을 지향하는 추세를 보이고 있으며, 이는 결국 석탄 그리고 원자력에의 선호로 나타나고 있다. 이는 후쿠시마 사고라는 대재난을 겪으면서도 결국 일본의 에너지가 극적으로 전환되지 못했다는 결론을 낳았다.

한편 현재로서 일본은 에너지시장 자유화와 신기후변화체제에 근거한 국제 공약 사이에서 뾰족한 묘책을 찾지 못하는 듯하다. 일본은 파리협정에서 국가 전체의 목표는 공약했지만, 이를 실현하기 위해 산업 간, 기업 간에는 조정이 이루어지지 않은 상태로, 일본 정부는 단지 기업들의 자주적인 참여를 종용하고 있을 뿐이다. 결국 신재생 에너지와 같은 환경 친화적인 에너지원의 활용을 높이는 데에는 시장의 작동에 맡기기보다는 정책적인 개입이 불가결한 상황으로 보이지만, 시장자유화가 단행된 이상 어떤 정책적 개입이 어느 수준까지 가능할 것인지는 난제 중의 난제일 것이다.

이러한 상황에서 단행된 도쿄전력의 개혁 역시 위의 모순들과 맞물리며 또 다른 모순을 낳게 된다. 일본 정부는 에너지 시장의 자유화를 단행하면서도 도쿄전력이라는 거대 전력 회사를 실질적으로 공적 관리하에 놓았다. 게다가 도쿄전력은 무한 자유 경쟁 체제 속에서 사고로 인한 피해 보상과 폐로 등의 비용을 메우기 위해 수익을 추가적으로 확대해야 한다는 부담마저 안고 있는 상황이다. 그러다 보니 도쿄전력 입장에서는 석탄 화력 발전이나 원자력 발전 같은 전력원을 선호하게 된 것이다. 물론 앞의 절에서 거론한 도쿄전력의 여타 노력들도 결코 의미가 없다고 할 수 없지만, 원자력 사고로 인해 발생한 손해비용을 다시 원자력 발전의 재가동으로 메우려 하는 모순된 상황이 초래되고 말았다는 것은 씁쓸한 현실이다. 도쿄전력이 전력원 구성을 혁신적으로 바꾸기 위해서는 현재의 기업지배구조, 즉 사업별로 구분된 상황보다 이전의 일관된 기업지배구조하에 공적 원조를 받을 수 있는 조건이 필요했는지도 모르겠다. 물론 도쿄전력의 기업지배구조 개혁 이후 성과는 아직 시간을 두고 지켜봐야 할 필요가 있을 것이다. 이제 겨우 2년밖에 지나지 않았기 때문이다. 특히 어느 사업이 수익성을 낼지가 초미의 관심사가 될 것이다.

이러한 일본의 사례를 통해 우리가 마지막으로 생각해보아야 할 문제는 '전기'의 가치를 어떻게 판단해야 하는가라는 문제이다. 즉 전기를 상품으로 볼 것인지 아니면 공적 서비스의 대상으로 볼 것인지에 대한 것부터(Mehdi and Hoang, 2011; Grimston, 2010) 사회적 합의를 이루어야 할 필요가 있다는 점이다. 일본의 경우, 전력시장 개방을 통해 이미 전기를 상품으로 취급하는 흐름에 편승하였지만, 에너지 시장의 전면 자유화의 방향을 선택하면서 그러한 흐름이 환경 친화적인 에너지원의 사용 증가로 이어지지 못하고 있다.

전기를 순수한 상품으로만 보기 힘든 것은 국가 안보와 직결되는 부분과 환경보호, 국민의 생존권 보장 등과 같은 다양한 가치들과 맞물리기 때문일 것이다. 특히나 한국같이 부존자원이 전무하다시피 하고, 다자간 전력망이 없을 뿐만 아니라 향후 남북 교류 내지 통일 후의 에너지 수급까지 고려해야 하는 상황에서는 전력 시장의 전면 자유화에 속도를 내는 것이 자칫 여러 부작용을 초래할 수 있다는 것을 일본의 사례를 통해 생각해볼 수 있으리라 본다.

참고문헌

강찬호·이승호. 2017.5.16. "석탄화력발전소 8곳 한달 셧다운". ≪중앙일보≫.

공공기관 경영정보 공개시스템. http://www.alio.go.kr(검색일 2018.3.19).

더불어민주당. 2017. 『더불어민주당 제19대 대선 공약』. 서울: 더불어민주당.

박경준. 2017.6.19. "[전문] 文대통령 고리1호기 영구정지 선포식 기념사" ≪연합뉴스≫
   http://www.yonhapnews.co.kr/bulletin/2017/06/19/0200000000AKR20170619071500
   001.HTML(검색일 2018.4.11).

산업통상자원부. 2017. 『제8차 전력수급 기본계획(2017~2031)』. 세종: 산업통상자원부.

임은정. 2018. 「아베 시대의 일본 에너지 정책 변화: 에너지 시장 자유화와 원자력 회귀를 중심으
   로」. ≪아세아연구≫, 61권 1호, 177~216쪽.

전력통계정보시스템. http://epsis.kpx.or.kr(검색일 2018.3.16).

한국전력거래소 전력경제연구실. 2015. 『2015년 해외 전력시장 동향-일본』. 나주: 전력거래소.

한국전력공사. http://home.kepco.co.kr(검색일 2018.3.16).

홍준표. 2015. "한국전력공사 그룹 분석과 주요 크레딧 이슈." NICE 신용평가.

環境省 地球環境局. 2017. "電氣事業分野の地球溫暖化對策について." (3月10日)

経済産業省. 2017. 『コーポレート·ガバナンス·システムに關する實務指針(CGS ガイドライン)』.
   東京: 経済産業省.

資源エネルギー廳. 2014a. 『2014年度 エネルギーに關する年次報告』. 東京: 経済産業省.

_____. 2014b. 『第4次エネルギー基本計畵及び 今後の原子力政策の檢討』. 東京: 経済産業
   省.

_____. 2016. 「[資料9] 電力·ガス産業の將來像 - システム改革後の電力·ガス産業の在り方」. 東
   京: 経済産業省.

_____. 2017a. 『2017年度 エネルギーに關する年次報告』. 東京: 経済産業省.

_____. 2017b. "News Release: 平成28年度 (2016年度) エネルギー需給實績を取りまとめました"
   (11月17日). 東京: 経済産業省.

_____. 2017c. 『日本のエネルギー 「エネルギーの今を知る20の質問」』.

東京電力グループ. 2017. 『TEPCO統合報告書 2017』. 東京: 東京電力.

東京電力. http://www.tepco.co.jp/ (검색일: 2018. 03. 16).

內閣府. 2016. 『日本再興戰略 2016―第四次産業革命に向けて―』. 東京: 內閣府.

NHK. 2018a. NHKスペシャル "メルトダウンFile. 6 原子爐冷却 12日間の深層 ~見過ごされ

だ"危機"~" (방송일: 2018. 03.12).

_____. 2018b. NHKスペシャル "メルトダウンFile. 7 そして冷却水は絞られた~原發事故迷走
の２日間~" (방송일: 2018. 03.17).

Barouti, Mehdi, and Viet-Dung D. Hoang. 2011. "Electricity as a Commodity."
http://www.essectransac.com/electricity-as-a-commodity/(검색일: 2018. 03. 16).

Grimston, Malcolm. 2010. *Electricity – Social Service or Market Commodity?: The impor-
tance of clarity for decision-making on nuclear build*. London: Chatham House.

JERA. http://www.jera.co.jp/ (검색일: 2018. 03. 16).

Lim, Eunjung. 2016. "Japan's Nuclear Trilemma," The IAGS Journal of Energy Security.
http://www.ensec.org/index.php?option=com_content&view=article&id=591:jap
ansnucleartrilemma&catid=131:esupdates&Itemid=414 (검색일: 2018. 03. 16).

09

한국의 미래 에너지 전략과
천연가스의 중요성

류권홍

1. 들어가며

에너지와 물 그리고 식량은 국가의 지속 가능성을 보장하는 가장 기초적이며 필수적인 재화들이다. 산업혁명을 이끌고 현재 인류가 번영을 이루게 된 배경에는 화석연료가 존재하지만, 온실가스 배출과 기후변화라는 새로운 도전으로 인해 에너지에 대한 새로운 패러다임이 강요되고 있다.

한국 또한 새로운 변화의 흐름으로부터 자유롭지 못하기 때문에 거시적인 변화를 선도할 수 있는 에너지 정책을 수립하고 추진해야 한다.

지난 정부의 급격한 실각에 따른 2017년 5월 9일 대통령 선거, 그다음 날 제19대 대통령 취임과 더불어 시작된 문재인 정부는 복지·국방·남북 문제 등 대부분의 정책에서 기존 정권과 시각이나 틀을 달리하고 있다.

또한, 에너지를 바라보는 근본적인 방향도 달라졌다. 즉, 에너지의 안정적인 공급에서 청정에너지와 안전한 에너지로 정책의 기조가 변경된 것이다. 친환경성과 안전성이 에너지 정책의 핵심으로 등장하게 되었다.

에너지에 대한 정책의 전환은 원전과 석탄 발전의 비중 축소로 자연스럽게 연결될 수밖에 없으며, 인과적으로 원전과 석탄 발전 감축으로 인해 감소되는 전력을 천연가스 또는 신재생이 대체할 수밖에 없는 상황이 된 것이다.

다만, 충분한 준비 없는 급격한 정책의 변화는 한편으로 천연가스 수급 및 에너지 안보에 위험이 될 수 있다. 따라서 새로운 에너지 정책은 국제 천연가스 시장의 특수성과 국제 시장에서의 수급 상황, 천연가스 수입 계약의 구조적 특성을 고려해야 하고, 다른 한편으로는 국내적으로 기존 천연가스 산업 자체의 구조적 변화에 대한 논의도 포함되어야 한다.

이 글에서는 문재인 정부의 에너지 정책 방향과 이로 인해 에너지 믹스 및 천연가스 시장에 미치는 영향을 분석하고, 국제 천연가스 시장의 현황과 그 특징, LNG 도입 계약의 특성과 최근 변화 동향 등을 살펴보고, 업계와 시장 및 정부가 고려해야 할 사항들을 정리해본다.

2. 문재인 정부의 에너지 정책 방향[1]

1) 국정기획자문위원회의 에너지 정책

대통령직인수위원회의 구성이 물리적으로 불가능했던 문재인 정부는 2017년 7월 20일 국정기획자문위원회라는 기구를 통해 새로운 대통령이

---

1   류권홍, 「신정부 에너지 정책과 에너지 믹스에서 천연가스의 중요성 – 현실적 문제들과 대안을 중심으로」, ≪가스연맹≫, 가을(2017)의 내용을 다시 정리한다.

목표	항목	에너지 관련 내용
더불어 잘사는 경제	37. 친환경 미래 에너지 발굴·육성	- 재생에너지 발전 비중을 2030년 20%로 대폭 확대 - 에너지 신산업 선도국가 도약 및 저탄소·고효율구조로 전환
내 삶을 책임지는 국가	60. 탈원전 정책으로 안전하고 깨끗한 에너지로 전환	- 탈원전 로드맵 수립을 통해 단계적으로 원전제로 시대로 이행 - 에너지가격체계의 합리적 개편 및 분산형 전원 보급 확대
탈원전 정책으로 안전하고 깨끗한 에너지로 전환	61. 신기후체제에 대한 견실한 이행체계 구축	- 2021년까지 온실가스 배출 전망 대비 상당한 수준 감축 실현 - 기후변화 리스크를 예측·관리하고 피해를 최소화하는 안전사회 구현
평화와 번영의 한반도	90. 한반도 신경제지도 구상 및 경제통일 구현	- (한반도 신경제지도 구상 실행) 3대 벨트 구축을 통해 한반도 신성장동력 확보 및 북방경제 연계 추진 · 동해권 에너지·자원벨트 : 금강산, 원산·단천, 청진·나선을 남북이 공동 개발 후 우리 동해안과 러시아를 연결
	97. 주변 4국과의 당당한 협력외교 추진	- (한·러) 북핵문제 해결을 위한 전략적 소통 및 한·러 경제협력 강화를 통해 한·러 전략적 협력동반자 관계의 실질적 발전 추진 · 정상 교류를 포함 고위급 교류 활성화, 극동지역 개발 협력 확대, 북극·에너지·FTA 등 미래성장동력 확충 등

자료 : 국정기획자문위원회, 『문재인 정부 국정운영 5개년 계획』(2017. 7) 내용을 재구성.

실행할 100대 과제를 발표했다.

그중 에너지와 관련된 항목으로 목표 '더불어 잘사는 경제' 중 전략 4 '과학기술 발전이 선도하는 4차 산업혁명'에서 37번 항목의 '친환경 미래 에너지 발굴·육성', 목표 '내 삶을 책임지는 국가' 중 전략 3 '국민안전과 생명을 지키는 안심사회'에서 60번 항목의 '탈원전 정책으로 안전하고 깨끗한 에너지로 전환'과 61번 항목의 '신기후체제에 대한 건실한 이행체계 구축', 목표 '평화와 번영의 한반도' 중 전략 2 '남북 간 화해협력과 한반도 비핵화'에서 90번 항목의 '한반도 신경제지도 구상 및 경제통일 구현' 및 전략 3 '국제협력을 주도하는 당당한 외교'에서 97번 항목의 '주변 4국과의 당당한 협력외교 추진'을 들 수 있다.[2] 이를 정리하면 〈표 9-1〉과 같다. 이 중 특히 탈원전, 탈석탄과 관련된 내용은 항목 60번이다. 여기서 국정기획위원회는 탈원전과 관련하여, 원전의 신규 건설 계획을 백지화하고 노후 원전에 대한 수명 연장 금지 등 단계적 원전 감축계획을 전력수급계획에 반영할 것임을 밝히고 있다. 그 후속 조치로 신고리 5·6호기 공론화위원회가 구성되어 출범하였다.[3]

그 외에도 원전 안전에 대한 규제를 강화하기 위해 원자력안전위원회를 대통령 직속으로 변경하고 그 구성을 변경한다거나, 사회적 비용이 반영된 발전용 연료 세제를 구축하며 산업용 전기요금 제체를 개편한다는 등 전력 세제와 요금 개편은 물론 분산형 전원 확대를 정책 방향으로 제시하고 있다. 분산형 전원에서는 특히, 원전과 석탄의 지속적 축소를 통해 LNG를[4] 포함한 분산진원의 활용을 확대한다고 강조하고 있다.

문재인 정부 에너지 정책 기조를 정리하면, 첫째 기존 경제성과 효율성 위주의 에너지 정책을 생명, 안전과 지속 가능성을 함께 고려하는 방향으로 에너지 정책의 기조를 전환한다. 둘째, 원전 발전은 위험한 에너지원이므로 이로부터 벗어나야 하며, 그 규제 또한 강화한다.[5] 셋째, 탈원전, 탈

---

2   국정기획자문위원회, 『문재인 정부 국정운영 5개년 계획』, 2017년 7월, 19~21쪽.
3   신고리 5·6호기 공론화위원회, http://www.sgr56.go.kr/npp/committee/intro.do
4   국정운영 5개년 계획에 'LNG'로 되어 있기 때문에 LNG로 표현하지만, 국내에 도입되어 기화된 이후로는 기체 상태의 메탄가스이므로 '천연가스'로 표현하는 것이 맞다. 아래에서는 'LNG'와 '천연가스'를 상황에 따라 혼용한다.
5   2017년 8월 18일 대통령 취임 100일 기자회견에서, 대통령은 '(현 정부가) 추진하는 탈(脫)

석탄과 함께 신재생 및 천연가스 발전을 확대한다. 넷째, 전기요금 체제를 재편하며, 사회적 비용이 반영된 에너지 세제를 구축한다. 마지막으로 4차 산업혁명과 연계한 에너지 산업을 육성한다는 것으로 정리될 수 있다.

그렇다면, 문재인 정부의 에너지 정책이 시행됨에 따라 원전과 석탄의 비중은 상당히 감소할 수밖에 없고, 새로운 에너지 정책으로 인해 감소되는 부분을 신재생이 감당하지 못한다면 신재생에 대한 현실적인 보완 방법으로서의 천연가스에 대한 의존이 더욱 심화될 수밖에 없다. 또한, 신재생에너지 정책이 문재인 정부가 의도한 대로 추진된다 하더라도, 신재생의 내생적 한계인 간헐성 때문에 백업 발전으로서의 천연가스 발전은 역할이 커질 수밖에 없다.[6]

2) 에너지 패러다임 변화에 따라 발생 가능한 문제점

우선 전력 측면에서 새로운 패러다임에 따른 에너지믹스의 전환은 현재 20%대의 전력예비율하에서 발전사업자의 좌초비용이 발생된다는 점을 지적하지 않을 수 없다. 이런 좌초비용의 발생은 에너지 정책과 전원구성에서 다양한 불확실성을 유발하게 된다.[7]

또한, 단기현물시장이 100%인 현 전력시장 제도는 에너지정책 변화의

원전 정책은 급격하지 않다.' '탈원전에 이르려면 60년 이상 시간이 걸릴 것'이라고 밝히고 있다. 탈원전을 급격하게 추진하지 않겠다는 것으로 이해되고 있으며, 이는 기존의 입장에서 일부 후퇴한 것으로 이해된다. ≪한국경제≫, "문재인 대통령 탈원전 급격히 추진 안 해… 60년 이상 걸려", 2017. 08. 17. 19:00, http://news.naver.com/main/read.nhn?mode=LSD&mid=sec&oid=015&aid=0003811163&sid1=001.

6   하지만 천연가스가 백업 발전 위주로 구성된다면 발전기 가동이 안정적이지 못하게 되어 비용이나 천연가스 수급에 미치는 충격이 커질 것이다.
7   정해성, "중장기 전력수급 안정을 위한 전력시장 운영방안", 2018. 1. 25. 전력포럼 발표자료, 2쪽.

시대에 재무적 안정성을 제공할 방법이 전무하기 때문에 단기현물시장의 변동성을 안정화시킬 대안이 마련되어야 한다. 즉, 새로운 패러다임을 안정적으로 수용할 수 있는 정책과 시장제도가 필요하다는 것이다.[8]

단기적으로는 에너지 전환으로 인한 요금 인상 압력을 정책적으로 억제할 수 있지만, 장기적으로는 좌초비용를 최소화하지 못하게 되면 요금 인상이 필연적이기 때문이다. 따라서 장단기의 정책의 혼선을 해소하면서 정책을 뒷받침할 수 있는 효율적인 시장제도가 마련되어야 한다.

시장제도의 준비에서 우선되어야 하는 것이 에너지 정책의 목표와 철학이다. 민영화 등 기존의 '효율성' 중심의 패러다임에서 벗어나, 정책과 시장 기능의 조화를 통하여 '수급과 시장의 안정성'을 추구하는 새로운 정책적 방향에 대한 사회적 합의가 필요하게 된다. 이 때, 고려되어하는 핵심 사항들은 원별 비중의 안정성, 사업자의 기대수익의 안정성, 소비자 비용의 안정성 등이 될 것이다. 이를 통해 에너지 전환과정에서 발생하는 추가 비용과 불확실성을 최소화해야 한다.

2001년에서 2006년까지의 제1차에서 3차까지 전력수급계획에서는 수요 과소예측 등으로 기저설비의 부족이 발생하였고, 이에 따라 SMP는 상승하였으며, 결국 기저 및 피크설비 진입에 대한 인센티브를 지속적으로 부여하지 않을 수 없었다.

하지만 2011년 9·15정전에 따른 2013년 제6차 전력수급계획은 기저설비 승인을 대폭 확대하였는데, 이는 최근의 기저과다와 LNG 발전설비의 좌초위기에 이른 원인이 되었다. 한편, 친환경, 안전 중심의 새로운 정부의 새로운 에너지 정책 패러다임은 또다시 피크 설비의 좌초위기를 유발

---

8 정해성, "중장기 전력수급 안정을 위한 전력시장 운영방안", 2018. 1. 25. 전력포럼 발표 자료.

<표 9-2> 전력수급정책의 변화와 좌초비용 발생

2001 ~ 2012	2013 ~ 2016	현재 (2017 ~)
기저 부족 · SMP 상승 (수급계획上 기저승인 미흡)	발전설비 진입 확대 (기저승인 대폭 확대)	수요증가 하락 · 피크설비 좌초위기

자료: 정해성, "중장기 전력수급 안정을 위한 전력시장 운영방안", 2018. 1. 25. 전력포럼 발표자료.

할 가능성을 높이고 있다.

그리고 신재생의 지속적인 증가를 위해서는 설비투자를 위한 재원이 마련되고, 신재생 설비의 변동성을 해소할 수 있는 설비 또한 증설되어야 한다. 신재생 중 경제성이 인정되고 기술이 안정화된 설비는 시장을 통해 설비투자를 결정하되, 기술이 미성숙한 설비는 정책적으로 지원할 필요가 있다.

동시에 신재생의 변동성(간헐성)을 담당하기 위한 적정 규모의 피크설비가 반드시 확보되어야 하는데, 기존 승인된 설비의 진입으로 인해 기저설비는 지속적으로 증가할 것이며, 동시에 낮은 SMP는 LNG 중심의 피크설비의 퇴출을 유발할 수밖에 없다.

적정 규모 LNG 발전의 생존이 신재생으로 인한 문제에 대비할 수 있는 가장 효율적 해법이기 때문에 이에 대한 정책적 고려가 필요한 상황이다.[9]

〈표 9-3〉에 따르면, 제8차 전력수급계획에 기초할 때 안전이라는 새로운 가치에 따라 원전 가동률을 80%로 정하는 경우 LNG 발전의 가동률은 16.96%에 불과하다. 그리고 전력 수요가 2% 증가하는 것을 가정하더라

---

9 정해성, "중장기 전력수급 안정을 위한 전력시장 운영방안", 2018. 1. 25. 전력포럼 발표자료, 3쪽.

시나리오	SMP (원/kWh)	발전 비용(조)	이용률		
			복합	유연탄	원전
8차 수급계획	81.69	18.62	16.96%	75.75%	80.00%
수요 2% 증가	87.12	19.66	19.11%	76.35%	80.00%
신재생 10% 부족	87.16	19.71	19.25%	76.32%	80.00%
탄소 감축 비율 50% 증가	99.51	21.24	24.60%	66.07%	80.00%

자료: 정해성, "중장기 전력수급 안정을 위한 전력시장 운영방안", 2018. 1. 25. 전력포럼 발표자료, 4쪽.

도 LNG 발전은 19.11%로 미미하게 증가된다. 여기에 신재생 발전 목표를 10% 정도 달성하지 못하더라도 LNG 발전의 증가분은 여전히 적다.

LNG 발전에 가장 민감한 영향을 미치는 요인은 탄소 배출에 대한 감축 목표를 어떻게 정할 것이냐에 달려 있다. 만약 탄소 감축비율이 50% 증가한다면 유연탄 발전이 약 10% 감소하게 되고 천연기스는 약 5% 증가하면서 24.60%가 된다.

물론, 이 가정은 원전 가동율을 80%로 가정한 것이기 때문에 원전을 어떻게 할 것인지에 따라 또 다른 결과가 나올 수는 있다.

3) 새로운 에너지 정책의 실현 조건

문재인 정부의 에너지 정책이 실현되고 성공하기 위해서는 사전에 고려되고 정책으로 반영되어야 하는 여러 가지 조건들이 있다.

첫째 에너지 정책의 기조 변화에 대한 사회적 합의가 이루어져야 한다는 것이다. 에너지는 국민 생존의 필수재화이기 때문에 공급 중단이 발생하지 않아야 하며, 공급가격이 적정해야 한다. 즉, 에너지 문제는 국가 안보, 국민 생존과 직결되기 때문에 국민의 의사가 반영되어야 한다는 것이다.

신고리 5·6호기 공론화위원회가 구성되어 공론화를 추진했지만, 공론화위원회 자체의 존립 정당성 여부에 대한 법적 다툼이 발생했다. 따라서 공론화는 헌법과 법률에 따라 국민들이 수용할 수 있는 절차에 맞게 추진되어야 한다. 한편, 대의민주주의를 헌법적 기초인 한국에서는 국회와 정당의 역할이 존중되어야 한다. 공론화위원회의 공론화 결과만으로는 에너지 정책을 결정할 수 없다는 것이다. 문재인 정부가 풀어야 할 숙제이다.

두 번째는 에너지를 환경의 시각에서만 바라보면 큰 위험을 초래한다는 것이다. 기후변화와 이산화탄소 문제로 에너지를 환경의 시각을 통해 바라보기 시작했고 또한 중요하지만, 에너지는 여전히 경제와 일자리, 수자원, 식량은 물론 광물자원까지 영향을 미치기 때문에 이런 모든 것들을 통합적으로 고려하면서 정책을 수립하고 추진해야 한다.[10]

전기자동차라는 수송용 에너지 부분의 변화로 인해 리튬을 포함한 금속, 비금속 광물들의 국제가격이 폭등하고 있고, 신재생과 천연가스 발전 비중이 높아지면 자연스럽게 전기요금이 상승할 것이며 이로 인해 한국 산업에 미치는 부정적 영향 또한 간과할 수 없는 부분이다.

세 번째는 에너지 산업 자체에 대한 이해이다. 신재생에너지는 한국 내에서 생산되기 때문에 사회적 수용성, 경제성과 기술만 확보된다면 상대적으로 국제적 동향으로부터 자유로울 수 있다. 하지만, 석유·가스 등 화석연료와 우라늄은 해외 의존도가 높기 때문에 외생적으로 주어지는 상

---

10 이런 시각을 Nexus라 하며, 이미 국제사회에서 'WEF Nexus'에 대한 논의가 상당히 진행되고 있다. 류권홍, 「수자원과 식량 넥서스 – 미국의 법, 제도적 사례를 중심으로」, 《물 정책, 경제 연구》(수자원공사, 2016. 12), 230쪽 이하.

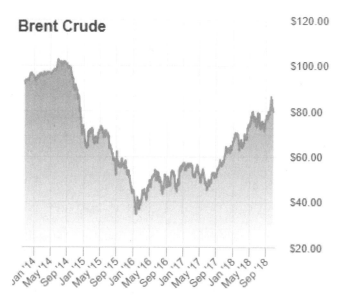

자료: Oilprice.com, Oil Price Charts, Brent Crude. at 〈https://oilprice.com/oil-price-charts/46〉

황을 따를 수밖에 없다. 신재생만으로 탈원전, 탈석탄을 보충할 수 있다면 모르지만, 천연가스가 주된 역할을 해야 한다면 국제 천연가스 시장에 대한 이해가 필수적이다.

국제 천연가스 시장은 크게 가스 간 경쟁이 이루어지는 북미·영국 시장, 유가 연동과 가스 간 경쟁이 혼재되어 있는 유럽 대륙시장, LNG 형태의 천연가스를 수입하는 한국·일본 등을 중심으로 하는 아시아 시장, 마지막으로 국가 간 합의에 의해 가격이 결정되는 구소련 연방시장 이렇게 4개의 시장으로 구분되는데 그중 아시아 시장에 적용되는 LNG의 공급 구조, 계약 등에 대한 이해와 아시아 시장의 특수한 LNG 계약으로 인해 발생활 수 있는 문제점들을 해소하기 위한 노력이 선행되어야 한다.

마지막으로 에너지 전환에 대해 국민들이 가장 민감하게 느끼는 부분은 요금 문제일 수밖에 없다. 친환경이라는 도덕적 가치의 중요성을 수용하면서 동시에 국민들의 경제적 부담을 최소화할 수 있는 정책의 수립과 추진이 필요하다.

전력과 관련해 대국민의 유일한 접점인 한전의 적자와 흑자가 반복되는 것은 전력산업계 전체의 불확실성을 유발하는 중대한 위험 요소이다. 전력 도매시장과 소매시장 간의 괴리는 현실적으로 상당 기간 불가피한 상황하에서 적자와 흑자의 교차가 최소화되도록 해야 한다. 특히, 최근 우려스러운 유가 상승으로 인해 한전의 적자 회귀가 강화될 우려가 있으며, 이는 정책의 위기이면서 동시에 전력계의 위기로 작동할 수 있다.

이미 한전의 적자 문제와 전기요금 인상에 대한 우려는 현실화되고 있기 때문에 정부는 충분한 정책적 고려를 통해 국민들에게 해결책과 방향을 제시해야 한다.[11]

3. 에너지 믹스와 천연가스 시장에 미치는 영향

1) 탈원전, 탈석탄 정책으로 인한 전력 설비 증감

지난 정권에서 결정된 고리 1호기 폐로가 이미 확정되어 진행 중에 있으나, 신고리 4호기가 올해 상업 운전을 시작하고, 신한울 1, 2호기 또한

---

11 머니투데이방송, "원전가동 줄이니 한전 곧바로 적자…전기요금 인상 이어지나", 2018. 2. 19. http://news.mtn.co.kr/newscenter/news_viewer.mtn?gidx=2018021916075123026(2018년 4월 29일 검색).

원전명	호기	MW	수명 종료	참고
고리	1	587	2017.06.19	
	2	650	2023.08.09	
	3	950	2024.09.28	
	4	950	2025.08.06	
월성	1	679	2022.01.20	1차 연장
	2	700	2026.11.01	
	3	700	2027.12.29	
	4	700	2029.02.07	
한빛	1	950	2025.12.22	
	2	950	2026.09.11	
	3	1,000	2034.09.08	
	4	1,000	2035.06.01	
	5	1,000	2041.10.23	
	6	1,000	2042.07.30	
한울	1	950	2027.12.22	
	2	950	2028.12.28	
	3	1,000	2037.11.07	
	4	1,000	2038.10.28	
	5	1,000	2043.10.19	
	6	1,000	2044.11.11	
신고리	1	1,000	2050.05.18	
	2	1,000	2051.12.01	
	3	1,400	2075.10.28	
신월성	1	1,000	2051.12.01	
	2	1,000	2054.11.13	
합계	24	-	22,529	

주: 합계는 고리 1호 발전 용량 제외.

자료: 최성수, 「에너지정책 방향의 변화와 발전부문의 영향」, ≪가스산업≫, 한국가스공사 경영연구소, 2017년 여름호(제16권 제2호).

2018년까지 완공되도록 되어 있다.

고리 1호기의 발전 용량은 587MW였고, 폐로되는 고리 1호기를 제외한 가동 중인 원전은 24기, 약 22.5GW 규모였으나, 신고리 4호기와 신한울

1, 2호기를 포함한 총 원전 발전 용량은 26.7GW가 된다. 이를 정리하면 〈표 9-4〉와 같다.

문재인 정부의 탈원전 정책이 본격적으로 시작되면 2022년부터 효과가 나타날 것이며, 제8차 전력수급계획 기간 중 기존 원전 11기에 대한 수명이 순차적으로 종료되면서 약 9.1GW의 발전 용량이 감소하여, 2029년 이후에는 원전 발전 용량이 17.6GW까지 감소할 것으로 예측된다.[12]

여기에 진행 중에 있는 신규 원전 발전 8기의 건설을 취소하면,[13] 추가로 약 11.6GW의 발전 용량이 줄어들어 폐로되는 노후 원전을 포함하여 감소되는 총 발전 용량은 약 20.7GW에 이른다.[14]

다만 신고리 5, 6호기 공론화위원회의 공론화 결과 또는 정부의 탈원전 정책 추진 과정이 예상과 달리 어려움에 처하거나 또는 지연되는 경우, 앞서본 원전 발전 용량 감소 규모는 축소 또는 그 기간이 연장될 수밖에 없다.

문재인 정부의 탈석탄 정책은 안전이 아니라 미세먼지에 대한 사회적 우려로부터 시작되었다.

석탄 발전 용량은 영동 1호기가 폐지되었음에도 불구하고, 상반기 3.7GW에 이르는 신규 석탄화력이 가동을 시작하였으며,[15] 하반기에도 1.6GW 규모의 석탄화력이 추가될 예정이다.[16] 이를 포함하면, 2016년 7월 기준 석탄화력의 총 발전 용량은 35.9GW에 이르게 된다.[17]

---

12 최성수, 「에너지정책 방향의 변화와 발전부문의 영향」, 《가스산업》, 한국가스공사 경영연구소, 2017년 여름호(제16권 제2호), 4쪽.
13 신고리 5·6호기, 신한울 3·4호기, 천지 1·2호기 및 현재 건설입지 미확정인 1·2호기를 포함한다.
14 최성수, 같은 글, 5~6쪽.
15 북평 1, 삼척 그린 2, 태안 10, 신보령 1호기 등이다.
16 신보령 2, 북평 2호기 등이다.
17 최성수, 같은 글, 6쪽.

미세먼지에 대한 대책으로 30년이 경과한 노후 석탄화력 10기를 폐쇄하는 경우 감소하는 발전 용량은 3.3GW이며, 여기서 제7차 전력수급기본계획에 이미 폐로하기로 결정되었던 서천 1·2호기를 제외하면 미세먼지 대책으로 감소하는 석탄발전 용량은 2.9GW 정도이다.

하지만, 문재인 정부의 탈석탄 정책으로 인해 신규 석탄발전 9기의 발전이 취소되는 경우 8.4GW의 발전 용량이 감소되며, 여기에 제8차 전력수급기본계획 대상 기간인 2023년부터 추가 25기의 석탄화력이 순차적으로 폐지되는 경우 12GW의 발전 용량이 감소하게 된다.[18] 이를 합하면 탈석탄 정책으로 인해 줄어드는 발전 용량은 약 23.4GW에 이른다.

2) 탈원전, 탈석탄 정책으로 인해 발생하는 천연가스 수요 증가

문재인 정부의 탈원전, 탈석탄 정책이 현실적으로 시행된다는 것을 전제로 하는 경우 무엇보다 먼저 확정되어야 하는 부분이 신재생에너지 비중이다. 정부는 2030년까지 20%의 신재생 에너지 비중을 주장하고 있으나 그 현실성에 상당한 의심이 든다.

신재생으로 인한 전기요금 인상, 협소한 국토로 인한 한계, 식량안보와의 관계, 신재생 에너지에 대한 지원으로 인해 커지는 재정 부담 등을 전체적으로 고려하면 20% 점유율은 상당히 어려운 정책 목표로 보인다. 하지만, 현재로서는 신재생 20%라는 목표를 주어진 것으로 받아들이면서 논의를 진행할 수밖에 없다.

탈원전, 탈석탄과 함께 신재생 20%를 전제로 할 때 추가로 발생하는 천연가스 물량에 대한 논의는 한국의 인구 구조, 전기화에 따른 소비 변화,

---

18 최성수, 같은 글, 7쪽.

〈표 9-5〉 문재인 정부 전원구성안의 발전 비용, 온실가스, LNG 수요 차원 영향

	2016년 실적치 대비				7차 계획의 2029년 대비			
시나리오	(원전) 신고리 5, 6호기부터 신규 원전 건설 불가, 계속 운전 불가 (석탄) 수명 30년 이상 석탄발전소 폐지 및 신규 석탄발전소 건설 불가 (신재생) 2030년까지 발전량의 20%로 확대(2029년은 19%) (LNG) 탈원전, 탈석탄에 따라 축소되는 용량은 LNG로 대체							
발전비용* 상승 효과(%)	21.0%(11.6조원) 증가				19.8%(10.9조원) 증가			
유가($/b) 상승 시	유가	70	100	150	유가	70	100	150
	증가율(%)	24.2	28.4	30.8	증가율(%)	27.2	36.0	41.6
	비용(조 원)	13.4	15.7	17.0	비용(조 원)	15.0	19.9	23.0
온실가스 배출량(만 톤)	- 4,912				- 671			
추가 LNG 소요량(만 톤)	+ 1,168				+ 2,378			

자료: 에너지경제연구원, 신정부 전원구성안 영향 분석 "다양한 전원구성 정책 결정 가치들의 조화 필요"-
보도자료, 2017년 6월 20일.

산업구조 변동과 경기 변화에 따른 전력 소비변화는 물론 국제유가 변동에 따른 국제 LNG 가격의 변화 등이 전체적으로 고려되어야 하지만, 지금으로서는 이런 변화 요인들에 대한 정확한 예측이 어렵기 때문에 에너지경제연구원이 예측한 것처럼 2016년 실적 또는 제7차 전력수급기본계획에서 추정했던 전제들을 그대로 사용하고 여기에 문재인 정부가 추진하는 정책적 변경 사항들을 반영하여 예측할 수밖에 없다.

2017년 6월 20일 에너지경제연구원은 문재인 정부의 전원구성안의 영향을 발전 비용, 온실가스, LNG 수요, 전력 수급, 물가 및 GDP 차원에서 다각적으로 분석한 결과를 발표하였는데, 이에 따르면 2016년 실적치에 대비한 추가 LNG 물량은 1168만 톤이며, 제7차 전력수급기본계획 대비 추가 LNG 물량은 2378만 톤에 이른다.

4. 천연가스 시장의 동향과 안정적 천연가스 공급을 위한 방안

1) LNG 산업과 시장의 특성

수조 원에서 10조 원이 넘는 투자 규모와 20년 이상의 장기 개발을 특징으로 하는 메가 프로젝트(Mega Project)의 대표적인 예가 천연가스 개발이다. 또한 천연가스의 생산은 물론, 액화, 한 척에 2000억 원에서 3000억 원에 이르는 LNG 수송선 건조, 기화설비 및 국내 공급을 위한 파이프라인까지 포함하면 산업의 전주기적 규모와 위험은 다양하고 클 수밖에 없다.

LNG가 아닌 파이프라인을 통한 공급 또한 다르지 않다. 액화와 기화 그리고 LNG 선박으로 인한 비용이나 위험은 없지만, 다수의 국가를 통과할 수밖에 없는 파이프라인의 건설과 운영은 다양한 정치적·법적·문화적·기술적·지리적 위험에 노출된다.

LNG 산업은 또한 생산이나 소비만큼 생산지에서 소비지까지의 수송 과정에 존재하는 위험이 아주 크다. 예를 들어, 중동에서 오는 LNG는 이란과 미국의 갈등으로 군사적 충돌이 있을 수 있는 호르무즈 해협을 지나, 인도양을 건너 해적이 득실거리는 말라카 해협을 통과한 후, 중국·필리핀·베트남·대만·브루나이 등 인근 국가의 영유권 갈등이 있는 남사군도를 지나면 또다시 일본과 중국 모두 소유권을 주장하는 댜오위다오 인근을 안전하게 통과해야 한다. LNG 운송 과정 도처에 위험이 존재하는 것이다.

대규모 자금이 투자되는 프로젝트 금융의 특징은 프로젝트의 주도권을 대주단이라는 금융회사들이 쥐고 있다는 것이다. 따라서 대주단은 원금과 이자에 대한 안정적 회수를 조건 없이 원하게 되며, 이런 조건들이 LNG 매매계약에 반영될 수밖에 없다.

특정 프로젝트에 구속되어 있는 LNG 선박으로 하여금 매도인의 사전

〈표 9-6〉 LNG 직수입 현황

	도입 실적(만 톤/연)							
	2009	2010	2011	2012	2013	2014	2015	2016
포스코	46	62	63	56	61	59	63	73
SK E&S	80	92	85	85	80	71	74	72
GS칼텍스	6	25	36	25	2	2	0	7
중부발전						5	50	52
직수입 합계	132	178	184	166	143	137	187	204
가스공사	2,450	3,081	3,484	3,452	3,845	3,582	3,150	3,141
전체 합계	2,582	3,260	3,668	3,618	3,988	3,711	3,337	3,345

자료: ≪에너지경제신문≫(2015); 이호무, 「천연가스산업 효율화를 위한 제도개선 방안연구」(2016. 8) 20쪽에서 재인용.

승인 없이 LNG 매매 계약에서 하역항으로 지정된 특정 항구 이외의 항구에 하역할 수 없도록 하는 목적항 조항, 동북아시아 및 유럽 가스시장에서 LNG 도입 가격을 천연가스의 변동시장가격이 아닌 국제유가에 연동하여 결정하도록 하는 유가 연동 가격결정, 매수인은 LNG의 수령 여부를 묻지 않고 그 대가를 지급할 의무를 부담하는 인수 또는 대금지급 조건(Take or Pay) 등이 가장 대표적인 조건들이다.[19]

2) 천연가스 시장의 동향

(1) 국내 천연가스 시장

2017년을 기준으로 할 때, 한국 천연가스 수요의 94%를 가스공사가 독

---

19 류권홍, 「LNG 도입계약의 법적분석」, ≪법과 정책≫, 제18집 제2호(2012년 8월 30일), 131쪽, 140~141쪽.

〈표 9-7〉 국가별 LNG 도입 현황(2017년 12월 31일 기준, 단위: 천 톤)

국가	카타르	호주	오만	말련	인니	러시아	미국	브루나이	나이지리아	기타	합계
도입량 (천 톤)	11,720	5,415	4,247	3,194	2,304	1,804	1,656	1,417	506	900	33,063
비중 (%)	35.4	16.4	12.8	9.7	6.7	5.5	5	4.3	1.5	2.7	100.0

기타 도입국: 페루, 앙골라, 트리니다드, 파푸아뉴기니, 알제리, 싱가포르.

자료: 가스공사 홈페이지, http://www.kogas.or.kr/portal/contents.do?ey=1305(2018년 4월 29일 검색)

점적으로 수입, 도매 판매하는 반면, 발전, 산업용 등 자가 소비용 직수입은 제한적으로 이루어지고 있다. 2016년까지의 직수입 현황은 〈표 9-6〉과 같다.[20]

다만, 기존 수입 계약의 경직성, 인프라 투자의 중복성 등으로 인해 직수입자의 소매 판매는 원칙적으로 금지되어 있다. 가스공사의 각국별 도입 현황은 〈표 9-7〉과 같다.

(2) 국제 LNG 시장의 변화

최근,[21] LNG 시장에서 기존 계약 조건의 엄격성이 해소되는 경향이 발생하고 있다. 거의 전량 해외에 의존할 수밖에 없는 한국의 현실에서는 상당히 반가운 소식이기도 하다.

2017년 8월부터 도입되는 미국산 천연가스의 경우, 목적항 조항과 유가 연동에 의한 가격 결정 방식을 탈피하고 있다. 따라서 미국산 LNG 물

---

20 2017년에는 직도입 물량의 비중이 10%를 넘는 것으로 알려지고 있으나 정확한 정보를 찾기 어려워 2016년까지의 정보만을 정리한다.

21 최근의 개념은 상대적이지만, 에너지 분야에서는 10년 이내에 발생하는 일들도 최근에 포함시켜야 할 정도로 긴 안목에서 바라봐야 하기 때문에 최근이라는 표현을 사용한다.

자료: IGU, 2016 World LNG Report – 2016 Edition, 14.

량에 대해서는 매도인의 승낙이나 동의 없이 다른 나라에 재판매할 수 있게 되었다.[22]

또한, 유럽에서의 변화이지만 기존 유가 연동 방식의 천연가스 가격 결정에서 천연가스 간 경쟁에 의한 가격 결정으로 몇 년 사이에 급격한 변화를 보이고 있다.

〈그림 9-2〉에서 보는 것처럼 2005년에는 유가 연동 방식에 의한 천연가스 가격 결정 비율이 90%인 반면 가스 간 경쟁에 의한 가격 결정 비율은 5% 정도에 불과했으나, 2013년에는 거의 비슷한 비율을 보이더니 2014년에는 약 40% 대 약 60%로 상황이 완전히 반전되었다. 즉, 유럽 시장에서의 천연가스 가격은 이제 가스 간 경쟁을 통해 이루어지는 것이 대세라는 것이다. 다만, 러시아로부터 수입하는 천연가스의 경우 가스프롬이 유가 연동 방식을 강하게 고수하고 있다.[23]

---

22 다만, 재판매가 가능하기 위해서는 가격이 맞아야 하며, 유휴 LNG 수송선이 존재해야 한다.

한편, 2010년 이후 유럽을 중심으로 기존 천연가스 가격에 대한 유가 연동 방식에 대한 분쟁이 지속적으로 발생하고 있다. 대표적인 사례는 2010년 이탈리아 Edison의 가스프롬 계열 회사와 중재, 2013년 독일 RWE의 가스프롬과의 분쟁, 2015년 리투아니아와 가스프롬의 분쟁 등이다.

그중 RWE 중재 사례에서 중재재판부는 RWE에 우호적으로 결정하였는데, 특히 2010년 천연가스 매매 계약에 의해 RWE가 지급한 대금의 일부를 반환할 것과 천연가스 시장의 지수를 도입하는 새로운 가격 결정 방식으로의 조정을 명하였다.[24] 다만, RWE 중재 사례가 가스프롬과 유럽의 천연가스 매매 계약에서 유가 연동 방식을 완전히 배제하는 결과에 이르지는 않는다는 점 또한 중요하게 고려해야 한다. 즉, 유가 연동 방식에 대해 변화가 진행되고 있다는 것은 사실이지만 가스프롬이 유가 연동 방식을 포기하지는 않고 있다.

또 한 가지 국제 천연가스 시장에서 긍정적인 변화의 측면은 국제 LNG 시장에서 단기·스팟 거래 물량이 지속적으로 증가하고 있다는 점이다. 국제가스연맹에 따르면, 2011년 이후 전체 거래 물량의 25% 이상이 단기·스팟으로 거래되고 있으며, 2015년 기준 세계 LNG 물량의 약 26%인 6590만 톤이 단기·스팟계약을 통해 거래되었다.[25]

마지막으로 매수인에게 가장 불합리해 보이는 인수 또는 대금 지급 조건에 대해서는 여전히 특별한 변화가 없다. 미국 연방항소법원은 Universal Resources Corporation v Panhandle Eastern Pipeline Company 813

---

23 러시아의 유가 연동 방식의 고수는 우리가 추진하려는 남북러, 한중러 파이프라인 모두의 가격 결정에서 중요한 고려 사항이 될 것이다.

24 RT, No more 'take-or-pay': Gazprom forced to end 40 year-old gas pricing regime, 10 Jul, 2013 14:12, at 〈https://www.rt.com/business/gazprom-rwe-germany-gas-893/〉.

25 IGU, 2016 World LNG Report - 2016 Edition, 13.

F.2d77 사건에서 'TOP의 목적은 천연가스의 생산과 판매에서 발생하는 위험을 매도인과 매수인 사이에 적절하게 분담하기 위한 것이며, TOP는 매도인이 생산에서 발생하는 일체의 위험을 부담하는 대가로 매수인은 해당 생산시설에서 생산되는 일정한 양의 천연가스를 인수하거나 또는 인수하지 못하더라도 대금을 지급한다는 내용의 약정'이라고 확인하면서 그 유효성을 인정했다. 즉,[26] 인수 또는 대금지급 조항이 부당하거나 불합리한 조항이 아니라는 것이다.

3) 국내 천연가스 공급 안정성을 위한 방안

(1) 공급원, 공급루트의 다양화

국내 천연가스 도입은 카타르 등 중동, 말레이시아·인도네시아 등 아시아, 호주, 러시아, 아프리카의 나이지리아 등 이미 공급원의 다양화를 추구하고 있으며, 2017년부터 도입되는 미국의 셰일가스 물량으로 인해 그 다양성이 더 강화되었다. 향후 가스공사가 참여하는 동아프리카의 모잠비크 물량이 도입되면 도입선 다양화는 상당히 안정적으로 구성될 것이다.

공급원 다양화는 천연가스 공급에서 가장 중요한 정책 수단이 되어야 하며, 지속적으로 유지되어야 한다. 특히 풍부한 물량을 보유하고 있는 미국의 셰일가스에 대한 고려는 항상 중요한 정책적 수단으로 유지되어야 한다.

한편, 문재인 정부의 에너지 관련 정책이기도 하며 동시에 외교 관련 정책이기도 한, 남북러 또는 한중러 파이프라인 프로젝트 또한 공급원과 공급루트 다양화를 위해 검토될 사항이다. 다만, 남북러 파이프라인은 핵 및 미사일 실험으로 인해 최근 악화되고 있는 북한과의 관계가 정상화되고,

---

26 류권홍, 「LNG 도입계약의 법적분석」, 132쪽.

러시아의 공급원이 안정적으로 확정된 후에 추진되어야 한다는 위험이 존재하고 있다. 다만, 2018년 4월 27일 남북정상회담에서의 '한반도의 평화와 번영, 통일을 위한 판문점 선언'과 함께 북미정상회담에서도 한반도 평화와 북핵에 대한 갈등이 해소된다면 남북러 프로젝트의 현실성이 높아질 수 있다. 다만, 북한을 통과하는 천연가스 파이프라인이 안정적으로 운영될 수 있을 것인지는 우리의 에너지안보와 관련하여 가장 심도 있게 다루어져야 하는 쟁점이다. 러시아와 우크라이나 사이에 천연가스 파이프라인을 둘러싸고 발생한 과거의 갈등은 중요한 사례이다.

또한, 중국을 통과하는 파이프라인도 사드로 인해 악화된 중국과의 외교, 우리의 생명줄인 에너지를 중국을 통해 들여오는 것이 장기적으로 안전한지에 대한 국가적인 고려가 선행되어야 한다.

여기에 미국의 셰일가스를 판매하려는 트럼프의 의지, 동북아시아의 역학관계 등이 모두 고려되지 않을 수 없다.

(2) 상류전 개발에의 참여

한국의 천연가스 안보의 취약성은 국내에서 생산되는 천연가스가 동해 가스전의 소규모 물량을 제외하면 없다는 사실로부터 발생한다.

그렇다면, 과거 정권이 해외자원 개발에서 실수한 경험도 중요한 자산이기 때문에 이를 반면교사 삼아 현재의 저유가 상황을 적극적으로 활용해야 할 필요가 있다. 국제 경기의 회복, 저유가로 인한 투자 감소의 결과 석유·가스의 공급이 감소하는 시점이 오면 국제유가는 상승할 수밖에 없다. 특히 석유와 가스는 매장량이 유한한 자원이기 때문에 현재는 가격이 낮더라도 장기적 관점에서 보면 오를 것이라고 가정하고 정책을 결정하는 것이 옳다. 2018년 5월 6일 기준, 국제유가는 브렌트유 기준 배럴당 74.87달러로 이미 배럴당 80달러로 달려가고 있다. 2016년 2월 배럴당 26달러에 불과하

던 것에 비교하면 거의 3배가 오른 것이다.[27]

그리고 해외자원 개발을 가장 안전하게 추진할 수 있는 방법은 튼튼한 중류와 하류에 기반한 상류로의 진출이다. 문재인 정부의 탈원전, 탈석탄 정책이 안정적으로 자리 잡기 위해서는 천연가스가 안정적으로 공급되면서 급격한 가격 변동 또한 없어야 한다.

이 문제를 해소하기 위한 방안 중 시급히 재검토되고 시행해야 하는 것이 증가하는 LNG 물량을 기반으로 상류전에 참여할 수 있는 기회를 확보하는 것이다. 상류전 참여를 통해 기존의 경직적인 LNG 도입 계약 조건을 우호적으로 개선할 수 있으며, 상류전에서의 수익 또한 취할 수 있다.

그리고 국내 대륙붕을 포기하지 않아야 한다. 동해가스전 개발에 성공했다는 것은 인근 해저에 유사한 구조의 존재 가능성이 높다는 것이다. 비록 해외에서 수입하는 천연가스보다 개발이 어렵거나 비싸더라도 인력의 양성, 비상시 특정 해외 가스전 공급 중단, 공급루트에서의 사고로 인한 대응 방안 중 가장 효율적인 것이 국내에서 생산되는 천연가스이다.

해외자원 개발에 대한 정치적 논쟁을 넘어 장기적인 국익의 확보로 전환이 필요한 시점이다.

(3) 국내 천연가스 시장의 변화

가장 민감하고 복잡한 쟁점이 국내 천연가스 시장의 구조 변화가 필요한가, 그리고 구조에 변화를 준다면 어떻게, 언제 시행되어야 하는가에 대한 것이다.

문재인 정부의 탈원전, 탈석탄 정책으로 인해 추가되는 천연가스 물량

---

27 Macrotrends, WTI Crude Oil Prices - 10 Year Daily Chart, at http://www.macro trends.net/2516/wti-crude-oil-prices-10-year-daily-chart.

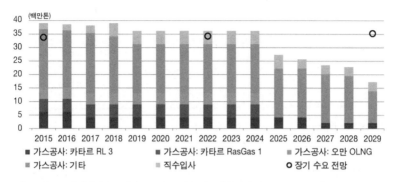

〈그림 9-3〉 기존 LNG 도입 물량

40 (백만톤)
35
30
25
20
15
10
5
0
　　2015 2016 2017 2018 2019 2020 2021 2022 2023 2024 2025 2026 2027 2028 2029

■ 가스공사: 카타르 RL 3　　　　■ 가스공사: 카타르 RasGas 1　　　■ 가스공사: 오만 OLNG
■ 가스공사: 기타　　　　　　　　■ 직수입사　　　　　　　　　　　○ 장기 수요 전망

자료: 이호무 외, 『천연가스 산업 효율화를 위한 제도개선 방안 연구』, 2016년 8월, 146쪽.

과 기존 도입 계약의 만료로 인해 자연스럽게 천연가스 추가 물량이 커지면 커질수록 국내 도매 및 소매 천연가스 시장에서 플레이어는 누가 되어야 하며, 현재의 가스공사 독점체제를 유지해야 할지 여부에 대한 논의가 진행될 수밖에 없다.

하지만 이런 논의를 할 수 있는 시간이 그리 많지 않다. 왜냐하면, 2025년을 전후해서 기존 도입 계약 물량들 중 상당 부분의 계약이 종료되면서 자연 해소되며, LNG 도입 계약의 체결, 수송선의 건조 및 관련 금융을 일으켜야 하는 새로운 프로젝트의 경우 약 3년에서 5년까지의 사전 기간이 필요하기 때문이다.[28] 이런 변수를 감안하면 우리에게 주어진 기간은 2020년까지이다. 그 이유는 〈그림 9-3〉에서 보는 것처럼 가스공사가 체결한 기존 LNG 물량 중 약 천만 톤에 이르는 물량이 2024년에 종료되며, 문재인 정부의 에너지 정책 전환으로 인해 발생하는 물량까지 포함할 경우 유동적인 물량은 더 커질 수밖에 없기 때문이다.

28　이미 생산 중인 물량을 도입하더라도 수송선 건조에 2~3년의 기간이 필요하다.

여기에 문재인 정부의 에너지 정책 실현 속도가 빨라질수록, 천연가스 시장에 미치는 충격이 커질 것이기 때문에 정치권과 정부는 시기를 놓치지 않고 국내 천연가스 시장의 변화 여부에 대한 정책 결정을 해야 한다.

5. 마치며

문재인 정부의 탈원전, 탈석탄 정책은 원자력이나 석탄 발전의 문제를 넘어, 신재생 그리고 천연가스까지 심각하게 영향을 미치는 국가적 주제이다. 하지만 현재는 쟁점이 원자력 하나에만 머무르고 있다. 그리고 에너지는 에너지만의 문제가 아니라 경제, 환경, 식량, 물 등 국가와 국민의 생활 전부에 영향을 미친다는 점도 고려되어야 한다.

제8차 전력수급기본계획 또는 제3차 국가에너지기본계획에서는 신재생의 현실적 가능성과 이에 따르는 천연가스 수급 문제를 다룰 수밖에 없을 것이다. 그리고 신재생이 목표한 바를 달성하거나 또는 목표한 바를 달성하지 못하더라도 국내적으로 천연가스의 황금기가 도래할 수 있다.

다만, 천연가스는 외생적으로 주어지는 에너지원이므로 이에 따르는 위험과 추가되는 LNG 물량의 확보 과정에서 국익을 최대한 확보하는 방향으로 정책이 추진되어야 한다. 그래야만 국내 천연가스 가격을 안정시키는 것은 물론 상류전에서의 수익까지 취할 수 있게 될 것이다. 변화를 잘 활용하는 지혜가 필요한 시점이다.

천연가스가 이렇게 중요한 역할을 수행하고, 수급 문제와 급격한 가격 변동 위험을 헤고하기 위해 정부가 시급히 결정해야 하는 것들이 있다. 첫째가 탄소 배출량 감축에 대한 국가적 목표의 설정이다. 이 부분이 확정되어야 석탄 발전량이 장기적으로 결정되고 LNG 도입 물량 또한 합리적 예측이 가능해지기 때문이다.

둘째는 LNG 시장과 계약의 특성상 최소 3년에서 5년의 사전 기간이 필수이기 때문에 2025년으로부터 역산해서 최소 2020년까지는 물량의 확정과 함께 시장제도에 대한 틀이 정립되어야 한다. 추가 도입 물량이 적다면 시장이 흔들리고 복잡한 갈등을 피하는 것이 합리적이지만, 상당히 많은 물량을 추가 도입해야 한다면 누가, 어디서, 어떻게 도입할 것인가에 대한 논란이 자연스럽게 나타날 것이다. 이때 지켜져야 하는 중요한 가치는 소비자의 복지, 에너지 시장의 안정성, 시장의 공정성 등이다. 제3차 에너지 기본계획의 수립 과정에서 또는 그 이후에 천연가스를 둘러싼 사회적 공론화가 추진될 수밖에 없을 것이다.

또한 남북관계의 개선에 따라 동북아시아에서 남북한의 지위, 에너지를 포함한 전체적인 구조 등에서도 새로운 국면이 진행될 수 있다.

결국, 다양한 변화, 가치, 우리의 현실, 천연가스 시장의 현황 등을 종합적으로 고려하여 우리에게 가장 합리적이고 국민의 복리를 보장하는 방향으로 정책이 수립되고 추진되어야 한다.

참고문헌

국정기획자문위원회. 2017.7. 「문재인 정부 국정운영 5개년 계획」.

류권홍. 2012. 「LNG 도입계약의 법적분석」. ≪법과 정책≫(제18집 제2호). 제주대 법학연구소.

_____. 2016.12. 『수자원과 식량 넥서스 - 미국의 법, 제도적 사례를 중심으로』. ≪물 정책, 경제
연구≫. 수자원공사.

_____. 2017. 「신정부 에너지 정책과 에너지 믹스에서 천연가스의 중요성 – 현실적 문제들과 대
안을 중심으로」. ≪가스연맹≫, 가을 2017, 사단법인 한국가스연맹.

머니투데이방송. 2018.4.29. "원전가동 줄이니 한전 곧바로 적자…전기요금 인상 이어지나."
http://news.mtn.co.kr/newscenter/news_viewer.mtn?gidx=2018021916075123026

정해성. 2018.1.25. 「중장기 전력수급 안정을 위한 전력시장 운영방안」. 전력포럼 발표자료.

신고리 5·6호기 공론화위원회. 홈페이지 http://www.sgr56.go.kr/npp/committee/intro.do

최성수. 2017. 「에너지정책 방향의 변화와 발전부문의 영향」. ≪가스산업≫, 2017년 여름호(제
16권 제2호). 한국가스공사 경영연구소.

≪한국경제≫. 2017.8.17. "문재인 대통령 "탈원전 급격히 추진 안해… 60년 이상 걸려".
http://news.naver.com/main/read.nhn?mode=LSD&mid=sec&oid=015&
aid=0003811163&sid1=001.

IGU. 2016. *World LNG Report* – 2016 Edition

Macrotrends. WTI Crude Oil Prices - 10 Year Daily Chart, at http://www.macrotrends.net/
2516/wti-crude-oil-prices-10-year-daily-chart.

RT. No more 'take-or-pay': Gazprom forced to end 40 year-old gas pricing regime, 10 Jul, 2013
14:12, at ⟨https://www.rt.com/business/gazprom-rwe-germany-gas-893/⟩.

10

남북 상생 번영과 한반도 평화를 위한
기후변화 에너지 대응 전략

권세중

　한반도는 평화 파괴와 평화 위협에서 평화 조성으로 남북 상생 번영을 이루고 궁극적인 한반도 평화 정책을 모색해야 하며 이를 위해서는 적극적인 평화 건설의 노력이 필요하다. 한반도는 2018년 4월 역사적인 판문점 정상회담 이후 냉전의 기류가 서서히 걷혀 가고 새로운 화해와 협력의 분위기가 정착되고 있다. 그럼에도 북핵과 미사일 문제를 둘러싼 미국과 북한의 수싸움은 단기간에 해결되기 어려운 상황에서 대북제재가 지속되고 있어 새로운 평화 정착을 위해서는 북한 및 주변국과 핵문제를 비롯한 경성권력(hard power) 이슈와 기후 에너지 문제 등 연성권력(soft power) 이슈를 망라하는 다양한 주제에 대한 다각적인 협력과 조율이 요구된다. 그러나 한반도에 겹겹이 쌓인 냉전의 얼음을 제거하기 위해서는 무엇보다 대북정책에 있어 지속적이고 일관된 전략이 중요하다. 북한 변화를 위한 입구와 출구는 유연하되 원칙을 갖고 대해야 한다.

　기후 문제와 환경, 에너지 문제는 이러한 대북 협상의 유용한 수단으로 작동할 수 있으므로 북한과의 협력을 견인하는 전략으로서 십분 활용할 필요가 있다. 비정치적이면서 시대적 요청인 기후와 환경, 에너지 전환을 매개로 북한을 협력의 장으로 유도하는 것은 우리가 처한 커다란 도전 과제라 할 수 있다.

1. 한반도 기후변화 적응 생태계 구축 및 모니터링

1) 북한의 국토와 환경

북한 지형의 특성은 남한의 동고서저(東高西低)와 달리 북서저 남동고(北西低 南東高)의 특성을 보이고 있다. 즉, 동해안은 북부 지역의 함경산지를 따라 급경사를 형성하고 있고 북서 방향의 개마고원을 따라 점차 낮아지고 있다. 서해안은 상대적으로 풍화와 침식 작용이 많이 진행되어 완만한 형태의 충적지들이 연이어 있다. 대부분의 북한 지역은 700m 이상의 산지로 이루어져 있으며 평야가 적다.

북한의 지형을 해발 고도상으로 분석해보면, 100~1000m의 산지가 60%를 차지하고 있으며 1000~2000m의 산지는 13%를, 2000m 이상의 산지가 전체 면적의 0.29%를 차지하고 있다. 북한의 산림은 899만ha가량으로 영토 면적의 74%이며 침엽수림, 활엽수림, 혼합림이 발달해 있다.[1] 그러나 기후변화의 영향으로 산림의 분포와 생태계가 도전에 처해 있다.

따라서 북한의 국토 이용은 토지의 대부분을 차지하는 산지와 산림을

---

[1] 북한에 서식하는 수목은 83과 269속 1029종으로 알려져 있으며, 대표적인 수종은 소나무류(12종), 전나무류(3종), 낙엽송류(3종), 가문비나무류(4종), 참나무류(31종), 자작나무류(16종), 단풍나무류(30종) 등이다.

어떻게 관리하고 활용하는가가 매우 중요하다고 할 수 있다. 그러나 북한은 1990년대 고난의 행군을 거치면서 산림이 상당히 감소하였으며 매우 황폐해졌다. 이렇게 된 원인은 다섯 가지로 정리해볼 수 있다. 첫째, 김일성 시대부터 주체농법의 고수와 다락밭 개간을 위해 무리하게 산림을 벌채하고 산지를 경작지로 개간하였다. 둘째로 에너지난이 심화되면서 난방과 취사 등을 위해 전국적으로 벌채가 횡행하였다. 셋째로 내수와 수출 등을 위해 대규모로 도벌과 남벌이 행해져 우량한 수종들이 잘려 나갔다. 넷째로 기후변화로 인해 증가된 솔잎혹파리, 재선충 등 병해충의 잇단 공격에 제대로 방제를 하지 못해 숲의 피해가 확대되었다. 다섯째로 대규모 개간과 벌목으로 취약해진 산지가 가뭄, 폭우, 폭염 등 자연재해의 영향을 받아 산림 생태계가 교란되고 생물다양성이 훼손되었으며 결과적으로 숲 자체의 감소로 이어졌다.

북한의 기후는 전형적인 온대 대륙성 기후를 띠고 있으나, 전반적으로 한랭한 편이어서 가뭄과 한파와 같은 자연재해에 취약하다. 1981년부터 2000년까지 연평균 기온의 평균값은 8.5℃로 남한의 12.5℃에 비해 낮은 편이다.

2) 한반도 기후변화와 생태계 영향

기후변화로 겪는 한반도의 생태계 영향은 남북한의 이념적 공간을 뛰어넘어 한반도 전체에 미치고 있다. 지난 106년간(1912~2017) 한반도의 연평균 기온은 13.2℃이고 연 강수량은 1237.4㎜를 기록했는데, 매 10년마다 0.18℃ 상승하였다.[2] 최근 30년간(1981~2010) 한반도 연평균 기온은

---

2   국립기상과학원, 『한반도 100년의 기후변화』(서귀포, 2018).

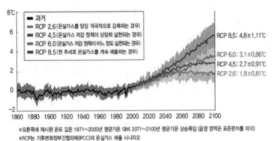

〈그림 10-1〉 2100년까지의 한반도 평균기온 변화 전망

자료: 한국 기후변화 평가보고서(2014).

1.2℃ 상승하였고 계절별로는 가을과 겨울에 기온 상승 현상이 뚜렷하게 나타나고 있다.[3] 평균기온, 최고기온, 최저기온 중 최저기온의 상승폭이 가장 컸고 계절별로 보면 여름이 19일 길어지고 겨울은 18일 짧아져 온난화의 추세를 뚜렷하게 보여주고 있다.

기상청이 추정한 한반도의 미래 기후변화 전망은 대표농도경로(Representative Concentration Pathway, RCP) 8.5[4]의 경우는 남한의 5.3℃보다 클 것으로 전망된다. 이와 같이 북한의 기온 상승은 남한보다 더 심각할 것으로 예측되는데 이는 지난 30년간 진행되어온 남북 간 기온 상승 추세와 부합하고 있다. 북한의 연평균 기온 상승은 10년 기준 0.45℃로서 남한의 0.36℃보다 1.3배나 빠르게 올라간 것으로 나타난 것은 이를 방증한다.

금세기 말까지 이어지는 전반적인 평균 기온 상승은 한반도 차원의 적

3　기상청, 『신기후체제 대비 한반도 기후 전망 보고서』(서울, 2017).
4　IPCC의 방법론에 따르면 RCP 8.5 시나리오는 온실가스 감축 노력을 전혀 기울이지 않았을 경우에 발생하게 될 온실가스 배출량 증가 추이를 전망한다. 기상청은 미래 온실가스 증가가 2100년경 지구기후 시스템에 1㎡당 8.5W(와트)의 직접적 온실효과를 유발한다고 가정하고 한반도에서의 미래 기후변화 시나리오를 작성하였다. IPCC(2007)에 따르면 2005년 기준 인위적 온실가스 농도 증가에 의한 온실효과 기여도는 1.6W/㎡ 규모로 추정된다.

응에 대한 중요성을 일깨워 주는데,『2017 이상기후보고서』는 여름철 폭염 일수 증가 등 한반도의 기상재해를 생생하게 보여주고 있다.

북한의 빈번한 수해, 재난재해, 가뭄 등은 기후변화의 직접적인 영향에서 유래하고 있으며 북한의 기후변화 영향 및 취약도가 남한에 비해 훨씬 높은 편이다.

3) 기후변화 완화와 적응을 위한 한반도 생태계 회복

기후변화 이슈는 한반도 미래의 문제로서 남북 간 긴밀히 연결된 생태계적 관점에서 통합적 모델링 및 모니터링 구축 및 운용이 필요하다. 남북의 생태계가 단절됨으로써 드러난 생태적 취약성을 보완하고 복구하는 작업이 필요하다.

한반도 기후변화로 인한 영향은 가파른 평균기온 상승을 통한 부정적 생태계 영향을 들 수 있다. 지난 100년간 평균기온은 1.9도 상승하여 전 세계 평균치의 3배 정도 높은 비율을 보이고 있다. 북한을 포함하여 한반도 전체적으로 평균기온 상승이 전 세계 평균보다 높게 나타나 백두산 등 고산지대를 포함하여 기온 상승으로 인한 생태계 영향을 체계적으로 공동 조사할 필요가 있다.

북한의 기후변화 정책은 국토환경보호성이 주관하고 있으며 2005년 개정된 「환경보호에 관한 법률」에 기후변화 관련 내용을 포함시켰다. 온실가스 배출 현황 통계 작성을 비롯한 온실가스 인벤토리 개발 작업은 국가환경조정위원회(NCCE)가 총괄하고 있다. 북한은 유엔기후변화협약(UNFCCC) 사무국에 2004년과 2013년 2차례의 국가보고서(National Communication on Climate Change)를 제출했다. 두 번째 국가보고서는 유엔환경계획(UNEP)과 지구환경금융(Global Environment Facility)의 재정 지원을 받아 작

성해 제출하였다.[5]

북한은 기후변화에 관한 파리협정을 비준하고 2016년 9월 UNFCCC 사무국에 의도된 국가결정기여(INDC)를 제출하였다. 북한이 제출한 INDC에 따르면, 북한의 온실가스 감축 정책은 조건부와 비조건부 감축으로 구분되어 있다. 북한은 비조건부로 2030년까지 배출전망치(BAU) 대비 온실가스 배출량을 8% 감축할 것이며, 외부로부터 재정, 금융, 역량배양 지원을 받을 경우 조건부로 40.25%까지 감축하겠다고 공약하였다. 이와 관련, 북한은 2016년 11월 모로코 마라케시에서 개최된 제22차 기후변화협약당사국총회(COP22) 시 기존의 공약을 이행할 것임을 재확인하였다.

그러나 북한의 온실가스 감축 정책은 배출량이 그리 크지 않아 지구 전체에 미치는 효과는 매우 미미한 편이다. 북한의 온실가스 순배출량은 2000년 기준 65.7백만 이산화탄소환산톤으로 1990년 배출량인 193.5백만 톤에 비해 65%가량 감소한 수준이다. 이에 비해 한국은 1990년 269.5백만 톤에서 2000년에는 74%가 증가한 470.2백만 톤으로 순배출량이 증가하였다. 2000년 기준으로 북한의 온실가스 배출량은 한국 배출량의 14%가 채 안 되는 수준이다. 북한이 제출한 제2차 국가보고서는 2000년부터 북한의 온실가스 배출량이 연평균 3.1%씩 증가하여 2020년에 121.2백만 톤의 배출량에 이를 것으로 전망하고 있는 데 이 수치 역시 1990년보다 적다. 북한은 2007년도 94백만 톤의 온실가스를 배출했는데 이는 전지구 배출량의 0.32%에 해당하는 수치이다. 북한의 온실가스 주배출원은 에너지 연료 연소이다. 2007년 기준으로 에너지 분야 온실가스 배출 수준은 국가 온실가스 배출의 90%가량을 차지하였다.[6] 북한의 경우 경제 전망

---

5   2차 보고서는 1차에 비해 68쪽에서 162쪽으로 분량이 2배 이상 늘어났고 1990년부터 2002년까지의 배출량 정보와 2020년까지의 배출량 전망 데이터를 포함하여 정확성은 검증되지 않았지만 비교적 상세한 에너지 데이터를 수록하고 있다.

이나 산업구조상 2030년 온실가스 감축 목표 달성은 그리 어렵지 않을 것으로 보인다. 오히려 북한은 온실가스 감축보다는 자연재해에 취약하고 식량난을 가중시킬 수 있는 가뭄이나 홍수, 산사태 등 적응 대책에 보다 관심을 기울이고 있는 것으로 관측된다.

북한과 UNEP 간 시행된 북한 환경 개선 사업은 북한의 생태계 개선과 관련한 수요와 제약된 현실을 보여준다. 한국과 UNEP은 2007년 11월 북한 환경개선사업 추진을 위한 신탁기금 설립 협정을 체결하였다. 이 협정에서 UNEP 주관으로 북한의 생태계 서비스 및 기후변화 취약성 평가를 실시하고 동 평가 결과를 국가 계획에 반영하기 위한 공무원 역량 제고 및 2개 지역에 대해 생태계 기반 적응 시범 사업을 실시하기로 하였다. 북한과 UNEP는 2007년 11월부터 2015년 11월까지 제1차 사업을 실시하고 2015년 10월 제1차 사업의 종료와 함께 제2차 사업을 실시하기로 합의하였으나 2016년 초 북한의 핵실험 등으로 인해 사업 자체가 중단되고 말았다.

그러나 하반기 이후 북한과 UN 기구 간 전략적 협력 관계를 재설정하려는 노력이 전개되었고 2016년 9월 양자간에 새로운 전략적 협력관계를 위한 협력 약정을 체결하였다.[7] 이 약정은 지속 가능하고 회복력 있는 인간개발(sustainable and resilient human development)이라는 목표하에 식량안보, 사회발전 서비스, 지속 가능성과 탄력성, 데이터와 개발 관리 등 4개 부문을 우선 협력 분야로 설정하였다. 양측은 이러한 전략적 협력의 수행에 있어 국제사회가 2015년 채택한 지속가능발전목표(SDGs) 달성을 위한 종합적이고 통합적인 접근 방법을 취하고 있으며 제도적 지속 가능성과

6   UNEP, *Democratic People's Republic of Korea Environment and Climate Change Outlook*(Pyongyang, 2012).
7   http://kp.one.un.org/content/dam/unct/dprk/docs/DPRK%20UN%20Strategic%20Framework%202017-2021%20-%20FINAL.pdf.

함께 환경적 지속 가능성을 중요한 요소로 포함하고 있다.

그러나 하반기 이후 북한과 UN 기구 간 전략적 협력 관계를 재설정하려는 노력이 전개되었고 2016년 9월 양자간에 새로운 전략적 협력관계를 위한 협력 약정을 체결하였다.[8] 이 약정은 지속 가능하고 회복력 있는 인간개발(sustainable and resilient human development)이라는 목표하에 식량안보, 사회발전 서비스, 지속 가능성과 탄력성, 데이터와 개발 관리 등 4개 부문을 우선 협력 분야로 설정하였다. 양측은 이러한 전략적 협력의 수행에 있어 국제사회가 2015년 채택한 지속가능발전목표(SDGs) 달성을 위한 종합적이고 통합적인 접근 방법을 취하고 있으며 제도적 지속 가능성과 함께 환경적 지속 가능성을 중요한 요소로 포함하고 있다.

북한의 기후변화 적응과 관련해서는 산림분야의 시급한 복구와 재조림이 우선적으로 필요하다. 현재 북한의 산림 899만ha 가운데 284만ha가 황폐화되었으며 200만ha 삼림은 복구가 필요하며 75만ha 가량은 재조림이 필요한 것으로 파악된다. 북한의 황폐한 산림을 복원하기 위한 수종은 지력의 회복에 도움이 되는 콩과식물을 비롯하여 관목류를 도입할 필요가 있으며, 땔감으로도 활용할 수 있는 속성수도 검토할 필요가 있다. 한국의 경우 대대적인 조림사업 과정에서 속성수인 아카시아 나무를 심었는데 생물다양성 확보나 생산적이고 균형적인 조림사업에는 아쉬운 감이 없지 않았다. 북한에는 이러한 외래종보다는 자생종을 중심으로 우량목을 선정하여 식수할 필요가 있다.

북한에 서식하는 생물종과 관련하여 백두대간을 위주로 하여 산지에 분포하는 식물종에 대한 공동의 전수조사가 필요하다. 특히 희귀종, 멸종

---

8   http://kp.one.un.org/content/dam/unct/dprk/docs/DPRK%20UN%20Strategic %20Framework%202017-2021%20-%20FINAL.pdf.

위기종, 기후변화에 취약한 식물군의 분포를 포함하여 생물다양성 측면에서 남북한 공동연구가 이루어져야 한다. 특히 나고야의정서 발효 이후 유전자원 활용에 대한 연구가 긴요한데 북한에 존재하는 생물종과 유전자원 연구는 남북한 생태계 복원과 생물자원 보존과 활용 측면에서 매우 중요하고 시급한 과제이다.

2. 남북 간 재생에너지 협력 사업 발굴 및 시행

1) 북한의 에너지 현실과 딜레마

남과 북의 에너지 현실은 과거와 현재가 극명한 대조를 이루고 있다. 1965년 남한의 전력 생산 능력은 769MW로 북한 2385MW의 1/3 수준에 불과하였다. 그러나 이후 50년간 남한은 113배 성장했지만, 북한은 3배 가량 늘어나는 데 그쳐 남북 간 격차는 극명하게 드러났다. 그러나 북한의 에너지 산업은 1980년대 후반 사회주의권 경제가 쇠락의 길로 접어들자 1989년을 기점으로 급격하게 하락세에 접어들었다.

1990년대 초 북한은 소련에 의존하던 구상무역 방식의 공급이 끊겨 석유 수입이 급감하게 되고, 이것이 다시 석탄 생산에 필요한 석유와 전력의 절대적인 부족 문제가 발생하였다. 에너지 부족으로 인해 제반 산업 여건이 열악한 상태에 빠지게 되었지만, 자본과 기술 부족, 연관 산업의 미발달 등으로 산업 활동에 필요한 에너지를 적기에 공급할 수 없게 되어 경제 시스템 전반에 부정적인 연쇄적 파급효과를 야기하였다.

예를 들어, 북한의 에너지 공급 규모는 1990년 최고 수준인 2396만 석유환산톤(Ton of oil equivalent, TOE)을 기록하였으나,[9] 이후 연평균 4.2% 수준의 감소세를 보여오다 2013년도에 들어서는 1063만 TOE를 기록하였다. 이러한 수치는 1990년 수준에서 55.6% 감소한 것으로 북한의 에너지 공급은 절반 이상 축소된 것이다.

북한의 에너지 시스템이 붕괴되고 에너지 문제가 악화된 원인으로 크게 6가지를 들 수 있다.

첫째는 수십 년간 지속되어온 만성적인 자본 부족이다. 탈냉전 이후 여타 사회주의 국가 대부분이 겪은 문제이기는 했으나, 북한은 대외 개방과 개혁을 거부한 채 내부적으로 해결할 자본 역량을 가지고 있지 못해 폐쇄적 에너지 시스템하에서 심각한 기능 저하에 처하게 되었다.

둘째는 북한의 낙후된 에너지 기술 수준이다. 북한이 보유하고 있는 2곳의 정유공장은 모두 러시아와 중국 등 외국 지원으로 건설되었으며, 화력발전소 역시 자체적으로 건설해본 경험이 없다. 수력 부문에 있어서도 댐 분야에서는 경험과 기술이 있으나 기계적인 부문에서는 취약하다.

셋째는 정책 기능의 한계로서 경제성, 효율성, 생산성 등을 중시하는 시장경제적 개념이 약하며, 비합리적 정책 수립 과정으로 인해 정책 실패와 정책 역량 부족을 야기하였다.

넷째는 생산 여건의 한계이다. 연관 산업, 수송, 공공서비스, 민생 등 모든 부문이 부실의 늪에 빠져 있어 복합적이고 구조적인 문제에 처해 있다.

다섯째 대외관계의 단절이다. 북한 스스로가 경제적 교역 능력을 상실하였으며 핵무기 개발 등으로 경제 제재를 받고 있어 에너지 부문의 기능을 저하시키고 있다.

끝으로 상업에너지시스템의 부재이다. 북한은 국가의 기능이 정지된

---

9   에너지 단위인 석유환산톤(ton of equivalent, TOE)은 10^7 kcal이며 원유 1톤의 에너지 물량을 나타내는 국제적인 계량 단위이다.

사회주의 시스템으로서 시장 원리의 도입이 이루어지지 않아 효율성 개선은 요원하다.

북한의 1차 에너지 공급 구조는 석탄과 수력이며, 수입에 의존하는 석유는 2013년 기준으로 전체의 6.7%를 차지하는 데 그쳤다. 2013년 북한의 1차 에너지 공급은 석탄이 48.8%, 수력이 32.6%, 석유가 6.7%, 기타 11.9%로 되어 있다.

에너지원별로 1990년대와 비교해보면, 석유의 감소가 가장 두드러지며 수력은 상대적으로 감소폭이 적었다. 1990년 공급 규모를 100으로 할 경우, 2011년 공급 규모는 석탄 62%, 석유 28%, 수력 89%, 기타 에너지 113% 수준으로 나타났다. 이는 북한 경제가 1990년 수준의 에너지 공급에서 아직 회복하지 못하고 있으며 전 수요 부문에 걸쳐 에너지 공급 부족 상황이 만성적임을 드러내고 있다.

에너지 수요 측면에서 볼 때, 1990년대의 에너지난은 연료 부족과 사회주의 시장 축소로 인해 북한의 에너지 수요를 급격하게 위축시켰다. 판매 시장의 위축, 설비와 기자재 부족, 연료 부족 등은 산업 생산 감소와 함께 에너지 사용의 감소를 초래하였으며, 에너지 수요는 절반가량 감소했다. 북한의 전력 소비는 1970년대 수준에 머물러 있을 정도로 최소한 수준에서 이루어지고 있다.

북한의 에너지 현실은 에너지 확보의 문제뿐 아니라 에너지 인프라 자체의 부실과 결부된 위기 상황에 가로놓여 있다. 북한 에너지난은 단순히 에너지의 부족이나 결핍 문제만이 아니고 전반적인 경제난의 핵심고리이며, 민생과 직결되는 사회문제이면서 민감한 정치문제이다.

북한의 에너지문제는 또한 대기오염, 산림 고갈 및 토양 파괴, 자연재해, 하천과 연안해 오염 등 다양한 환경오염을 유발하고 있는 환경문제이기도 하다. 상대적으로 효율성이 낮은 석탄에 과도하게 의존하는 북한의 에너지 수급 구조와 중공업 위주 산업 구조는 환경에 지나친 부하를 주었다. 특히 질이 낮은 갈탄 등 석탄의 사용은 이산화황, 이산화질소, 일산화탄소 등 대기오염 물질을 훨씬 더 많이 배출한다. 노후화된 에너지 이용 시설이나 발전소 등은 오염 물질 배출이 많고 배출되는 오염 물질에 대해서도 적절한 처리 시설을 구비하지 못해 환경문제를 더욱 악화시키는 원인이 되었다.

특히 북한은 석탄에 의존한 발전 및 산업체계와 에너지 효율의 저하 등으로 대기오염이 심각한 편이다. 동절기에는 난방을 위한 에너지 수요와 겹치면서 대량의 대기오염이 유발되고 한반도에서의 미세먼지 발생이 증가하는 요인이 되고 있다. 우리나라가 피해를 겪고 있는 미세먼지의 배출원을 볼 때 중국발 요인이 30~50%로 적지 않지만 북한발 요인도 10%에서 15%가량으로 결코 무시할 수 없다. 다량의 온실가스를 배출하여 지구 온난화를 유발하고 국민의 생명과 건강을 위협하는 미세먼지 발생의 근본 원인은 과도한 화석연료에 의존한 에너지 사용의 문제이며 깨끗하고 안전한 에너지 확보는 우리의 안보와 삶의 질 개선과 직결되어 있다.

이러한 상황은 북한의 에너지난 해결을 위해 지속 가능성 제고에 기반을 둔 기후 에너지 측면에서 접근해야 하는 이유를 설명해준다.

2) 북한의 에너지 정책과 재생에너지 개발

북한은 1980년대 이전부터 자립적 민족경제 건설과 이를 위한 에너지 시스템을 구축하고 자체적인 연료와 원료 조달을 통해 주체적인 산업을 발전시키는 것을 목표로 삼아왔다. 사회주의 건설 전반에서 주체사상을 토대로 자력갱생 원칙을 엄격히 지켜오고 있으며, 에너지 정책에서도 이런 자력갱생 원칙을 토대로 국내 부존 에너지 자원 개발에 역점을 두었다.

북한 에너지 정책에 있어 자력갱생 원칙은 자연스럽게 수주화종(水主火從)과 주탄종유(主炭從油) 정책을 출현시켰다. 즉, 화력발전보다는 수력발전이 주가 되고, 석유보다는 석탄이 주가 되는 정책 방침이다.

북한은 산악지형이 발달해 있고 수자원이 비교적 풍부하여 건국 당시부터 수력발전 위주의 정책을 추진하였다. 1970년대에 무연탄 위주로 발전 정책이 변경되기는 하지만, 수력발전은 여전히 매우 중요하다. 그러나 수력발전은 강우량의 영향을 많이 받는 데다 산사태 등으로 인한 토사의 범람, 하수면의 상승, 댐으로의 토사 유입 등으로 정상 가동에 어려움을 초래하는 경우가 빈발했다. 이는 전력난을 야기시키는 원인이 되었다.

또한 북한은 석탄이 풍부하지만 석유가 매장되어 있지 않은 상황에서 자력갱생 원칙을 고수하다 보니 현대 경제 산업에 필요한 화학산업을 석유화학이 아닌 석탄화력에 의존하게 되었다. 그러나 북한의 화력발전은 주원료인 석탄의 증산이 어려운 상황인 데다가 발전시설 노후화로 심각한 상황에 처해 있다. 자본의 축적이 안 되다 보니 발전소 개보수나 신증설이 안 되어 실질적인 해결책은 난망이다.

북한은 국내 부존자원을 통해 제공 가능한 석탄과 수력에 지나치게 의존하게 된 결과, 에너지 수급 구조가 기형적으로 왜곡되는 결과를 가져왔다. 에너지 자급률 제고가 경제의 효율성을 대신함에 따라 경제침체가 악화되어 자본축적이 불가능하게 되었고, 이는 다시 외화 부족으로 이어져 품질과 효율성이 우수한 수입 에너지를 도입할 수 없게 되었다.

이러한 에너지난으로 전력문제가 심화되는 상황 속에서도 자력갱생의 원칙에 따라 경직된 에너지 시스템을 고수하였으며, 산업부문이나 화물부문에 있어서도 효율성이 높은 석유 소비를 최소화하기 위해 전력에 의존하도록 하여 전력과소비 구조를 만들어 내었다. 이러한 불합리한 에너지 정책은 전력난을 더욱 악화시켰고 전반적인 에너지 문제의 여파로 인해 산업 부문에서 에너지 집약산업이 퇴조하는 결과를 가져왔다.

그러나 북한이 고수해온 '주체'나 '자력갱생' 원칙과는 반대로 에너지 분야의 실제에 있어서 주요 인프라와 연료 공급은 외부 세력에 의존할 수밖에 없었다. 북한으로서는 국제적인 제재난국에서 왜곡된 에너지 수급구조를 소중히 보존하기 위해서는 중국 등 외부의 지원이 절실했다. 중국의 원유공급이 끊길 경우 북한 경제가 치명상을 입게 된 것은 이러한 자력갱생 원칙의 역설적 결과라고 할 수 있다.

북한의 만성적인 에너지난을 초래한 근본 원인이 자력갱생의 원칙이지만, 북한은 이 원칙을 에너지난을 타개하는 원칙으로도 활용하고 있다. 즉, 북한은 에너지난 타개 차원에서 기존의 에너지원 확대에 한계를 느끼고 에너지 효율화와 새로운 에너지원 발굴을 위한 신재생 에너지 발굴을 위한 독려 활동을 전개하고 있다. 북한의 녹색 에너지 정책은 외세에 의존하지 않고 자체 부존자원을 활용하려는 자력갱생 원칙의 연장선상에서 이해될 수 있다.

북한의 재생에너지 정책은 전력 상황이 나빠진 1990년대 초반 이래 자력갱생의 원칙을 정당화하면서 추진되었다. 북한은 김정은 시대에 들어와서도 재생에너지 생산을 위한 새로운 녹색 기술에 대한 관심을 지속적으로 기울였고 2013년 「재생에네르기법」을 제정하였다. 이를 토대로 북한은 2014년에 '자연에네르기 중장기 개발계획'을 발표하였고 김정은 국무위원장은 2014년, 2016년, 2018년 신년사에서 재생에너지 활용 필요성을 언급하면서 재생에너지 이용에 관심을 표명하였다. 현실적인 측면에서 북한 정부 역시 가격이 저렴하고 소규모 전력 공급이 가능하며, 설치 후 추가 연료가 불필요한 재생에너지 활용을 적극 장려하고 있다. 2016년 기준으로 북한의 발전설비 용량은 약 7.66GW인데 발전원은 수력과 석탄화력으로 구성되어 있다. 발전설비 용량 기준으로 볼 때 수력발전은

2.96GW로서 30%가량 차지하고 있다. 북한은 태양광과 풍력 발전 증대를 위해 노력하고는 있으나 전력계통에 연결할 정도로 유의미한 수준에는 이르지 못한 것으로 보인다. 북한이 유엔기후변화협약 사무국에 등록한 청정개발체제(CDM) 사업[10]은 총 6건인데 태양광이나 풍력발전 사업은 없고 모두 저수지식 수력발전소이다.

3) 상생 번영의 녹색협력 사업 발굴

북한은 대체 에너지 발굴과 새로운 기술 도입 및 기술 혁신을 북한이 외세에 의존하지 않고 자체적으로 에너지난을 극복할 수 있는 열쇠로 인식하고 있다. 이에 따라 북한은 강성국가 건설을 위해 주체사상과 자력갱생의 명분을 확고히 할 수 있는 대체에너지 기술 개발에 주력하고 있다. 아울러 새로운 에너지원 발굴을 위한 실질적 요청에 부응하고 에너지 절약 운동을 벌여 나가는 과정에서 기술 혁신의 중요성을 강조하고 있다.

기후 에너지 분야에서 북한과의 협력은 크게 세 가지로 나누어볼 수 있다.

첫째, 북한과의 파리협정 이행을 위한 협력이다. 국가결정기여(NDC)에서 설정한 목표 달성을 위해 기술 지원이나 역량 배양을 제공할 수 있고, 경우에 따라서는 온실가스 저감 협력 사업을 진행할 수 있다. 이러한 사업을 통해 감축한 실적은 각자의 NDC 달성에 사용할 수 있다.

둘째, 남북한 신재생 에너지 협력사업의 추진이다. 북한 역시 신재생에

---

10 CDM 사업은 교토의정서상 부속서 I(Annex I) 국가가 비부속서 I 국가의 온실가스 감축 사업에 투자하고 그 대가로 배출권(Certified Emissions Reduction, CER)을 받아 자국의 감축분으로 인정하는 메커니즘을 말한다. 북한은 CDM 사업을 추진하기 위해 국가승인기구인 '국가 환경조정위원회'를 설치하고, 무역성 산하의 국제기구협력총국이 사무국 역할을 수행토록 하였다.

너지의 중요성을 깨닫고 태양광을 위주로 선진 기술 도입에 관심을 기울이고 있으나 잇따른 핵실험과 미사일 발사로 인해 대북제재와 압박 속에서 외부와의 협력은 사실상 단절되어 있다. 그렇지만 남북한 간 신재생 에너지 협력 사업은 협력을 통한 시너지 제고의 여력이 매우 높다.

셋째, 온실가스 통계 구축을 포함, 기본적인 기후 관련 통계에 대한 정비 지원 및 인력 훈련 프로그램이다. 이러한 사업은 양자적으로 하기보다는 국제기구를 매개로 하는 것이 효과적이다. 특히 UN ESCAP을 통해 관련 프로그램을 행했던 경험을 살려 유엔 주도하 동북아에서의 지속 가능 발전 협력 틀 속에서 추진할 수도 있다.

대북한 녹색협력에 있어 남북협력의 리스크 분산을 위해 다자협력 구도를 만드는 것은 효과를 거양하는 방안이 될 수 있다. 이와 관련 GGGI 등 녹색 관련 국제기구나 국제 NGO를 비롯한 외곽단체를 매개로 하여 다자협력 채널을 구축하는 것이 안정적이고 효과적일 수 있다.

향후 북한의 비핵화 진전에 따라 그린 데탕트의 현실화가 가능할 수 있는 조건을 구축하고 미래의 변화 가능성에 대비해야 한다. 한반도의 불확실성이 매우 높은 만큼 다양한 미래 시나리오를 설정해보고 다가올 수 있는 협력의 모멘텀을 활용해야 하기 때문이다. 이를 위해 남북한 간 비정치적인 이슈인 기후, 재생에너지 및 환경 이슈를 매개로 상호 이익이 되는 사업 발굴을 통해 북한과의 상생 협력을 모색할 필요가 있다. 특히, 남북 간 특성을 살린 재생에너지 협력 사업을 매개로 협력이 진전될 경우 한반도의 상황 변화 관리에 있어 일정한 전략적 공간을 창출할 수 있다.

참고문헌

관계부처 합동. 2018. 『2017 이상기후보고서』.

국립기상과학원. 2018. 『한반도 100년의 기후변화』.

기상청. 2017. 『신기후체제 대비 한반도 기후변화 전망 보고서』.

김경술 외. 2013. 『북한 에너지·자원·교통분야의 주요 개발과제』.

대외경제정책연구원. 2012. 「북한 환경문제의 실태와 국제사회의 지원방안」. ≪KIEP 지역경제
포커스≫, 6권 38호.

명수정. 2018. 「북한의 환경 현황」. ≪KDI 북한경제 리뷰≫.

DPR Korea's Second National Communication on Climate Change(Pyongyang, 2012).

UN 북한사무소 홈페이지(www.kp.one.un.org).

UNEP. Democratic People's Republic of Korea: Environment and Climate Change Outlook
(Pyongyang, 2012).

11

청정 대기를 위한
미세먼지 정책과 주변국 협력

김연규·권세중

1. 왜 미세먼지인가

2010년대 중반 이래 그간 황사에 가려 잘 보이지 않던 미세먼지가 국민의 건강과 안전을 위협하는 주범으로 인식되면서 전 국민의 관심사로 부각되었다.[1] 미세먼지 문제가 국민의 생명과 건강을 위협하는 정치적인 이슈로 확대되는 상황에서 출범한 문재인 신정부는 '미세먼지 걱정 없는 쾌적한 대기환경 조성'을 국정과제로 채택하여 미세먼지 발생량을 임기 내 30% 감축하고 민감 계층을 적극 보호하겠다는 목표를 제시하였다.

특히 정부는 석탄발전 축소 및 사업장 배출규제 강화 등 발전 및 산업부문에 대한 감축을 강화하겠다는 방침을 정하고 2017년 봄철 노후 석탄화

---

[1] 2016년 5월 대한의사협회가 20대 이상 성인 3317명을 대상으로 실시한 국민여론 조사에서 "미세먼지가 흡연이나 뇌혈관 질환 등 다른 요인보다 가장 두려운 공중보건 위협 요소"임이 지적되었다.

력발전소 8기를 일시 가동 중단하는 조치를 취했다. 석탄화력발전소 신규 건설을 불허함은 물론 2022년까지 30년 이상된 노후 화력발전소 10기를 전면 폐쇄한다는 결정도 내렸다.

미세한 알갱이에 불과한 미세먼지가 정책의 우선순위에 들어가게 된 배경은 무엇일까? 통상 미세먼지는 먼지 입자의 지름이 10마이크로미터(㎛)인 PM10 이하의 입자상 부유 물질을 지칭하나 초미세먼지, 즉 PM2.5는 머리카락 직경의 약 1/20~1/30에 불과한 먼지 알갱이이다. 눈으로 식별할 수 없는 아주 미세한 입자상 물질이 화석연료 사용 등 인위적 활동 증가의 결과로 인해 오염물질과 결합되어 우리의 삶을 위협하는 치명적인 요인으로 떠오른 것이다. 특히 PM2.5는 입자가 미세하여 코 점막을 통해 걸러지지 않고 호흡기관을 통해 폐포까지 직접 침투하여 천식이나 폐암 등 폐질환을 유발할 수 있다.

세계보건기구(WHO)는 한 해에 미세먼지로 인해 기대수명보다 조기 사망하는 사람이 700만 명에 이른다고 발표한 바 있으며, 산하 연구소인 국제암연구소(International Agency for Research on Cancer, IARC)는 미세먼지를 1군 발암물질로 분류하고 있다. 미세먼지 문제는 더 이상 미룰 수 없는 우선적인 정책과제로 적극적인 대처를 요하고 있는 것이다.

한국의 미세먼지 원인은 국외 영향과 국내 배출로 나눌 수 있으며 계절별로 풍향이나 풍속, 강수량 등 기후 조건에 따라 상이하게 나타난다. 국외 영향은 통상 30~50% 정도라고 평가되나 고농도 시에는 60~80%에 이르는 것으로 분석된다. 국내 배출원별로 살펴보면, 수도권에서는 경유차(29%), 건설기계(22%), 냉난방(12%) 순으로 나타나고 있으며, 전국적으로는 사업장(41%), 건설기계(17%), 발전소(14%) 순으로 나타났다.

미세먼지 관리가 어려운 이유는 계절적 요인, 기상 조건에 따라 성분과 농도에 큰 차이가 나타나고 있다는 것과 함께 무엇보다도 1차 생성보다 2

배가량 더 발생하는 2차 생성물에 대한 과학적 규명과 관리가 어렵기 때문이다. 즉, 공장 가동이나 자동차 배기가스, 쓰레기 소각장 등에서 발생하는 미세먼지에 더해 수도권의 경우 발생원에서 가스상 물질로 대기중에 배출된 오염물질이 공기 중의 에어로졸이나 암모니아 등과 반응하여 생성되는 2차적인 미세먼지가 2/3 정도를 차지하고 있는 것이다.

국내 미세먼지 대책을 위해서는 대략 2012년까지 개선되어온 미세먼지가 2013년 이후 악화된 원인에 대한 반성에서 출발해야 한다. 우리나라의 미세먼지 오염도는 2012년 이후 정체 내지 악화되어왔으며 선진국 대비 2배가량 나쁜 상황에 처해 있다. 서울의 경우 미세먼지(PM10) 농도는 2002년 76μg/㎥에서 2012년 41μg/㎥로 개선되었으나 2016년 다시 48μg/㎥로 증가하였다. 최근 우리나라의 미세먼지가 악화된 데에는 미세먼지 배출이 많은 석탄화력발전과 경유차 비중이 지속적으로 증가한 데 우선적인 책임이 있다. 따라서 경유차 확대, 석탄화력발전소 증설을 포함하여 건설사업장 관리, 도로 및 교통부문 관리 미흡 등 정책적 조치에 대해 종합적으로 살펴봐야 한다.

국내 미세먼지 정책과 관련하여 한국은 1983년부터 총먼지(total suspended particles, TSP)를 기준으로 대기오염을 관리해오다가 1993년 10μm이하인 PM10 관리 기준을 추가하였고, PM2.5는 2011년이 되어서야 관리를 시작하였다. 특히 PM2.5에 대한 환경 기준은 2015년에 신설되었다. 미세먼지 관리에 대한 종합대책은 2016년 6월에 발표된 바 있고, 문재인 정부 들어 미세먼지 대책을 국정과제로 채택하면서 2017년 9월 특별 개선책을 내놓았다. 현재까지의 문재인 정부의 석탄화력발전 축소 관련 정책 추진 현황은 〈표 11-1〉과 같다.

한편, 국내 미세먼지 악화의 30~50%가량 책임이 있는 것으로 알려진 국외 요인에 대해서도 철저하게 지속적으로 원인을 규명하고 이동 경로

<표 11-1> 문재인 정부의 석탄화력발전 축소 관련 정책

- 임기 내 국내 미세먼지 배출량 30% 감축
  - 2017년 봄철 노후 석탄화력발전소 8기를 일시 가동 중단 조치
  - 석탄화력발전소 신규 건설 불허
  - 2022년까지 30년 이상 노후 화력발전소 10기 전면 폐쇄 결정
- 노후 원전 폐쇄 및 신규 원전 중단(신고리 5, 6호기 건설 중단 및 공론화)
- 신재생에너지 적극 지원(2030년 신재생에너지 전력 20%로 확대)
- 대통령 업무지시 3호(미세먼지 감축 응급대책 2017.5.15)
- 30년 이상 석탄발전 8기 일시 중단 및 화력발전소 10기 조기 폐지
- 2017년 6월 일시적 가동 중단(호남 # 1, 2 제외) 내년부터 가동 중단 정례화(3월 ~ 6월)
- 산업부-발전5사 미세먼지 등 오염물질 저감 이행협약(2016.12.26)
- 노후석탄 10기 구체적 폐지 일정 수립(2016 ~ 2025년)
- 기존 석탄 43기 성능 개선과 환경설비 개선: 9.7 조 원 투자(2016 ~ 2030년)
- 건설 중인 석탄 20기 세계 최고 수준 환경설비 구축: 1.7조 원 투자(2030년까지)

자료: 관계부처 합동, 「미세먼지 관리 종합대책」(2017.9.26.)

를 파악하여 실질적인 해결책을 모색해나가야 한다. 이를 위해서는 중국의 미세먼지 발생 원인과 현황, 대책, 그리고 이동 경로 추적을 통해 우리에게 미치는 영향 등에 대한 이해를 넓히고 과학적 데이터를 축적해가는 노력이 필요하나.

2. 미세먼지의 정치학: 한국과 중국의 미세먼지 현황과 대책

미세먼지는 한국과 중국 양국이 약간의 시차를 두고 있으나 대기 중 부유물질 이동 경로인 서해를 두고 양국에서 모두 정치적인 이슈가 되었다. 양국에서 공히 미세먼지가 국민의 생명과 안전을 위협함으로써 더 이상 경제나 환경 영역이 아닌 정치 영역에서 해결해야 할 과제로 부각되었다. 그러나 양국의 미세먼지의 정치 이슈화 방향과 과정은 다르다.

한국에서는 국외 영향이 강조되면서 국내 대책 못지않게 주변국과의 협력을 매우 중요하게 다루고 있는 데 반해, 중국에서는 해외의 영향에 정책의 초점을 두기보다 북경과 천진을 비롯하여 허베이, 산시, 산둥성 지역을 중심으로 주요 성시별 대기오염 발생을 줄이는 데 목표를 두고 있다. 즉, 중국의 미세먼지를 포함한 대기오염 대책은 철저히 국내 중심적이다. 해결 과정에서도 한국은 미세먼지를 줄여 건강하고 행복한 생활을 추진한다는 개별 국민으로서의 환경권에서 출발하고 있다면, 중국은 생태문명 건설이라는 거대한 담론하에서 5개년 발전계획과 대기오염 방지 행동계획을 통해 국가 중심의 집체적 해결 방법을 시도하고 있다. 또한 한국은 총력을 모아 일거에 해결하고자 하며 다분히 감정적인 부분이 드러나는데 반해, 중국은 정치이슈화를 지양하면서 매우 차분하고 절제된 방식으로 임하고 있으며 증거 중심적으로 접근하고 있다.[2]

먼저 한국의 국내 대책을 살펴보면, 우선 제1차 수도권 대기환경개선대책(2005~2014)을 들 수 있다. 이 대책을 통해 노후 경유차 저공해화 사업(85.6만 대), 친환경차 보급(2015년 한 해에만 3만 8686대), 다량배출사업 자발적 감축협약 등 일정한 성과를 거두었다. 서울 지역 PM10의 경우 2004년 $59\mu g/\text{m}^3$에서 2014년 $44\mu g/\text{m}^3$으로 감소했다. 그러나 계획 기간 말기에 경유차의 보급 확대와 화력발전소 증설 등으로 PM2.5 농도는 2012년 이래 정체 내지 악화하였고 배출원에 대한 과학적 관리 역시 미흡하였다.

이에 따라 정부는 2016년 6월 미세먼지 특별대책[3]을 발표하였다. 동 대

---

2   중국 《환구시보》 등 주요 언론들은 2017.7.24.자 보도를 통해 "최근 한국은 계속해서 중국발 미세먼지에 대한 일방적인 조사결과를 발표하였으나, 대기오염물질이 어디서 넘어왔는지, 얼마나 유입되었는지는 아직 추론단계로 과학적으로 검증되지 않았다"고 하면서 다국 간 합동 검증 필요성을 제기하였다.

3   정부는 2016년 6월 국무총리 주재 회의를 통해 대책을 협의, 결정하고 관계부처 합동으로 '국민 안전과 건강 보호를 위한 미세먼지 관리 특별대책'을 발표하였다.

<표 11-2> 2015년 한국, 중국, 일본, 영국 주요 도시 미세먼지 현황

구분	한국(서울)	중국	도쿄	런던	WHO 권고기준
미세먼지(PM10)	45(45)	108*	21	20	20
초미세먼지(PM2.5)	26(23)	85**	16	15	15

* 2013년 기준, ** 2014년 기준

자료: 이명선, 「미세먼지 관련 정부 정책 동향」, *News & Information for Chemical Engineers*, Vol. 35, No. 5, 2017.

책은 한국의 지리적 여건, 기상 조건, 인구 밀집 및 산업화 등을 감안할 때 단기간 내 선진국 수준 개선은 곤란하다고 진단하면서 10년 내 유럽 주요 도시의 현재 수준으로 미세먼지 농도를 개선하는 데 목표를 두고 있다. 이에 따르면, 현재 26~23μg/㎥ 수준에 있는 한국 주요 도시의 초미세먼지 (PM2.5) 농도가 2026년경 18μg/㎥에 이르는 것을 목표로 하였다.

그러나 6.3 특별대책에도 불구하고 2017년 들어 고농도 미세먼지가 잇달아 발생하자 국민 불안이 가중되고 정부에 대해 적극적인 대응을 요구하는 목소리가 높아졌다. 동년 5월 대선으로 탄생한 신정부는 기존의 수도권 중심의 미세먼지 감축 대책으로는 미세먼지 배출을 14% 정도 밖에 줄일 수 없다고 진단하고 특단의 감축 정책을 취하게 되었다. 즉, 2022년까지 국내 배출량 30%를 감축한다는 목표하에 단기적으로는 응급 차원의 감축 조치와 선제적인 국민건강 보호 대책을 추진하되, 중장기적으로 배출원별 집중 감축을 추진하고 주변국과의 협조를 강화하는 내용으로 수정 보완했다. 한국 10개 주요 도시의 초미세먼지(PM2.5) 농도 목표인 18μg /㎥ 달성 연한도 2026년에서 2022년으로 앞당겨졌다. [4]

---

[4] 2017년 9월 26일 국무회의에서 수립한 미세먼지 관리 종합대책은 2022년까지 국내 배출량 30% 감축, 국제 협력, 민감 계층 보호, 정책 기반 및 인프라 구축 등 4개 중점 분야와 함께 58개 세부 과제를 설정하였다. 정부는 미세먼지 해결을 위해 2022년까지 총 7.2조 원의 예산을 투입하기로 하였다.

한편, 중국의 경우 전반적으로 석탄 중심의 에너지 사용, 중공업 등 제조업 육성에 따른 산업구조와 시설 환경, 차량 증가 등이 대기오염을 유발하는 주요 원인이며, 주요 도시에서는 자동차, 석탄 연소, 산업시설 및 비산먼지 등으로 인한 배출원이 평균 84% 이상을 차지하고 있다. 베이징의 경우 자동차가 31.1%, 석탄연소가 22.4%, 산업시설이 18.1%, 비산먼지가 14.3%로 나타났다.

이에 따라 중국은 2013년~2017년간 '대기오염방지 행동계획'을 수립하여 시행하였다. 이 계획은 2017년까지 전국 지(地)급 이상 도시[5]는 PM10의 농도를 2012년 대비 10%이상 감축하고, 징진지(북경·천진·하북성)와 장강삼각주 및 주강삼각주 등 대기오염 심각 지역의 PM2.5 농도를 각각 25%, 20%, 15% 감축하도록 하였다. 특히 북경시의 연평균 PM2.5 농도는 $60\mu g/m^3$ 수준으로 억제하도록 하였다. 이를 위해 석탄 소형 보일러를 퇴출하고 석탄 비중을 65% 이하로 줄이며, 청정에너지 보급 확산을 목표로 하였다.

제13차 5개년 경제계획(2016~2020년)에서는 생태문명국가를 천명하고 PM2.5 농도를 계획 기간 내에 18% 감축하겠다고 천명하였다. 아울러 정부의 관리감독을 강화하기 위해 2015년 1월에 「신환경보호법」을, 2016년 1월에는 「대기오염방지법」을 개정, 시행하고 있다.

이러한 다양하고 강력한 정부 시책으로 인해 2013년 이후 미세먼지 등 주요 대기오염물질의 연평균 농도는 지속적으로 감소하는 추세를 보이고 있다. 2016년도 중점관리지역[6]의 초미세먼지(PM2.5)와 미세먼지(PM10)의

---

5   지급(地級) 도시는 중국의 행정 단위로서 성과 현 사이에 위치하며 중국 전역에 293개의 지급시가 있다.
6   중국의 미세먼지 중점관리지역은 징진지(Beijing, Tianjin, Hebei, BTH), 양쯔강 삼각주 (Yangtze River Delta, YRD)주강 삼각주(Pearl River Delta, PRD) 지역을 지칭한다.

평균 농도는 전년 대비 각각 6%와 5.7% 감소하였으며, 주요 74개 성시의 PM2.5와 PM10의 평균 농도 역시 각각 9.1%, 8.6%로 감소하였다. 특히 중국의 석탄 사용량은 2013년 42.4억 톤을 정점으로 하여 매년 약 12% 가량 감소세를 보이고 있으며 화석연료의 사용 비중 또한 줄어들고 있다.

그럼에도 한국에서 느끼는 국외발 초미세먼지 체감도는 별다른 개선점이 나타나지 않고 있다. 이러한 이유로는 크게 세 가지를 들 수 있다. 첫째, 징진지의 경우 초미세먼지 연평균 농도가 2015년 77μg/㎥에서 2016년 71μg/㎥으로 감소한 데 이어 2017년 58μg/㎥까지 개선되었으나 여전히 높은 수준에 머물러 있는 것이 사실이다. 둘째, 중국 정부의 '파란하늘 지키기 운동' 등으로 중국의 대기오염 수준이 최근 향상되는 추세를 보이기는 하나, 북방 지역의 동절기 미세먼지 농도는 개선되고 있지 않다. 전체적으로 개선 추세이기는 하나 북방 지역의 동절기 미세먼지 농도는 개선되고 있지 않다는 것이다. 셋째, 현재의 미세먼지 농도가 국민들이 체감하는 대기오염 개선 전환점에 여전히 미달하거나 계절적인 고농도 현상을 비교적 빈번하게 체감하는 데서 오는 심리적 확증 현상을 들 수 있다.

전반적으로 보아 한국과 중국의 미세먼지 현황과 대책에서 중국이 훨씬 열악한 상황에 놓여 있긴 하지만 중국의 대책과 노력은 비교적 강력한 편이다. 한국 제2차 수도권대기관리기본계획의 10년간(2015~2024년) 예산편성액이 4조 5581억 원임에 반해, 중국 대기오염방지 행동계획의 5년 (2013~2017년) 예산은 304조 원(1조 7000억 위안)으로 중국은 막대한 예산을 투입하고 있다.[7] 신정부에서 추진하고 있는 미세먼지 관리 종합대책에 따르면, 2017~2022년간 국가와 민간 부문이 비용은 대략 17.5조 원으로 추정되고 있어 6.3 대책에 비해 기간은 절반으로 단축하면서도 투입비용은

---

7   ≪동아일보≫, "고농도 미세먼지 86%가 중국發? "오차 있지만 60%는 넘어", 2017.4.7.

4배가량 증가하였다.

그러나 주변국에 대한 영향 판단에 있어 중국 정부의 입장은 확고한 편이다. 중국이 주변국이 미친 대기오염의 이동 경로나 영향에 대한 과학적 논증이 부족하다는 것이다.[8] 이러한 중국의 입장은 미세먼지 관련 대중국 협상에 있어서 과학적이고 객관적인 자료 축적이 중요함을 시사하고 있다. 즉, 감정적이거나 즉흥적인 대응보다는 객관적인 증거를 가지고 이성적인 논리를 통해 중국의 책임과 그에 따른 행동 필요성을 설득하고 협의를 전개해야 함을 의미한다.

국외 영향은 물론 국내 미세먼지 발생원에 대한 올바른 정책 수립을 위해서는 다양한 발생원과 이동 경로에 대한 과학적인 증거 확보와 함께 정확한 연구와 진단이 필요하다. 아울러 예산 배분 체계, 정책 조합, 실행 부서 등 전반적인 부분에 대한 평가가 이루어져야 한다. 이와 함께 미세먼지 피해의 사각지대라 할 수 있는 이륜자동차 등 그간 미세먼지 발생량 파악이 제대로 이루어지지 않은 분야와 아동, 취약 계층에 대한 특별 관리, 정책 조치를 효과적으로 이행해야 한다.

3. 미세먼지의 국제화 전략

세계적인 과학학술지인 ≪네이처(Nature)≫는 2017년 3월 초미세먼지 (PM2.5)가 미치는 초국경적인 영향을 분석하면서 국제무역으로 선진국 제품 소비가 개도국 내 생산 증가를 유발함으로써 개도국 내 미세먼지 발생

---

8   중국 외교부, "중국의 공기가 주변 국가에 영향을 주는지는 과학과 전문적인 연구 논증이 필요하다", 홈페이지(www.mfa.gov.cn, 2017.3.21).

이 조기 사망에 미치는 영향이 심각함을 제기하였다.[9] 이 논문에 따르면 2007년 전 세계 초미세먼지로 인한 조기 사망자 수는 345만 명가량이며 이 중 월경성 초미세먼지로 인한 전 세계 조기 사망자는 전체의 12%인 41만 명에 이르렀다.

한편, 중국발 초미세먼지로 인한 다른 지역 국민들의 조기 사망자 수는 6.5만 명이며, 이로 인한 한국, 일본 등 동아시아 지역 조기 사망자는 3.1만 명으로 분석했다. 이러한 결과는 중국발 초미세먼지로 인한 동북아지역의 취약성이 드러난 결과로 볼 수 있다.

이에 대해 중국 측은 중국발 초미세먼지로 발생한 피해가 중국 탓이 아닌 글로벌 생산의 가치사슬에 따른 국제무역의 결과라고 하면서 중국 제품을 수입하는 국가에도 책임이 있다는 책임분산론을 주장하고 있다. 이러한 논리에 따르면 중국 역시 국제무역의 결과로 인해 거대 생산기지로 변모함으로써 다량 배출된 초미세먼지의 희생자로 부각된다. 이러한 인식 차이는 현재 한국과 중국의 미세먼지 대책을 둘러싼 인식과 해법에 있어서 여전히 존재하는 간극을 반영하고 있다.

한-중 양국 간 인식의 차이와 방법론상의 이견에도 불구하고 안보 등 여타 이슈와 달리 기후변화와 환경 이슈에 있어서는 중국도 한국과의 협력 필요성 자체는 인식하고 있다. 이와 관련해서 셰전화(Xie Zhenhua) 중국 기후변화협상 특별대표는 중국도 미세먼지의 심각성을 인식하고 있으며, 베이징 역시 공기 질이 나쁘기 때문에 에너지 소비 구조 개선을 위해 지속적으로 노력할 것이라고 밝혔다. 특히, 2005년 7.4%였던 비화석연료 비중을 2017년에는 13.1%까지 늘렸다는 성공 사례를 들었다.[10]

---

9   Qiang Zhang 외, "Transboundary health impacts of transported global air pollution and international trade," https://www.nature.com/nature/journal/v543/n7647/full/nature21712.html
10 Xie Zhenhua, 2017년 7월 25일 면담.

주변국에 대한 미세먼지 대책에서는 중국이 주장하는 글로벌 연계를 인정하면서 중국의 책임과 역할을 강조하는 미세먼지의 국제화 전략을 펴가는 것이 바람직하다고 생각된다. 미세먼지의 국제화 전략은 한-중 및 한-일 간 양자채널, 한-중-일 간 3자 채널을 기본으로 하되, 유엔환경계획 (UNEP)이나 유엔 아태경제사회이사회(UNESCAP)를 비롯한 국제기구의 중심 역할을 모색하고 있다. 동 전략은 초국경 미세먼지로 인한 영향의 객관성과 과학적 논증을 뒷받침하는 국제세미나와 포럼을 개최하고 미세먼지에 대한 지역협력과 국제협력 분위기를 만들어가는 데 중점을 두고 있다.

미세먼지 국제화 전략의 원칙과 방향은 세 가지 면에서 고려할 수 있다. 첫째, 협력지향성이다. 중국도 대기오염 저감을 위한 사업을 적극 추진하고 있는 만큼 비난하거나 추궁하는 형태보다는 호혜적인 이익을 가져다주는 방향에서 이슈를 제기하고 상호협력을 모색해야 한다. 중국이 취하는 긍정적인 정책에 대해서는 인정해주고 우리와 협력 필요성이 있는 기술 분야를 발굴해서 사업을 확대해나갈 필요가 있다.

둘째, 점진성이다. 중국 경제가 뉴노멀 상태에 진입했다고 하나 여전히 6%대 성장을 추구하고 있어 급격한 미세먼지 감소를 기대하기 어렵다. 중국이 추구하고 있는 녹색발전(green development) 역시 성장을 포기하지 않으면서 환경오염을 줄여가는 경제발전 전략이다. 따라서 경제 발전을 지속하면서도 미세먼지 대책에 대한 지속적인 관심과 투자가 이루어지도록 지원할 필요가 있다.

셋째, 과학적 접근법이다. 한-중 간 실질적인 내용의 협력이 이루어지려면 객관화된 자료가 필요하다. 이를 위해서는 전문가 집단의 네트워크와 인식공동체(epistemic community)의 과학에 기반한 자문과 정책적 역량을 강화해야 한다. 양국은 물론 국제적인 전문가 간 네트워크를 강화하고 전문가 집단과 정책 집단 간 교류를 활성화하는 채널을 다양화해서 실제

정책으로 입안될 수 있도록 지원해야 한다.

협력 채널과 관련해서는 우선 양자 차원에서 중국과의 고위급 협의체 채널의 가동과 함께 양자 협력사업을 확대할 필요가 있다. 이를 위해서는 현재 진행되고 있는 한-중 간 양자 협력 채널과 사업에 대한 이해와 진단을 바탕으로 점진적으로 보완해나가야 한다. 현재 한-중 간에는 외교부와 환경부를 중심으로 기후변화와 환경 협력을 위한 국장급 협의체가 구성되어 있다. 즉, 한-중 양국은 외교부-생태환경부 간 기후변화 공동위와 외교부-생태환경부 간 환경공동위 채널을 가동하고 있으며, 양국 환경부 간 월경성 대기오염 문제를 협의하는 국장급 채널을 운용하고 있다.

양국 협력사업은 1993년 10월 체결된 한-중 간 환경협력협정과 양국 환경부 간 2014년 7월 개정된 환경협력을 위한 양해각서(MOU, 2003년 7월 체결)에 기반하고 있다. 특히 양국 환경부 간 양해각서는 월경성 대기오염 협력으로서 대기오염물질 관측 자료 공유 및 공동연구, 대기오염 방지 기술 실증 사업 등을 포함하고 있다.

구체적으로 진행되고 있는 사업으로는 △ 실시간 대기 질 관측자료 공유, △ 한-중 대기 질 공동연구단 연구사업, △ 한-중 미세먼지 저감 실증사업 등이 있다. 우선 양국은 미세먼지 예보 정확성 제고를 위해 한국 수도권과 중국 35개 도시에 관한 대기 질 및 황사 측정 자료를 실시간으로 공유하고 있다. 둘째로 한-중 양국은 대기오염 개선을 위한 전문가 연구 역량을 제고하기 위해 2015년 6월 베이징에 대기 질 공동연구단을 설치하여 대기오염물질 발생 원인 규명과 미세먼지 예보모델을 개발하고 있다. 셋째로 미세먼지 저감 실증사업은 2014년 7월 한-중 정상회담 합의에 따라 추진되었으며, 중국 산둥성, 허베이성 등 4개 지역 제철소 및 석탄화력 발전소 등을 대상으로 우리의 우수한 대기오염방지기술을 적용해서 대기오염물질 저감 사업을 시행하고 있다.

그러나 현재의 한-중 간 협력 시스템은 미세먼지를 의제화하여 중국 실무 및 고위급에 직접적으로 우리의 우선적 관심 사항을 환기시키고 중국 측의 협조를 구하는 데 있어 유용한 채널이기는 하나 객관적인 과학적 증거 제시나 논리적 설득을 통해 구체적인 해결책을 마련하도록 하는 데는 한계가 있는 것이 사실이다.

향후 국제기구 등과 협력하여 객관적인 미세먼지의 영향과 피해 자료를 조사하고 구체적인 논의를 통해 상호이해를 심화시키고 동 협의 결과를 각료급의 전략적 협의체 의제에 반영해서 행동 지향적인 문안 합의를 이끌어내는 노력이 필요하다. 궁극적으로는 한-중 내지 한-중-일 정상회담에서 선언적 형태의 합의를 도출하고 대외에 발표할 수 있도록 과학적 연구와 정책적 제안들을 지속적으로 마련하여 과학과 정책 영역 간 공감대를 확보해가야 한다.

한-중 양국은 2014년 7월 양국 정상 간 미세먼지 등 대기오염 분야 협력체제를 강화하기로 합의하였고, 2017년 8월 양국 정상이 대기오염 등 환경문제에서 협력을 강화하기로 하면서 이듬해인 2018년 6월 양국 환경장관이 서명한 '2018~2022 한-중 환경협력계획'에 따라 한-중 환경협력센터가 출범하였다. 이보다 한 달 앞선 2018년 5월 한-중-일 정상회의 계기로 양국은 미세먼지 대응에서 실질적인 성과를 거둘 수 있도록 함께 노력하기로 합의하였다. 미세먼지 논의 관련, 중국에서도 점차 협조적인 자세를 보이고 있는 만큼 정치적 추동력을 지속적으로 강화해나가면서 중국발 미세먼지의 이동 경로 연구의 확대를 시행하는 것이 바람직하다.

중국발 미세먼지의 이동 경로 연구와 중국 내 오염 저감을 위한 효과적 실증사업을 확대 시행하는 것이 바람직하다. 다만 이 경우 오염 배출원 이동 경로에 대한 과학적 규명에 대한 중국의 경계를 완화해가면서 사업의 효과성을 높이는 것이 관건이라 할 수 있다.

한-중-일 3국 간에는 한국의 제안으로 1999년부터 환경장관회의를 개최하기 시작하였으며, 동 회의는 3국 간 전반적인 환경 분야 협력을 주도하는 권위 있는 협력체의 역할을 하고 있다. 한-중-일 3국 환경장관은 제15차 TEMM(2013.5월) 계기 매년 대기오염 정책대화를 신설키로 합의함에 따라 2014년 3월 실무자급 '대기정책대화'를 설치하여 운영하고 있다.

2017년 8월 24~25일간 수원에서 제19차 TEMM 회의가 개최되었는데 신정부 들어 처음으로 개최된 동 회의에서 3국은 미세먼지를 포함한 환경 분야 이슈 협력을 강화하기로 하였다. 특히 그간 공개에 합의하지 못했던 전문가 간 한·중·일 미세먼지 공동연구 결과를 향후 공개하기로 한 것은 큰 수확이라 할 수 있다. 향후 한-중-일 간 실무회담을 통해 실효성 있는 3자협력 사업을 발굴하고 시행하여 그 결과를 한-중-일 환경장관회의와 정상회의에 보고하여 협력 관행을 축적하는 것이 필요하다.

동북아 역내 다자협력체와 관련, 역내 유일의 정부 간 다자환경협력기구인 동북아환경협력계획(NEASPEC)의 역할을 강화할 필요가 있다. 동북아환경협력계획은 동북아 지역 6개국이 가입한 환경협의체로서 매년 고위급 회의를 개최하고 있으며, 2017년 서울에서 21차 회의를 개최하였다.

1990년대 중반부터 추진해온 동북아 역내 대기오염 협력 채널 구축 노력이 2017년 3월 NEASPEC 고위급 회의 시 동북아청정대기파트너십(North-East Asia Clean Air Partnership, NEACAP) 운영규칙(TOR)안으로 의제화될 수 있었으나 회원국 간 이견으로 합의에 이르지는 못했다. 러시아가 동 파트너십 구축을 적극적으로 지지하였으나, 중국이 양자협력 채널과 마찬가지로 월경성 대기오염 관련 지역협력 파트너십 구축에 여전히 소극적으로 임한 데다 일본까지 문안 합의 반대 세력에 가세했기 때문이다. 그러나 UN ESCAP을 통한 중재 노력을 통해 동년 10월 부산에서 전문가 회의를 개최하여 TOR 문안에 합의한 데 이어, 2018년 10월 중국 북경에서 개최된 제22차 NEASPEC 고위급 회의 시 NEACAP을 출범시키기로 합의하였다. NEACAP은 사회경제적인 지표까지 포함하는 통합평가모델을 토대로 과학연구 조사를 실시하고 과학정책위원회(Science and Policy Committee, SPC)를 중심으로 정책결정자 간 소통과 연계가 가능토록 하고 있어 동북아 역내 미세먼지를 포함한 대기오염 이동 연구와 정책 공유, 공동사업 진행에 기여할 것으로 예상된다.

동북아환경협력계획은 사무국이 UNESCAP 동북아 사무소에 소재하고 있으므로 불가불 UN 차원에서의 협력과 연계되어 있다. UNEP 역시 UN의 기구로서 초국경 대기오염 문제에 대해 관심을 갖고 있으므로 UNEP의 동북아 지역 미세먼지 협력체 구축에 건설적 역할을 유도할 필요가 있다. UNEP은 동북아 미세먼지에 대한 국제협력의 필요성을 정당화하는 역할을 할 수 있으며, 과학적 논증에 기여할 수 있다.

다만, UNEP은 일본이 주도가 되어 추진 중인 아태청정대기파트너십 (Asia Pacific Clean Air Partnership, APCAP)[11]을 직접적으로 지원하고 있어 우리가 주도하는 NEASPEC 중심의 다자협력 구도와 원칙 및 방향에서 중복성 제기 등 이견을 보이고 있어 이에 대한 면밀한 대책과 일본과의 긴밀한 협의가 필요하다. 아울러 일본은 동남아 국가들을 포함하는 동아시아 산성비모니터링네트워크(Acid Deposition Monitoring Network in East Asia, EANET)를 통한 협력을 주도하고 있어 일본 정부의 우려 해소를 위해 EANET의 기능과 역할 부여를 명확히 제시하는 것이 필요하다.[12]

---

11 APCAP은 2014년 UNEP이 주최하여 개최하는 유엔 환경총회(UN Environment Assembly) 시 일본이 주도하여 16개 국가와 국제기구가 참여하여 설립되었으며 방콕 소재 UNEP 아태 지역사무소에 사무국을 두고 있다. 동 파트너십은 아태지역 국가들의 청정 대기 관리를 위해 지원하고 있으며 과학패널(Scienced Panel)과 공동포럼(Joint Forum) 등을 운영하고 있다.

12 EANET은 한국, 일본, 러시아, 중국을 포함, 캄보디아, 인도네시아, 라오스, 말레이시아, 몽골 등 13개국이 참여하고 있으며 주로 일본정부의 예산 지원으로 동아시아에서 산성비 강

향후 양자와 소다자 협력, 지역 협력과 글로벌 차원의 연계 전략을 통한 미세먼지의 국제화 전략의 궁극 목표는 역내 협력을 위한 국제협약 체결을 통해 조약에 기초한 협력체로 발전시키는 것이다. 양자 및 다자 채널과 함께 파트너십의 형성, 그리고 인식공동체의 발전은 이러한 협력체 구축의 요건이다. 따라서 우리의 향후 미세먼지 대처를 위한 외교 역량은 과학에서 협상, 협력체 발전에 이르기까지 일련의 단계적이면서도 통합적인 접근 방법을 마련해야 한다.

하문제에 대한 공동인식 확대와 협력을 목표로 활동하고 있다.

참고문헌

관계부처 합동. 2016.6. 「미세먼지 관리 특별대책」.
_____. 2017.9. 「미세먼지 관리 종합대책」.
≪동아일보≫. 2017.4.7. "초미세먼지 많은 지역 여성 유방암 걸릴 가능성 높아".
외교부 보도자료. 2018.1.19. "제22차 한·중 환경협력공동위원회 개최-환경 관련 한·중 정상회
　　담 후속조치 및 양국 간 협력사업 논의".
_____. 2018.10.26. "제22차 동북아환경협력프로그램(NEASPEC) 고위급 개최-미세먼지 등 역
　　내 대기오염 저감을 위한 동북아청정대기파트너십(NEACAP) 공식 출범".
이혜경. 2017. 「동북아 대기 오염 문제 해결을 위한 다자협력 현황 및 전망」. ≪이슈와 논점≫,
　　제130호.
중국 외교부 홈페이지(www.mfa.gov.cn).
환경부 보도자료. 2017.8.25. "한-중-일 환경장관, 동북아 미세먼지 등 환경문제 해결위해 의기투합"

Qiang Zhang 외. 「Transboundary health impacts of transported global air pollution and
　　international trade」(https://www.nature.com/articles/nature21712).
WHO. 2017. *World Health Statistics 2017, Monitoring Health for the SDGs*(Geneva, 2017).

12

시장구조의 변화와 가치사슬을 고려한
한국 태양광 산업의 육성 방향*

김성진

1. 세계 태양광 시장 구조의 변화

태양광 산업의 태동기에 시장을 이끈 나라는 미국이었다. 1972년 제1차 서유파동 및 유가 상승에 대응히여 1973년 석유 금수조치가 시행되자, 미국은 에너지 안보 차원에서 재생에너지의 육성에 주목했다. 1974년 태양에너지법안이 처음 입법화되었고, 연구개발에 대한 정부 지원도 늘어나기 시작했다. 1977년 미국 대통령이 된 카터(Jimmy Carter)는 에너지 안보를 최우선 정책과제로 삼고 에너지부를 설립했으며, 세제 혜택, 보조금, 규제 완화, 연구개발기금 지원, 국립 태양에너지연구소 설립 등 태양에너지를 지원하기 위한 제도를 정비했다. 백악관 차원에서 태양에너지의 확대를 유도하자, 미국 전체가 움직이기 시작했다. 공공부문뿐 아니라 민간

* 이 연구는 재단법인 여시재의 연구비 지원(계약번호: 2018-018)을 받아 수행되었음.

차원에서도 활발한 연구개발이 이루어졌고, 계산기 등에 삽입되는 소규모 태양전지 중심으로 생산이 증가하였다. 1981년 레이건(Ronald Reagan) 대통령이 집권하면서 카터 정부의 상징이던 태양에너지에 대한 지원을 끊었고, 이에 따라 민간 투자도 상당 부분 후퇴하였으나, 1996년 미국 태양에너지 설비용량이 세계 1위인 77MW를 기록하는 등 1970년대 중반부터 1990년대 중반까지 태양광 시장을 견인한 것은 미국이라고 볼 수 있다.

1990년대 중반부터 태양광 시장을 이끈 것은 일본이다. 제1차 석유파동 이후 에너지 안보 향상을 위해 태양전지를 개발하는 '선샤인(Sunshine) 프로젝트'를 시작하고(1974년), 제2차 석유파동 이후 신에너지산업기술종합개발기구(NEDO)를 설립(1980년)하는 등 태양에너지의 보급과 연구개발에 관심을 가져왔다. 특히 반도체 강국 일본으로서는, 실리콘을 주요 원료로 하는 태양전지에 경쟁력을 가질 수 있다고 판단했다. 이후 1992년 보조금제인 고정가격매입제도를 도입하여 주택용 태양열전지 설치비를 지원했고, 1995년 한신 대지진이라는 참사로 인해 에너지 수급에 심각한 문제를 경험한 일본은, 1997년 「신에너지법」을 제정하여 보조금제를 확대함으로써 분산형 발전원인 태양광 보급에 본격적으로 나섰다. 2003년에는 발전원의 일정 비율을 의무적으로 재생에너지로 충당하는 발전 비율 할당제까지 시행하는 등 1997~2003년 기간 동안 지속적으로 내수시장 확대와 제조 기술의 개발에 힘써온 결과, 2004년 일본 태양광 설비용량은 세계 1위인 1132MW를 기록했고, 같은 해 세계 태양전지 제조기업 상위 5개 중 4개(샤프, 교세라, 산요, 미쓰비시)가 일본 기업이었을 정도로 일본은 세계 태양광 시장을 주도했다.

2005년 일본이 재정난을 이유로 보조금제를 폐지하자, 태양광 시장의 중심지는 유럽, 특히 독일, 스페인, 이탈리아로 이동하였다. 1986년 체르노빌 원전 사고 이후 탈원전과 재생에너지 보급에 힘써오던 독일은 1990

년 녹색당의 하원 진출에 힘입어 1991년 기준가격전력매입법을 제정하여 재생에너지 고정가격매입제를 시행하였고, 2005년 이후에는 세계 최대의 태양광 시장으로 발돋움하였다. 스페인과 이탈리아 역시 재생에너지에 대한 높은 보조금을 책정하여, 유럽은 세계 태양광 수요의 60%를 차지할 정도로 태양광 보급의 중심지가 되었다. 1990년대 후반 이후 태양광 제조업에 주력하면서 태양광 패널을 생산해오던 중국은, 2005년 당시에도 높은 국가보조금이 유지되던 유럽 시장을 적극 개척하면서 자국 생산 패널의 90% 이상을 해외로 수출하여 세계 최대의 태양광 제조국이자 판매국으로 부상하는 계기를 마련했다.

2009년은 세계 태양광 시장에서 현재 가장 두드러지는 행위자인 중국이 본격적으로 그 존재감을 발휘하기 시작한 해이다. 2007년 미국발 금융위기가 세계를 강타하자 유럽도 큰 경제위기를 겪게 되어, 투자 비용 대비 자금 회수가 쉽지 않은 재생에너지 투자가 부담스러워졌고, 2008년부터 시작된 저유가 추세로 인해 화석연료 대비 재생에너지의 매력이 상대적으로 줄어드는 현상이 나타났다. 이에 따라 2008년 기준 세계 태양광 수요의 40%를 차지했던 스페인은 태양광 보조금을 대폭 줄이면서 신규 시설 투자에도 제한을 두었고, 독일과 이탈리아 역시 그동안 유지해오던 재생에너지에 대한 혜택을 축소시켰다.

주요 시장에서의 수요가 줄어들자 자연히 공급에 과잉현상이 발생했다. 금융위기 전까지 패널 공급 부족으로 20% 이상의 영업이익률을 보이던 중국의 제조업계는 지속적으로 설비투자를 늘렸고, 2008년에 2007년 대비 두 배 이상의 공급이 가능해질 정도로 패널 제조업에 대한 투자와 사업 진출이 활발히 이루어졌다. 하지만 유럽 시장의 위축으로 인해 과잉생산된 패널은 수요처를 찾지 못하게 되었고, 이는 중국 태양광 제조업계의 위기로 이어졌다. 당시 중국은 세계 태양광 패널의 50% 이상을 생산하면

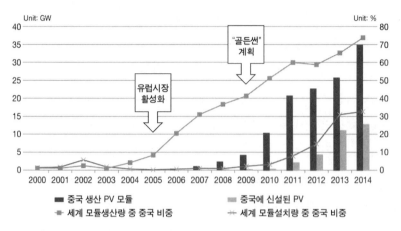

〈그림 12-1〉 세계 태양광 산업계에서의 중국의 행보

Unit: GW

Unit: %

"골든썬"
계획

유럽시장
활성화

■ 중국 생산 PV 모듈 ■ 중국에 신설된 PV
■ 세계 모듈생산량 중 중국 비중 ─×─ 세계 모듈설치량 중 중국 비중

자료: Zhang and Gallagher(2016: 193), 에서 보완.

서 그중 90%를 해외로 수출할 정도로 해외시장에 의존하던 상황이었기에,
2008년 금융위기 이후 중국 태양광 제조업체의 80%인 350여 개의 기업이
문을 닫을 정도였다. 태양광 산업 전략의 변경이 불가피해졌는데, 해외시
장 수출 위주에서 내수시장 보급 위주로 전략을 수정해야 했던 것이다.

〈그림 12-1〉을 보면, 태양광 패널의 생산과 수출만을 해오던 중국이
2009년을 계기로 자국 내 보급을 늘리기 시작했다는 사실을 알 수 있는데,
2009년 중국 정부는 약 30억 달러 규모의 태양광 보조금정책인 '골든 썬
(Golden Sun) 프로그램'을 가동했다. 2020년까지 자국 태양광 설비용량을
20GW까지 키울 것을 목표로 하고, 가정용 태양광 발전에 대한 고정가격
매입과, 대규모 발전사업에 대한 투자금의 50~70% 지원을 발표한 것이다.
이에 따라 중국은 세계 최대의 태양광 패널 수출국에서, 2017년 기준 누적
설비용량 131.1GW를 기록한 세계 최대의 태양광 시장으로 변화했다.

현재 세계 태양광 시장은 중국, 미국, 일본, 독일 4개국이 주도하고 있

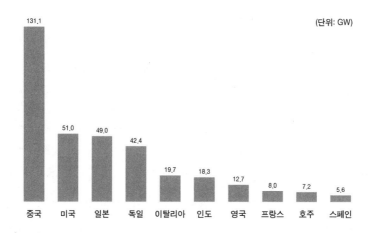

〈그림 12-2〉 국가별 태양광 누적 설비용량(2017)

(단위: GW)

131.1 중국
51.0 미국
49.0 일본
42.4 독일
19.7 이탈리아
18.3 인도
12.7 영국
8.0 프랑스
7.2 호주
5.6 스페인

자료: Statista.

다. 세계 태양광 소비시장의 40% 이상을 차지하는 중국의 강력한 우위 속에서, 기존 세계 태양광 시장의 패권을 차지한 바 있었던 삼국이 경쟁하는 구도이다. 미국은 오바마(Barack H. Obama) 대통령 시기 다양한 지원정책을 통해 재생에너지 시장을 키워왔다. 금융위기를 해결하고자 2009년 제정된 「미국재건·재투자법(ARRA)」에 근거하여 재생에너지에 대해 800억 달러를 투자했으며, 풍력·태양광 등에 생산세액공제(Production Tax Credit) 및 투자세액공제(Investment Tax Credit)를 적용하는 등 다양한 혜택을 통해 재생에너지를 육성했다(에너지경제연구원, 2017: 23~26). 2005년에 보조금제를 폐지해 태양광 시장 위축을 경험했던 일본은 2011년 후쿠시마 원전사고 이후 모든 원전이 중단되자, 재생에너지에 다시금 주목하여 2012년 '재생에너지전량매입제'라는, 기존보다 강화된 보조금제도를 도입했다. 독일 역시 후쿠시마 원전사고 이후 '에너지 전환(Energiewende)' 정책을 강화해 탈원전·탈탄소를 목표로 삼고 유럽 재생에너지 시장을 이끌고 있다.

미국, 일본, 독일, 중국으로 이어지는 시장 주도권의 흐름을 보면, 태양광 내수시장을 보유한 국가가 세계 태양광 산업과 시장을 이끌고 있음을 알 수 있다. 1970년대부터 2004년까지 미국과 일본이 주도한 시장에서는 태양광 패널의 공급 주체와 소비 주체가 일치했다. 다시 말해서, 자국에서 개발한 태양광 패널을 자국 시장에 보급하여 전력을 생산하면 됐다. 하지만 2005년부터는 이 과정에서 과거와의 괴리가 생겨났다. 1990년대 말부터 성장하기 시작한 중국 기업들은 높은 가격 경쟁력을 무기로 하여, 정부 지원에 의해 육성되는 유럽 시장을 적극 개척했다. 이에 따라 중국의 제조·공급이 유럽의 소비·수요와 결합되어 공급 주체와 소비 주체가 달라지는 양상이 확연해졌다. 하지만 유럽시장에서 문제가 발생하자 중국 역시 내수시장으로 눈을 돌려, 유럽 이후 세계 시장 주도권을 가져갔다. 수출에 극단적으로 의존하는 산업 전략은 주요 해외시장 위축 시 취약성을 드러낼 수밖에 없으며, 결과적으로 내수시장의 육성 또는 안정적인 시장의 확보 없는 제조·수출 위주의 산업 전략은 한계가 있다는 것을 보여준다.

2. 태양광 산업의 가치사슬

1985년 하버드대 경영대학원의 포터(Michael Porter) 교수는 『경쟁우위(Competitive Advantage)』라는 책에서 '가치사슬(value chain)' 개념을 제시했다. 기업은 경쟁할 수 있는 전략을 세워야 하는데, 이를 위해 본원적 활동과 지원 활동으로 나뉘는 다양한 가치사슬의 각 단계에서, 자신의 경쟁력을 파악하고 가치를 향상시키기 위해 할 수 있는 활동을 모색해야 한다는 것이 그의 주장이다. 기업의 본원적 활동은 입고, 운영(생산과 처리), 출고(저장과 배분), 판매, 서비스(물류) 등으로 이루어지며, 지원 활동은 인프라

(회계, 재무, 경영), 인력 관리, 기술 개발, 조달 과정 등으로 이루어진다. 그 각각의 단계에서 기업은 경쟁력을 높이고 가치를 향상시킬 수 있는 전략을 모색해야 한다는 것이다.

다른 모든 산업과 마찬가지로, 태양광 산업 역시 포터가 제시한 가치사슬의 구조를 지닌다. 처음에는 기술의 연구·개발(Research and Development, R&D)이 위치하고 있고, 대규모의 자본과 장비가 필요한 자본설비의 영역이 바로 다음에 위치하여 산업의 기반을 형성한다. 태양광 산업계에서 일반적으로 "가치사슬"로 부르는 지점은 제조업부터이다. 제조업은 크게 상류(upstream)와 중류(midstream)로 구분되는데, 일반적으로 태양광 패널의 원재료를 구성하는 폴리실리콘[1]을 상류, 태양광 패널의 본체를 이루는 잉곳[2], 웨이퍼[3], 셀[4], 모듈[5]을 중류라고 부른다. 제조업 다음에는 인버터, 전선, 배터리 등 주변기기(Balance of System, BOS)가 오며, 제품 및 태양광으로 얻은 전력의 판매, 사업개발, 설계·조달·시공(Engineering, Procurement, Construction, EPC), 운영·유지(Operation and Maintenance, O&M)를 담당

---

1 규소에서 실리콘을 뽑아내는 공정으로, 태양전지에서 빛에너지를 전기에너지로 전환시키는 역할을 하는, 작은 실리콘 결정체들로 이루어진 물질.
2 태양전지의 원재료인 폴리실리콘을 녹여서 일정한 주형에 넣어 굳힌 기둥 모양의 덩어리.
3 반도체 소자를 만드는 데 사용되며, 잉곳을 얇게 잘라낸 것.
4 태양전지 하나하나를 지칭하는 용어로, 빛에너지를 전기에너지로 전환시키는 일종의 반도체.
5 (보통 100개 이내의) 태양전지를 연결한 패널.

순위	폴리실리콘 기업	국적	순위	웨이퍼 기업	국적
1	GCL-Poly Energy	중국	1	GCL-Poly Energy	중국
			2	Xi'an LongiSilicon Materials Corp.	중국
2	Wacker Chemie AG	독일	3	LDK Solar	중국
			4	Jinko Solar	중국
3	OCI	한국	5	Yingli Green Energy	중국
			6	Green Energy Technology Inc.	대만
4	Xinte Energy	중국	7	ReneSola	미국
			8	Jiangxi Sornid Hi-Tech	중국
5	REC Silicon	노르웨이	9	Trina Solar	중국
			10	Huantai Silicon	중국
순위	셀 기업	국적	순위	모듈 기업	국적
1	Hanwha Q-CELLS	한국	1	Jinko Solar	중국
2	Tongwei	중국	2	Hanwha Q-CELLS	한국
3	JA Solar	중국	3	Canadian Solar	중국
4	Jinko Solar	중국	4	JA Solar	중국
5	Canadian Solar	중국	5	GCL-SI	중국
6	Trina Solar	중국	6	LONGI Solar	중국
7	LONGI Solar	중국	7	Trina Solar	중국
8	Shunfeng	중국	8	Vina Solar	베트남
9	First Solar	미국	9	Yingll Green	중국
10	GCL-SI	중국	10	First Solar	미국

자료: 폴리실리콘, 웨이퍼(2017년 기준)는 PV Magazine, 2017: 55; 셀, 모듈(2018년 기준)은 ≪조선비즈≫, 2018.

하는 서비스업은 가치사슬의 마지막에 위치하는데, 이러한 서비스 영역을 보통 하류(downstream)로 지칭한다.

현재 중국은 세계 태양광 패널의 50% 이상을 공급하는 산업기지 역할을 맡고 있을 정도로, 상류와 중류에서는 압도적인 존재감을 보이고 있다. 〈표 12-1〉은 폴리실리콘, 웨이퍼, 셀, 모듈의 세계 상위 제조기업 명단이다. 폴리실리콘 분야에서는 여러 국가의 기업이 경쟁을 하지만 중국의 GCL-Poly Energy가 1위를 차지하고 있고, 웨이퍼 역시 상위 10개 기업 중 8개가 중국 기업이며, 셀과 모듈에서도 한국의 한화큐셀과 미국의 First Solar 정도를 제외하면 대부분 중국 기업이 상위에 위치하고 있음을 확인할 수 있다.

　중국의 세계 태양광 패널 시장 장악이 가능했던 이유는 높은 가격경쟁력이다. 중국 정부의 태양광 제조업 육성을 위한 보조금, 세제혜택, 자금투자 등의 전폭적인 지원에 중국 노동시장의 낮은 인건비가 결합됨으로써, 유럽 제조기업 대비 70% 수준이라는 높은 가격경쟁력이 가능할 수 있었다. 따라서 앞서 살펴본 바와 같이, 미국발 금융위기로 인해 서구 시장이 위축되기 전까지 중국은 제조업 투자와 패널 생산력의 제고를 국가적·산업적 목표로 삼아, 생산과 수출 위주로 태양광 시장에 접근했던 것이다. 가격경쟁력에 기반을 둔 중국의 공세로 인해 독일의 큐셀은 한화에 매각되었고, 미국의 First Solar 정도를 제외하면 중국 외의 패널 제조 기업들은 대부분 경쟁력을 상실하여 문을 닫거나 시장에서 철수하였다. 2017년에는 독일의 SolarWorld와 미국 Suniva마저 파산하여, 유럽과 미국의 제조업 부문은 사실상 무너졌고, 제조업의 중심은 아시아로 완전히 넘어왔다고 할 수 있다. Jinko, JA, Trina 등 중국의 모듈 강자들에 더하여, 폴리실리콘이 주력이었던 GCL 역시 모듈로 수직계열화하면서, 제조업계는 가격경쟁력을 위해 생산설비를 계속 확장하고 있는 중국기업들 간 치킨게임이 본격화 될 것으로 전망된다.

　하지만 태양광 산업에는 제조업만 있는 것이 아니다. 제조업에서 중국에 밀린 미국, 일본, 독일에서는 현재 하류를 적극적으로 개척하고 있다. 게다가 중국기업들의 자체 경쟁 심화와, 패널의 수요 감소에 따른 공급과잉으로 인해 제조업계의 이익률은 크게 줄어들어, 제조업을 장악한 중국역시 깊은 고민에 빠지게 되었다. 〈그림 12-4〉는 태양광 산업 각 가치사슬 단계에서의 이익률을 보여주는데, 전형적인 스마일곡선을 이루고 있다. 즉, 가치사슬의 가운데 위치한 제조업 부문의 이익률이 가장 낮고, 마지막에 위치한 판매, 사업개발, EPC, O&M 등 서비스 부문의 이익률이 가

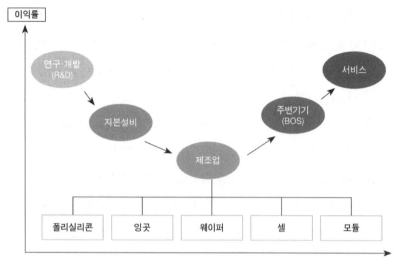

〈그림 12-4〉 태양광 산업의 가치사슬 단계별 이익률

자료: Zhang and Gallagher(2016: 195).

장 높다는 점을 알 수 있다.

　제조업 내에서의 수익의 흐름은 상류, 중류, 하류가 각각 상이하다. 상류인 폴리실리콘은 세계 상위 3개 기업이 굳건한 지배력을 행사하는 가운데, 이익률은 부침을 겪고 있다. 높은 진입장벽으로 인해 이익률이 급락한 2011년에도 평균이익률 30%대를 기록할 만큼 호황을 누렸으나, 이후 낮은 이익률이 2016년까지 이어지다가, 2017년 이후 다시금 회복세를 보이고 있다. 중류인 잉곳·웨이퍼, 셀·모듈은 진입장벽이 대단히 낮아 가격경쟁력을 갖춘 기업만 살아남았으며, 완전경쟁에 가까운 영역이 되어 1%대의 낮은 이익률을 보이고 있다. 하지만 중류와는 대조적으로, 하류인 보급 및 운영·관리 영역의 평균이익률은 현재 최소 7~10%이며, 기존에 태양광 제조업을 하던 기업이 발전사업까지 하게 되면 자사 제품을 합리적인 가격으로 사용할 수 있어서 최대 20%의 이익률이 가능하다고 분석되고 있

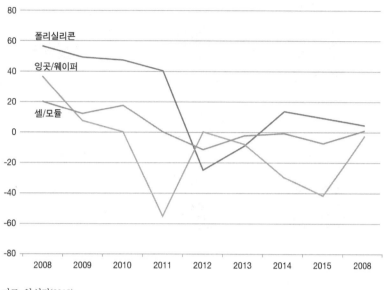

〈그림 12-5〉 태양광 제조업 평균이익률 추세

자료: 양성진(2018).

다(삼정KPMG, 2016: 14).

이러한 가치사슬별 이익률을 고려할 때, 세계 1위의 태양광 제조기업이
었던 중국 잉리(Yingli)사의 산업 전략 변화는 많은 시사점을 준다. 중국의
제조업체가 태동하는 기간이었던 1998~2004년에, 잉리는 잉곳·웨이퍼와
셀·모듈, 즉 중류에서만 사업을 수행했다. 세계 최고의 태양광 R&D기관
중 하나인 호주 뉴사우스웨일즈대(University of New South Wales)에서 전수
받은 기술로 태양광 패널을 제조하여 수출로를 모색하는 단순한 행보였
다. 하지만 유럽 시장이 본격적으로 활성화된 2005~2008년 기간에는 상
류인 폴리실리콘으로 사업을 수직계열화하고, 인버터 등 BOS의 핵심 부
품까지 사업 영역을 확대하여 제품의 수출 극대화에 주력했다. 2008년 이
후 금융위기를 겪은 유럽 시장이 위축되고 공급 과잉으로 인해 태양광 패

〈그림 12-6〉 중국 잉리사의 산업전략 변화 추이

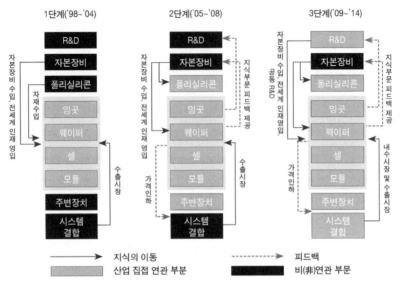

지식의 이동

산업 집접 연관 부분

피드백

비(非)연관 부문

자료: Zhang and Gallagher(2016: 199).

널의 가격 급락이 이어지자, 잉리는 자국의 내수시장을 개척하면서 하류인 서비스업에 진출함과 동시에, 자체적인 R&D 역량을 키워 고부가가치 제품을 만드는 방향으로 전략을 변경했다. 결론적으로, 해외로부터의 기술이전을 통한 제조업 육성, 수출 중심의 세계 태양광 시장 개척과 수직계열화, 내수시장의 개척과 사업의 고부가가치화라는 일련의 단계를 밟아간 잉리의 행보는, 세계 태양광 시장의 구조 변화와 가치사슬을 고려한 산업전략적 대응의 전형을 보여준다고 할 수 있겠다.

3. 한국 태양광 산업의 육성 방향

지금까지 분석한 세계 태양광 시장구조의 변화와 태양광 산업 가치사슬을 고려할 때, 한국 태양광 산업의 육성 방향을 ① 내수시장의 확대, ② 해외 하류 부문의 개척, ③ 틈새시장의 강소기업 육성이라는 세 가지로 제언하고자 한다. 첫째, 국내 태양광 시장이 성장해야 한국의 태양광 산업계 역시 더욱 성장할 수 있다. 2009년을 전후로 한 중국의 사례에서 볼 수 있듯이, 수출에 전적으로 의존하는 산업군은 해외시장이 위축될 때 큰 위험을 겪게 된다. 지금까지 한국은 제조업에 주력하여 수출 위주의 성장모델을 만들어왔기에, 이러한 발상은 낯설게 들릴 수도 있다. 하지만 태양광 산업은 몇몇 정부의 지원하에서 급속히 형성된 소비시장에 의존하여 발달해왔다는 특징을 지닌다. 또한 한국이 자랑하는 반도체, 자동차, 조선, 디스플레이 등의 제조업은 그동안 높은 기술경쟁력을 토대로 발전해왔으나, 태양광 패널 제조는 기술적인 진입장벽이 낮은 까닭에 가격경쟁력에 의해 시장점유율이 결정되는 산업군이다. 따라서 내수시장에서 토대를 갖추지 못하고 제조·수출 위주로 산업을 육성한다면, 주요 기업들은 외부 시장의 상황에 따라 언제든 취약성을 드러내어 파산의 위험에 직면할 수 있다. 해외시장의 축소와 극심한 내부경쟁에 따른 공급과잉을 경험한 중국이 내수시장의 육성에 주력하기 시작한 사례는 한국에도 큰 시사점을 제시하고 있다.

현재 한국의 내수시장은 세계 시장에 비교할 때 미미한 수준이다. 2017년 기준, 국내의 태양광 설비 누적설치량은 5.7GW이며, 신규 설치량은 1.18GW에 불과하다. 따라서 태양광 제조업계에서는 내수시장에 큰 기대를 두지 않고, 해외시장의 개척에 사활을 걸어온 것이 사실이다. 하지만 2017년 문재인 정부 출범 이후, 정책적 지원에 의해 국내 태양광 시장은

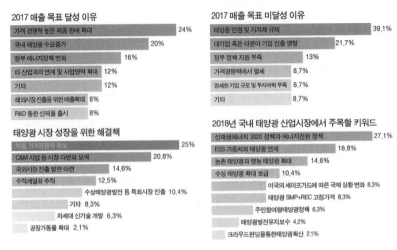

〈그림 12-7〉 태양광 업계 설문조사 결과

2017 매출 목표 달성 이유

가격 경쟁력 높은 제품 판매 확대	24%
국내 태양광 수요증가	20%
정부 에너지정책 변화	16%
타 산업과의 연계 및 사업영역 확대	12%
기타	12%
해외시장진출을 위한 매출확대	8%
R&D 통한 신제품 출시	8%

태양광 시장 성장을 위한 해결책

제품 가격경쟁력 확보	25%
C&M 사업 등 시장 다변화 모색	20.8%
국외시장 진출 발판 마련	14.6%
수직계열화 추직	12.5%
수상태양광발전 등 특화시장 진출	10.4%
기타	8.3%
차세대 신기술 개발	6.3%
공장가동률 확대	2.1%

2017 매출 목표 미달성 이유

태양광 민원 및 지자체 규제	39.1%
대기업 혹은 타분야 기업 진출 영향	21.7%
정부 정책 지원 부족	13%
가격경쟁력에서 열세	8.7%
영세한 기업 규모 및 투자여력 부족	8.7%
기타	8.7%

2018년 국내 태양광 산업시장에서 주목할 키워드

신재생에너지 3020 정책과 에너지전환 정책	27.1%
ESS 가중치와 태양광 연계	18.8%
농촌 태양광과 영농 태양광 확대	14.6%
수상 태양광 확대 보급	10.4%
미국의 세이프가드에 따른 국제 상황 변화	8.3%
태양광 SMP+REC 고정가격	8.3%
주민참여형태양광정책	6.3%
태양광발전유지보수	4.2%
크라우드펀딩을통한태양광확산	2.1%

자료: ≪인더스트리뉴스≫(2017b, 2017c, 2017d).

빠르게 성장하고 있는 점 또한 분명하다. 문재인 정부의 태양광 육성정책은 "재생에너지3020 이행계획"(산업통상자원부, 2017)에서 가장 확실히 드러나는데, 이는 2030년까지 총 발전량(63.8GW)의 20%를 재생에너지로 충당하고, 그 20% 중 8할 이상을 태양광(35.5GW)과 풍력(17.7GW)으로만 채우겠다는 계획이다. 재생에너지3020 목표를 달성하려면 2030년까지 30.8GW 규모의 태양광 발전소를 국내에 신규 설치해야 하며, 2018~2030년 기간 동안 연평균 2.5GW씩 성장하는 내수시장을 조성해야 한다. 이를 위해서는 재생에너지3020 이행에 대한 정부의 흔들림 없는 추진이 뒷받침되어야 하며, 내수시장 확대의 가장 큰 걸림돌인 부지의 확보와 수용성의 제고를 위한 제도적 쇄신이 뒤따라야 할 것이다.

2017년 ≪인더스트리뉴스≫에서는 세 번에 걸친 특별기획 기사를 통해 태양광 내수시장을 진단한 바 있다(≪인더스트리뉴스≫, 2017b, 2017c, 2017d).

국내의 제조·생산, 시공, 설계, 컨설팅, 연구개발, 유통, 에이전트 등 태양광 산업 전 분야를 망라한 기관을 선정하고, 내수시장 활성화를 위한 설문조사를 시행하여 그 결과를 발표한 것으로서 시사하는 바가 크다.

설문 전반부에서는 2017년 매출 목표의 달성·미달성 이유를 묻고 있다. 매출을 달성할 수 있었던 이유 중 가장 중요한 것은 가격경쟁력이지만, 그다음의 요인들은 국내 태양광 수요 증가, 정부 에너지정책 변화, 사업 영역 확대로, 모두 정부의 재생에너지 정책 및 내수시장 활성화를 위한 노력과 직접 관련되는 것들이다. 2017년 매출 목표 미달성의 이유를 보면, 가장 높은 것이 민원과 규제이며, 다음으로 타 기업과의 경쟁, 정부 정책 지원 부족, 가격경쟁력 등이 이유로 나타난다. 제품의 경쟁력 부문을 차치하면, 정부의 규제 완화와 정책적 지원이 52.1%를 차지할 정도로 중요하다는 점을 알 수 있다. 2017년 국내 태양광 시장의 성장 이유를 묻는 설문에서도 1, 2위인 국내 태양광 수요의 증가(43.2%)와 정부 에너지정책의 변화(38.6%)가 총 81.8%를 차지할 정도로, 정부의 정책적 지원이야말로 내수시장 활성화의 핵심임이 드러난다.

설문 후반부에서는 태양광 시장 성장을 위한 해결책과, 국내 태양광 산업시장에서 주목할 키워드를 묻고 있다. 업계에서는 태양광 시장의 성장을 위해서 제품의 가격경쟁력, 국내 하류 부문의 확대, 해외 수출 발판 마련, 상류와 하류를 아우르는 수직계열화, 수상태양광 등의 틈새시장 공략 등을 해결책으로 제시하고 있어, 내수시장에서도 패널의 보급과 함께 하류 부문의 활성화가 요구되고 있다는 점을 확인할 수 있다. 또한 향후 태양광 시장의 키워드로 재생에너지3020 정책, 에너지저장장치(Energy Storage System, ESS)[6] 가중치, 그리고 농촌태양광과 수상태양광이라는 특수한

---

6 일조량이 강한 낮 동안 태양광 발전소에서 생산한 전력을 저장했다가, 일조량이 약한 밤에

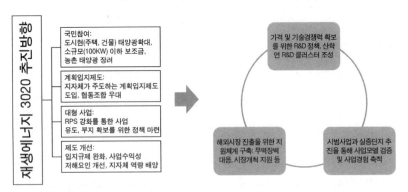

〈그림 12-8〉 "재생에너지3020 이행계획" 추진도

자료: 산업통상자원부(2017).

부지가 꼽혀, 제조업 가격경쟁력 강화, 하류 부문 활성화, 재생에너지와 ESS의 연계 유도, 패널 부지의 확보, 국민수용성 제고 등 향후 태양광 시장의 발전 방향을 짐작할 수 있다.

"재생에너지3020 이행계획"에서도 이러한 업계의 요청이 상당 부분 반영되어 있다. 국민 참여, 계획입지제도, 대형 사업, 제도 개선이라는 4대 추진 방향 속에는 보조금 확대, 국민수용성 제고, 입지규제 완화, 인센티브 강화, 교육 확대 등 한국 태양광 시장의 발전을 위해 필요한 요인들이 대부분 계획되어 있다. 이제 남은 일은 정부가 문제 해결의 의지를 갖고 일관적이고도 지속적으로 정책을 추진하여, 사회와 국민에게 분명하고도 신뢰할 수 있는 신호를 주는 것이다. 더 구체적으로는, RPS 강화를 통해 대형 사업의 기회와 경험을 높여야 하며, 이 과정에서 소규모 태양광 사업자들이 대기업에게 완전히 밀려나지 않도록 대형 사업 참여 기준을 정비할 필요가 있다. 태양광 내수시장 활성화에 가장 큰 걸림돌이 되는 부지

사용하거나, 계통으로 송전해줄 수 있는 장치이다.

문제를 해결하기 위해서는, 계획입지제도의 정비와 함께 농촌태양광 및 영농태양광의 확대를 위한 지원이나, 수상태양광 설치를 위한 법·정책의 개정이 수반되어야 한다. 국민수용성의 제고를 위해서는 기후변화·미세먼지 대응과 에너지 전환에 대한 시민교육을 한층 더 강화해야 하며, 주민들의 지분과 사업 참여를 유도하는 협동조합 형태의 주민참여형 태양광 사업이 확대되도록 인센티브를 마련해야 할 것이다. 또한 수출 시 사업 경험에 대한 기록(track record)이 파이낸싱과 수주 성공의 관건이 되는 요인 중 하나이기도 하므로, 국내 시장에서의 사업 경험 축적이 가능하게끔 관련 규제를 완화하는 방향으로 정부 정책을 추진해야 한다.

내수시장 육성에 있어 국가 차원에서 고민해야 할 중요한 문제가 한 가지 더 있다. 국제 자유무역 규칙과의 충돌 가능성이다. 세계무역기구(World Trade Organization, WTO)에서는 회원국 기업에게는 자국 기업과 동등한 수준의 혜택을 부여할 것을 요구하는 내국민대우 원칙하에서 엄격한 보조금 규칙을 두어, 자국 기업들에게 차별화된 특혜를 주는 보조금을 금지하고 있다. 하지만 현재 많은 국가에서는 태양광 보조금을 지급할 때, 자국산부품사용(Local Content Requirements, LCR) 조건을 두고 있다. 즉, 내수시장 육성을 위해 태양광 보조금은 지급하지만, 패널 등의 장비는 국내기업의 제품을 써야 한다는 조건을 다는 것이다. WTO 규칙에 명백히 반하는 일임에도 불구하고, 중국, 인도, 브라질, 남아프리카공화국 등의 개도국에서는 LCR을 전면적으로 시행했으며, 심지어 선진국인 캐나다와 미국의 일부 주에서조차 LCR을 적용하기도 하여 국제적인 무역분쟁이 발생한 바 있다(에너지경제연구원, 2016: 5~11).

국내 태양광 보급을 늘려 내수시장을 확대하고자 하는 국가라고 하더라도, 경쟁력을 지닌 외국산 태양광 제품이 전면 수입되어 국내 시장을 장악하는 일은 피하고자 할 것이다. 자국 산업을 보호하고, 학습효과를 일으키며, 결과적으로 자국의 경제적 편익을 최대화하려는 의도를 지니는 것이 일반적인 국가의 행태이다. 2005년 이후 유럽의 경험에서 알 수 있듯이, 국제 무역규칙을 준수하면서 내수시장을 육성하고자 하면, 해외(주로 중국)의 경쟁력 있는 제품이 국내 시장에 보급되는 것을 막을 방법이 없다. 이에 따라 대규모 시장을 지닌 국가들이 WTO 규칙을 어기고 무역분쟁을 일으키면서까지 LCR을 적용하는 것이다.

한국이 태양광 내수시장을 키우고자 할 때 무역분쟁을 감수하면서 무조건적으로 LCR을 적용하는 것은 바람직하지 않을 것이다. 현재 세계 3위의 내수시장을 보유했으면서도, 해외 기업들의 진출을 까다롭게 만든 일본의 사례는 한국에게 여러 가지 시사점을 준다. 일본 시장은 가격경쟁력보다는 품질경쟁력을 더 많이 보는 것으로 정평이 나 있다. 상대적으로 저렴한 가격 이외에도 파이낸싱 조달 능력, 제품의 출력, 서비스 등 까다롭고도 다양한 조건을 모두 충족시키는 제품만이 일본 시장에서 살아남고 있다. 예컨대, 국내 기업과 해외 기업 간 보조금 차별을 두지 않더라도, 일정한 품질 조건 및 서비스 조건을 만족시키지 못하는 제품에 대해서는 국내외 제품을 막론하고 보조금을 지급하지 않는 식이다. 한국의 한화큐셀, LG전자 등은 중국 기업에 비해 가격경쟁력은 떨어지지만, 품질 면에서 우위를 지녀 일본시장에서 호평을 받고 있다(≪Solar Today≫, 2015). 한국이 내수 시장을 육성할 때, 일본의 경우에서 볼 수 있는 지원 정책을 상세히 학습·이해하고, 품질 측면에서 경쟁력을 지닌 한국 기업들에 대한 육성 전략을 동시에 고려해야 할 것이다.

둘째, 태양광 산업 가치사슬 분석을 통해 알 수 있듯이, 제조 분야에서의 중국의 지배력 강화와, 전력 판매, 사업개발, EPC, O&M 등 하류인 서비스 부문에서의 시장 확대가 가장 눈에 띄는 태양광 산업계의 흐름이다. 폴리실리콘, 셀·모듈 등 제조 부문에 역량이 집중되어 있는 한국 태양광

구분	내용	전체 신·재생에너지 중 태양광 비중
기업체 수(개)	108	26%
고용 인원(명)	8,112	56%
매출액(억 원)	70,248	70%
내수(억 원)	20,777	50%
수출액(억 원)	28,650	81%
해외 공장(억 원)	20,822	86%
투자 규모(억 원)	5,553	81%

주1: 내수 + 수출액 + 해외공장 = 매출액.
주2: '해외공장'은 국내기업이 해외에 공장을 갖고 있는 경우, 해외공장에서 발생한 매출액을 의미.
자료: 한국에너지공단 신·재생에너지센터(2017: 13).

산업 역시 하류 서비스 영역으로 진출을 확대할 필요가 있다.

한국의 태양광 산업은 전체 신재생에너지 중 압도적인 비중을 차지하고 있다. 전체 신재생에너지 중 태양광의 매출이 70%, 투자 규모가 81%, 고용 인원이 56%를 기록할 정도로, 태양광 산업은 한국 신재생에너지 산업의 핵심이라고 할 수 있다.

태양광 산업의 가치사슬별로 보면, 2016년 한국 매출액 70,248억 원 중 절반 이상의 비중을 차지하는 것은 모듈(55.1%, 38,728억 원)이고, 폴리실리콘(18.2%, 12,769억 원)이 그 뒤를 따르고 있다. 모듈에서는 한화큐셀, LG전자, 현대중공업그린에너지, 신성솔라에너지 등이, 폴리실리콘에서는 OCI가 매출의 핵심 기업들이다. 폴리실리콘은 거의 대부분을 수출하고 있고, 모듈 역시 수출 및 해외 공장 매출이 내수보다 월등히 높다. 장비, 전력변환장치, 부품·소재 등의 BOS 분야는 매출액도 높지 않지만, 수출 비중이 대단히 낮다. 요컨대, 현재 한국의 태양광 산업은 모듈과 폴리실리콘의 제조·판매(특히 수출) 위주로 이루어진 구조이다.

한국 태양광 산업 매출의 핵심인 모듈 분야에서 세계적인 강자인 한화

(단위: 억 원)

구분	매출액	내수	수출	해외 공장
폴리실리콘	12,769	619	12,150	-
잉곳	1,633	283	1,350	-
웨이퍼	2,938	805	923	1,210
셀	1,990	561	1,429	
모듈	38,728	8,355	10,762	19,612
장비	3,709	3,591	118	-
전력변환장치	3,483	3,002	481	-
부품·소재	4,962	3,525	1,437	-
집광채광기	35	35	-	-
합계	70,248	20,777	29,650	20,822

주1: '장비'는 계측기기, 모듈 테스터 및 메모리 컴포넌트 테스터, 와이어쏘 장비 등을 포함.
주2: '부품·소재'는 필름, 글라스, 메탈페이스트, 슬림로드, 트래커, 백시트, EVA 필름 등을 포함.
자료: 한국에너지공단 신·재생에너지센터(2017: 33).

큐셀 사례를 구체적으로 살펴보자. 2010년 중국의 솔라펀파워를 인수하면서 한화솔라원으로 태양광 시장에 처음 진출한 한화는, 2012년 독일의 세계적인 태양광 제조기업 Q-Cell을 인수하면서 한화큐셀을 설립했다. 높은 기술력으로 일본 시장에 성공적으로 진출하여 2014년에는 일본 내 태양광 모듈 점유율 1위를 기록한 바 있고, 2015년 한화큐셀과 한화솔라원을 한화큐셀로 통합했다. 현재 한화큐셀은 셀 세계 1위, 모듈 세계 2위로 중국 기업들이 장악한 중류 부문에서 세계적 강자의 위상을 유지하고 있다. 하지만 가격 경쟁이 치열하고 수익성이 낮은 중류에 중심을 두고 있기 때문에, 2011~2014년 기간 계속 마이너스 이익률을 기록할 정도로 고전을 면치 못했으며, 2016년 말 300%를 상회하는 부채 비율을 보일 정도로 재무 부담이 커져서, 이를 타파하기 위해 기존에 진출한 일본, 미국 시장과 더불어, 터키 등 새로운 시장에서 하류 진입을 활발히 추진해왔다.

2011년 -15%, 2012년 -32.1%, 2013년 -8.6%, 2014년 -4.1%의 마이너스 이익률을 기록한 한화큐셀이 2015년 5.5%, 2016년 8.6%의 플러스 이익률을 회복할 수 있었던 이유도, 이러한 해외 시장 하류 부문 진출에 있다.

먼저 일본 시장에서는 오이타 키츠키시에 한화큐셀의 모듈을 사용한 25MW 규모의 태양광 발전소를 건설하고, 2015년 1월부터 발전사업을 시작했다. 사업 개발과 모듈 공급은 한화가, 발전소 EPC와 Q&M은 일본 큐텐코가, 파이낸싱은 미쓰이 스미토모 은행에서 담당한 합작사업의 형태였다. 터키에서도 역시 이러한 합작사업의 형태로 하류에 진출했다. 터키의 에너지기업 Kalyon과 50%씩 지분을 나눈 조인트벤처회사를 설립하고, 터키 카라피나 지역에 1GW 규모의 태양광 발전소를 건설하여 전력을 판매하는 1조5천억 원 규모의 사업을 2017년 수주한 바 있다. 다만 이 경우에는 터키산 모듈 사용을 조건으로 하는 LCR이 붙어 현지에 모듈 공장을 설립해야 했다. 미국 시장에는 중류와 하류를 모두 포괄하는 형태로 진출했는데, 텍사스주에 한화큐셀의 모듈을 사용하는 170MW 규모의 발전소를 2018년 내에 완공하고, 25년간 전력을 판매할 수 있는 계약을 체결했다.

중류에서 하류로의 이러한 이동은 한화큐셀 외의 모듈 기업들에서도 두드러지는 현상이다. 세계 모듈 상위 10위 기업 중 한화큐셀과 더불어 순위권 내에 있는 미국의 First Solar 역시 이러한 행보를 보이고 있다. 2004년에 설립되어 유럽 시장에 태양광 패널[7]을 공급하며 급속히 성장한

---

[7] First Solar는 세계적인 패널 제조기업 중 유일하게 결정질 실리콘(C-SI) 패널이 아닌 박막형 패널인 Cd-Te를 공급한다. 박막형 패널은 현재 세계시장 패널 점유율 9% 정도를 차지하며, First Solar가 대부분을 공급하고 있다. 박막형 패널은 결정질 실리콘 패널보다 효율은 더 낮지만, 폴리실리콘을 사용하지 않아 가격이 더 저렴하다. 출혈경쟁을 피하기 위해 새로운 제품으로 승부를 걸어 한때 세계 1위를 차지하기도 한 First Solar였으나, 폴리실리콘 가격이 떨어지고 패널 효율의 증가 속도도 대단히 느려서(지난 50년간 5.4%에서 20%로 4배 증가) 결국 결정질 실리콘 패널이 90% 이상의 점유율을 차지하는 것을 지켜봐야 했다. CD-Te 외에도 비정질 실리콘을 기판 사이에 주입하여 만드는 a-Si, 각종 화합물을 이용하는

First Solar는 2009년 이후 유럽 시장이 축소되자 사업 개발, EPC, O&M 등 하류 부문으로 사업 영역을 넓혀갔다. 예컨대 2013년 1억 달러 규모의 일본 기타큐슈 1.3MW 발전소 건설 사업을 수주하여, EPC는 일본 기업에 맡기고, 자사는 사업 개발, 모듈 공급, O&M을 담당한 바 있으며, 지금까지 6.5GW 규모의 하류 사업을 개발한 기록을 갖고 있다. First Solar가 하류에 진출한 다른 기업들과 차이를 보이는 점은, 발전사업자 역할을 지양한다는 것이다. 다시 말해서, 자사의 모듈을 공급하여 자사가 개발한 발전소를 짓고 유지·보수를 하되, 전력 판매를 하는 발전사업자 역할은 하지 않는다. 발전소를 지어 수익성을 확보하면, 타 사업자 또는 투자자에게 매각하는 형태로 사업을 수행하여 이익을 극대화한다.

이렇듯 한화큐셀과 같은 제조기업들은 모듈 부문에서 수익성 개선이 어려워지자 하류 부문으로 활발히 진출을 모색하고 있다. 한국 태양광 산업의 육성 차원에서 생각할 때, 이는 제조기업뿐 아니라 정부와 금융권이 협력하여 적극적으로 추진해야 하는 일이다. 예컨대 국가기관에서는 정보망을 이용한 해외 사업의 발굴, 정보의 제공, 국제기구와의 연계, 국내 컨소시엄 구성, 신용보증, 위험보험, 제도(정책, 법)적 지원, 협상 지원 등 다양한 방식을 통해 기업의 해외시장 진출을 지원할 수 있다. 또한 금융권에서는 금융 설계와 파이낸싱을 통해서 제조기업의 사업 수주 가능성을 높일 수 있다. 결과적으로 기업이 해외 하류 부문에 진출하기 위해서는, 관민의 긴밀한 협력 속에서 국가 차원의 협의체가 활발히 움직여야 할 필

CIGS가 있으나, a-Si는 효율이 대단히 낮고, CIGS는 제조 공정이 복잡해서 제작 비용이 많이 든다. 결정질 실리콘, 박막형 외 최근 페로브스카이트를 이용하여 비용을 낮추고 효율을 높이는 차세대 태양전지인 페로브스카이트 태양전지가 연구·개발 중에 있는데, 내구성 등의 이유로 아직 상용화 단계에는 이르지 못한 상태이다. 페로브스카이트 태양전지 분야에서는 UNIST의 석상일 교수, 성균관대 박남규 교수, 한국화학연구원의 서장원 박사 등이 세계적인 권위자이다.

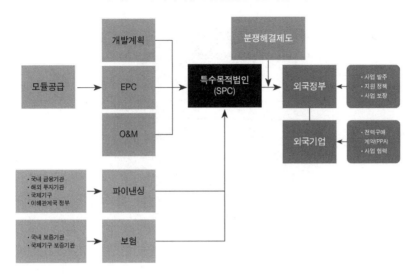

〈그림 12-9〉 해외 하류 부문 진출을 위한 사업 모형

요가 있다.

〈그림 12-9〉는 해외 하류 부문 진출을 위한 사업 모형을 도식화한 것이다. 민간 기업이나 한국전력공사 등의 사업개발자가 유망한 해외시장을 조사하여 태양광 사업을 계획하고, 발전소를 건설할 EPC 업체와 유지·보수를 맡을 O&M 업체를 발굴한다. 이 때 모듈 공급을 담당할 업체도 선정하는데, 국내 기업에서 공급을 받을 수도 있고, 제품경쟁력 및 LCR 조건 등을 고려하여 진출하고자 하는 국가의 기업과 협력할 수도 있다. 발전소 건설·운영을 위한 컨소시엄이 갖춰지면, 재원을 조성해야 한다. 필요한 자금은 사업 규모에 따라 차이를 보이지만, 대규모 발전소 건설을 위해서는 최소 수백억 원 규모의 재원이 요구되므로 파이낸싱이 사업의 관건이 된다. 국내외의 다양한 민간 금융기관, 한국수출입은행, 한국산업은행과 같은 국내 공공금융기관에 더하여, 경우에 따라서는 세계은행, 녹색기후

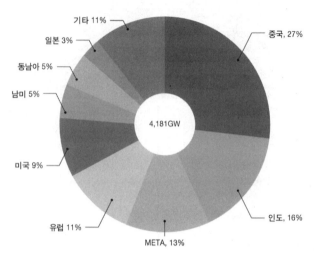

〈그림 12-10〉 2040년까지의 태양광 신규 설치 계획

기타 11%
일본 3%
동남아 5%
남미 5%
미국 9%
유럽 11%
META, 13%
인도, 16%
중국, 27%
4,181GW

자료: 한국수출입은행 해외경제연구소(2017: 18).

기금(Green Climate Fund, GCF) 등의 국제기구, 그리고 해당 지역에 투자를 원하는 제3국 정부 등이 파이낸싱 주체이다. 자금과 함께 한국무역보험공사 등의 무역보증기관에서 보험을 확보하면 보통 특수목적법인(Special Purpose Company, SPC) 형태로 사업 컨소시엄이 설립된다. SPC가 사업 수주에 성공하면, 해당 국가의 정부 및 기업과 협력해야 한다. 정부로부터는 보조금, 세제 혜택 등의 지원 정책과 함께, 사업에서 불이익을 당하지 않기 위한 보장을 받아야 한다. SPC와 해당 국가의 분쟁을 조정하기 위한 계약을 작성하거나, 세계은행 분쟁해결제도 이용 등을 계약에 포함시키는 경우도 많다. 그리고 해외 기업, 특히 전력 판매를 담당하는 기업과 전력구매계약(Power Purchase Agreement, PPA)을 맺어, 발전소에서 생산한 전력을 구매해줄 것을 보장받는다. O&M 등의 운영을 현지 기업에게 맡기는 경우도 많다.

지금까지의 사업 모형을 개괄하면, 한국 기업의 해외 태양광 시장 진출 성공 요인이 드러난다. 충분한 시장조사(타당성 평가, 위험성 평가, 정보 수집 등), 국내외에서의 사업 경험을 통한 트랙레코드 축적, 가격경쟁력과 품질 경쟁력의 확보, 역할별로 최적화된 컨소시엄의 구성, 충분하고도 안정적인 파이낸싱, 체계적인 사업 관리 등이 그 요인이 된다. 해외사업의 성공을 높이기 위해 정부가 해야 할 일 역시 구체적으로 좁혀진다. ① 정부 고위급 차원에서 해당 국가에 재생에너지 협력을 제안하는 등 분위기 조성, ② 해외에 상주하는 공공기관으로부터 시장정보를 입수·분석하여 시장성을 평가하고 정보를 관련 기업에 제공하고, 해외진출지원센터를 운영하여 기업이 상시 상담 가능하도록 조직 운영, ③ 공공금융기관의 직접 투자, 또는 국제기구·민간 투자자들과의 연계를 통한 파이낸싱 지원, ④ 해외설비인증 획득 지원, 수출 부문에서의 세제혜택(감세, 리베이트 등), 전문가 해외연수 지원 등 다양한 지원제도 강화 등이 정부의 역할에 해당된다.

현재 치열한 경쟁과 낮은 수익구조를 지닌 중류의 제조 부문과는 달리, 소비시장으로서의 하류 부문은 세계적으로 급속히 성장하고 있다. 지금까지 공식적으로 발표된 세계 각국 정부의 태양광 신설 계획을 취합하면, 2040년까지 총 4,181GW라는 초대형 태양광 시장이 조성될 것으로 예상된다. 세계의 절반은 중국, 유럽, 미국, 일본 시장이며, 새로이 인도, META(중동, 아프리카, 터키), 동남아, 남미 시장 역시 높은 수요를 보일 것으로 전망되고 있다.

2015년에 한국수출입은행에서는 진출 유망한 태양광 시장을 조사·발표한 바 있는데 중국, 미국, 일본, 독일 시장 외에 인도, 영국, 칠레, 터키, 동남아 등이 주요 타깃시장으로 선정되었다. 삼정KPMG 역시 한국 기업들이 진출하기에 가장 전망이 좋은 신흥국 시장으로 인도, 칠레, 브라질을 들고 있다(삼정KPMG, 2016: 20~23). 이러한 시장들의 특징은 태양광 시장 육

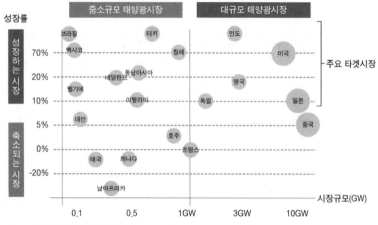

〈그림 12-11〉 진출 유망한 태양광 시장 현황

자료: 한국수출입은행 해외경제연구소(2015: 90).

성을 위한 정부의 의지가 뚜렷하고 신뢰할 만하다는 점, 보조금·세제혜택 등 지원 정책이 제도화되어 있다는 점, 경제적으로 성장하고 있어 점점 에너지 수요가 높아지고 있다는 점, 일조량 등 태양광 산업을 하기에 좋은 자연적 조건을 갖췄다는 점 등이다. 물론 WTO 규칙을 위반하는 LCR의 적용, 높은 융자금리, 높은 태양광 전기료, 인프라 부족, 행정 능력의 미비, 부정·부패 등 개도국 사업에서 발생할 수 있는 여러 악조건들 역시 상시적으로 존재하나, 시장의 성장 가능성이 지니는 매력이 그러한 악조건을 능가하는 것이 사실이다.

셋째, 틈새시장이라고 할 수 있는 부품·소재 등 BOS 분야에 눈을 돌려 강소기업을 육성하는 것이 중요하다. PV유리, 보호필름 등의 부품·소재와, 직류를 교류로 변환해주는 전력변환장치인 인버터(inverter) 등이 여기에 해당되는 아이템이다.

PV유리는 태양광 패널 구성의 약 76%를 차지하는데, 모듈의 위에 부착되어 모듈을 보호하는 기능을 하여 패널 내구성에 큰 영향을 미치는 부품이다. 충격에 강한 강화유리가 사용되며, 일반적인 LCD용 유리와는 다른 기술이 필요하다. 현재 Asahi Glass와 Nippon Sheet Glass 등 일본 기업들이 시장에서 두드러진 존재감을 보이고 있다(양성진, 2011: 42). 하지만 최근 일반적인 PV유리에 대한 기술장벽이 점점 낮아지는 추세라서, 사막지역의 모래를 방지할 수 있는 유리와 같은 특수한 기술을 개발하는 기업만이 생존할 것으로 보인다. 예를 들어 최근 부각 중인 PV유리 핵심기술은 반사방지 코팅기술인데, 몇몇 기업에서 독보적인 기술을 보유하고 있다. 일본 AGC의 자매사인 벨기에의 AGC Solar는 TCO코팅이라는 특수한 기술을 사용한 PV유리를 제작할 수 있어, 현재 세계 PV유리 시장에서 가장 경쟁력 있는 기업으로 손꼽히고 있다. 또한 독일의 Centrosolar는 플로트 유리와 패턴 유리를 모두 만들며, 나노기술을 사용하여 반사 방지 코팅유리를 만들 수 있는 소수의 기업 중 하나이다.

보호필름 역시 패널 내구성을 좌우하는 핵심 부품이다. 업계에서 'EVA (에틸렌비닐아세테이트) 시트'라고 불리는 보호필름은 셀을 외부의 습기나 먼지로부터 보호하는 역할을 한다. EVA 시드 뒤에 붙는 백 시트 또한 중요한데, 역시 셀을 외부 요인으로부터 보호하는 역할을 한다. EVA 시트나 백 시트의 제조는 기술적으로 어렵지 않으나, 이에 들어가는 핵심소재의 조달이 문제이다. EVA 시트에 들어가는 EVA 레진은 일본의 Sumitomo Chemical 등 소수의 기업만이 생산하고 있으며, 백 시트에 들어가는 불소 수지 생산은 일본 Kureha, 벨기에 Solvey, 프랑스 Arkema의 3개 업체가 과점체제를 형성하고 있다(양성진, 2011: 43).

BOS 분야의 핵심은 인버터로서, '태양광 발전의 심장'이라고까지 불리는 중요한 장비이다(양성진, 2011: 43). 현재 태양광 패널의 보증수명은 25년이지만, 인버터는 훨씬 더 짧은 기간 내에 이상이 생겨서 교체해야 하는 일이 많을 정도로 기술적 진입장벽이 높은 분야이다. 적절한 냉각기술을 통해 인버터 온도를 일정하게 유지해야 하며, 일사량에 따라 최대출력점을 찾아서 포착하는 기술 역시 중요하다. 인버터를 비롯하여, 모니터, 케이블, 커넥터, 컨트롤러 등 제품마다 다양한 강자들이 버티고 있다. 세계 인버터 분야에서는 시장의 40%를 장악한 독일 SMA Solar Technologies의 존재감이 압도적인 가운데, 일본의 Omron, TMEIC, Tabuchi, 미국의 Power One, Advanced Energy, Enphase Energy, 오스트리아의 Fronius, 독일의 Diehl AKO, Kaco New Energy, Voltwerk, 덴마크의 Danfoss, 스위스의 SolarMax 등도 인버터와 모니터 분야에서 세계적으로 인정받고 있다. 케이블은 독일의 Prysmian, 커넥터와 컨트롤러는 독일의 Steca Elektronik이 높은 평가를 받는다.

한국에서는 인버터 분야의 다쓰테크, 윌링스, 헥스파워시스템 등의 중소기업과, LS산전, 효성중공업, 현대중공업 등 대기업의 제품이 높은 기술 수준을 보유하고 있고(≪Solar Today≫, 2017), 케이블 분야에서는 LS산전, 커넥터 분야에서는 멀티콘택트 등이 높은 기술력으로 세계시장에서 경쟁하고 있다. 최근 늘어나는 하나의 추세는 디아이케이 등 국내의 인버터 강소기업들이 ESS 생산에 적극 참여하는 것인데(≪인더스트리뉴스≫, 2017a), 한국 정부에서 태양광 발전에 ESS 제품을 연계하는 발전사업자에게 신재생에너지공급인증서(REC) 가중치 5.0을 적용해주기 때문이다. 한국은 LG화학과 삼성SDI가 리튬이온전지[8] 분야에서 세계 최고의 기술과 생산력을 보유하는 등 배터리 기술에 강점을 지니고 있어, 태양광 ESS 생산력 역시 정부의 지원에 따라 큰 폭의 성장이 기대되고 있다.[9] 현재 국내 최고이자

---

8   현재 LG화학과 삼성SDI가 생산한 리튬이온전지는 대부분 IT기기와 전기차용으로 사용되나, 재생에너지시장의 확대에 따라 ESS용 배터리 사용의 증가가 이루어질 것으로 전망된다.

9   태양광 발전사업자에게 태양광의 ESS의 연계에 가장 큰 걸림돌이 되는 것은 비용 문제이

세계 5위의 ESS 기업인 LG CNS가 국내 시장을 주도하는 가운데, 효성중공업, LS산전 등 대기업이 태양광 ESS 분야에서 존재감을 드러내고 있다. 특히 LS산전은 2009년 처음 일본 시장에 진출할 때 셀·모듈이 아닌 BOS와 하류 중심으로 진출했는데, 인버터, 배전반, 변압기 모니터, ESS 등 발전소 건설과 운영에 필요한 설비의 공급에 초점을 맞춤으로써, 진입 조건이 매우 까다로운 일본 태양광 시장에서 높은 평가를 받을 수 있었다(양성진, 2018).

부품·소재 분야는 매출액 면에서 모듈이나 폴리실리콘에 비해 작은 규모를 지닐 수밖에 없는 한계가 있다. 대부분 기술장벽도 높아서 선진국의 첨단 기술을 지닌 소수의 기업들이 시장을 지배하는 영역이기도 하다. 이에 대해 한 보고서에서는 DuPont사의 사례를 들어, 새로운 사업 기회를 조명하고 있다(양성진, 2011: 44). 대부분의 태양광 기업들이 일반적인 제조업에 주력하는 동안, DuPont은 PV유리와 백 시트 등 틈새시장에 주목하여 매출 10억 달러를 기록할 정도로 성공을 거두었다. 지금도 DuPont은 모듈에 필요한 10개 이상의 부품·소재를 일괄 생산하고 있어, 패널을 제작하는 기업이 비용 효율을 달성하기 위해 의존할 수밖에 없는 사업구조를 만들어냈다. 규모의 경제를 통한 가격경쟁력을 앞세운 중국의 기업들이 제조업 전반을 장악하여 시장을 개척·확대해가는 현재, 핵심 부품·소재와 첨단기술을 보유한 기업의 기회와 수익성은 더욱 향상될 것으로 전망된다. 가격경쟁력이 아닌 품질경쟁력으로 승부할 수 있는 강소기업의 육성이 국가 차원에서 필요한 이유이다.

다. 현재 500KW 규모 태양광발전소 건설비용은 약 8억 원인데, 발전설비 용량의 3배가 필요한 1.5MW 규모 ESS를 설치하기 위해서는 9억 3,500만 원(부가세 10% 포함)이 들어간다. 따라서 사업자로서는 경제성 확보를 위해, 가중치 상향보다는 구매보조금 등의 직접적인 비용 지원이 더 필요한 실정이다.

참고문헌

산업통상자원부. 2017. "재생에너지3020 이행계획(안)".

삼정KPMG. 2016. 『태양광 산업의 사업모델 혁신: 해외시장으로의 Downstream 전략』. 삼정 KPMG 경제연구원 Issue Monitor.

양성진. 2011. 「탄력받고 있는 태양광 산업, 부품·소재에 주목할 때」. ≪LG Business Insight≫.

_____. 2018. "태양광 사업 비즈니스 모델 연구". 한양대 에너지거버넌스센터 에너지 전환 세미 나 발표문.

에너지경제연구원. 2016. 「태양광 제품의 해외 시장접근 제약 사례 및 시사점: 자국산 부품 사용 의무화(LCR)를 중심으로」. ≪세계 에너지시장 인사이트≫, 제16-7호.

_____. 2017. 「미국 태양광 PV 산업 규모 및 태양광 발전 지원제도」. ≪세계 에너지시장 인사이 트≫, 제17-16호.

한국수출입은행 해외경제연구소. 2015. 『신재생에너지 산업전망과 국내 기업들의 해외 진출방 향』. 한국수출입은행 중점연구보고서.

_____. 2017. 『2017년 2분기 태양광산업 동향』. 한국수출입은행 Quarterly Briefing.

한국에너지공단 신·재생에너지센터. 2017. 『2016년 신·재생에너지 산업통계』. 용인: 한국에너 지공단 신·재생에너지센터.

≪인더스트리뉴스≫. 2017a. 9. 11. "가격·서비스, ESS 연계가 태양광 인버터 시장 주도한다". http://www.industrynews.co.kr/news/articleView.html?idxno=9977

_____. 2017b. 11. 27. "본격 성장 예고, 탄력받는 태양광 산업." http://www.industrynews.co.kr/news/articleView.html?idxno=20269

_____. 2017c. 11. 28. "태양광 기업 40%, 규제로 인해 매출 달성 실패." http://www.industrynews.co.kr/news/articleView.html?idxno=20301

_____. 2017d. 11. 30. "3020 재생에너지 이행계획과 2018년 시장 전망." http://www.industrynews.co.kr/news/articleView.html?idxno=20350

≪Solar Today≫. 2015. 1. 7. "일본시장, 무궁무진한 '가능성'만큼 높은 '진입장벽'." http://www.solartodaymag.com/news/articleView.html?idxno=2843

_____. 2017. 5. 23. "태양광 인버터 산업 현황과 전망." http://www.solartodaymag.com/news/articleView.html?idxno=4478

≪전자신문≫. 2017. 2. 21. "'태양광+ESS REC 가중치 5.0' 태양광발전사업자엔 '그림의 떡'." http://www.etnews.com/20170221000189

≪조선비즈≫. 2018. 3. 1. "태양광도 중 독식… 글로벌 '탑10'중 8곳이 중국."

http://biz.chosun.com/site/data/html_dir/2018/03/01/2018030100076.html

"Polysilicon & Wafer Ranking 2016." PV Magazine (March 2017).
    http://www.bernreuter.com/fileadmin/user_upload/library/Polysilicon-and-wafer-ran
    kings-2016_pv-magazine-03-2017.pdf
Statista. "Cumulative Solar Photovoltaic Capacity Globally as of 2017."
    https://www.statista.com/statistics/264629/existing-solar-pv-capacity-worldwide/
Zhang, Fang and Kelly Sims Gallagher. 2016. "Innovation and Technology Transfer through
    Global Value Chains: Evidence from China's PV Industry." *Energy Policy*, 94.

지은이(가나다 순)

권세중(sjkwon94@mofa.go.kr)

서울대학교 외교학과(현 정치외교학부) 학사, 노스웨스턴대학교 법학 석사, 경남대학교 정치학 박사.
현 외교부 기후환경과학외교국 국장.

주요 논저: 「북한 에너지 문제와 양자 및 다자협력기제 연구」 외 다수.

권필석(pilseok.kwon@gmail.com)

한양대학교 전기공학 학사, 올보대학교 에너지계획학 박사.
현 녹색에너지전략연구소 소장.

주요 논저: "Assessment and Evaluation of Flexible Demand in a Danish Future Energy Scenario", "Priority Order in Using Biomass Resources: Energy Systems Analyses of Future Scenarios for Denmark" 외 다수.

김성진(peachboy@hanyang.ac.kr)

서울대학교 외교학과(현 정치외교학부) 학사·석사·박사.
현 한양대학교 에너지거버넌스센터 전임연구원.

주요 논저: "Scenario Analysis for Achieving South Korea's Targets of the "3020 Renewable Energy Plan" in the Power Sector", "파리기후체제는 효과적으로 작동할 것인가?" 외 다수.

김연규(YOUN2302@hanyang.ac.kr)

서울대학교 노어노문학과 학사, 터프츠대학교 국제관계학 석사, 퍼듀대학교 정치학 박사.
현 한양대학교 국제학부 교수, 현 한양대학교 에너지거버넌스센터 센터장, 현 한국국제정치학회 이사, 현 한국정치학회 이사, 현 한러협회 이사.

주요 논저: "Asian LNG Market Changes under Low Oil Prices: Prospects for Trading Hubs and a New Price Index", 「트럼프 정부하 미국-러시아의 유럽 가스공급 경쟁: 노드스트림 II 가스관 사례」 외 다수.

김진수(jinsookim@hanyang.ac.kr)
서울대학교 지구환경시스템공학부 학사·석사, 서울대학교 에너지시스템공학부 공학 박사(지구환경경제학).
현 한양대학교 자원환경공학과 부교수, 현 한국자원경제학회 상임이사, 현 한국자원공학회 정책이사, 현 한국공학교육학회 기획이사, 현 제3차 에너지기본계획워킹그룹 공급분과 위원, 현 산업통상자원부 에너지개발전문위원회 위원.

주요 논저: "Optimal Portfolio for LNG Importation in Korea Using a Two-Step Portfolio Model and a Fuzzy Analytic Hierarchy Process", 「이산화탄소의 외부비용을 고려한 친환경 에너지자립섬 최적화」 외 다수.

류권홍(rkh268@gmail.com)
한양대학교 법학과 학사, 멜버른대학교 법학 석사, 변호사(사법연수원 제28기).
현 원광대학교 법학전문대학원 교수, 현 해외자원개발협회 자원개발 정책연구회 회장, 현 환경법학회 이사, 현 국무총리 소속 사행산업통합감독위원회 위원.

주요 논저: 「모잠비크 석유 가스개발 Fiscal Regime 검토」, 「중국 셰일가스 개발에 관한 법적, 제도적 검토」, 「국경을 넘는 파이프라인의 분쟁해소 방안: 우크라이나-러시아 갈등 사례를 중심으로」 외 다수.

류하늬(hanee.ryu@gmail.com)
이화여자대학교 정치학사·경제학사, 서울대학교 경제학 석사, 서울대학교 경제학 박사.
현 한양대학교 에너지거버넌스센터 전임연구원.

주요 논저: "Electricity-generation Mix Considering Energy Security and Carbon Emission Mitigation: Case of Korea and Mongolia", 「러시아 국내 천연가스 시장의 자유화와 수출 정책 변화의 요인과 양상에 대한 시기별 분석」 외 다수.

안상욱 (ahnsangwuk@pknu.ac.kr)
서울대학교 서양사학과 학사, 파리3대학교 유럽지역학 석사, 파리3대학교 유럽지역학(경제학) 박사.
현 부경대학교 국제지역학부 교수, 현 한국유럽학회 편집위원, 현 한국예탁결제원 투자자문위원.

주요 논저: 「세계 기후변화 대응과 중국의 부상」, 「EU 기후변화 정책과 회원국 간 차별성」, 「후쿠시마 사태 이후 원자력 에너지 정책변화: 미국과 중국 사례를 중심으로」 외 다수.

이태화(thlee21@uos.ac.kr)

경북대학교 통계학과 학사, 조지워싱턴대학교 국제관계학 석사, 델라웨어대학교 도시문제 및 공공정책학 박사. 현 서울시립대학교 도시행정학과 교수.

주요 논저: "An Experiment for Urban Energy Autonomy in Seoul: The One 'Less' Nuclear Power Plant Policy" 외 다수.

임은정(ej-lim@fc.ritsumei.ac.jp)

도쿄대학교 국제관계학과 학사, 컬럼비아대학교 국제학 석사, 존스홉킨스대학교 국제관계학 박사. 현 리츠메이칸대학 국제관계학부 조교수, 현 한국원자력통제기술원 비상임이사.

주요 논저: "Multilateral Approach to the Back End of the Nuclear Fuel Cycle in the Asia-Pacific?", 「한·중·일 원자력 협력과 한국의 역할」 외 다수

진상현(upperhm@knu.ac.kr)

서강대학교 화학공학 학사, 서울대학교 환경계획학 석사, 서울대학교 도시계획학 에너지정책 전공 박사. 현 경북대학교 행정학부 교수, 현 서울시 원전하나줄이기 실행위원, 현 에너지기후정책연구소 이사, 현 한국정부학회 이사.

주요 논저: "The Effectiveness of Energy Efficiency Improvement in a Developing Country", "Dilemma of Energy Efficiency Improvement: Market Failure, Government Failure and Rebound Effect" 외 다수

한울아카데미 2141

한국의 미래 에너지 전략 2030

© 김연규 · 권세중, 2019

엮은이 **김연규 · 권세중** | 펴낸이 **김종수** | 펴낸곳 **한울엠플러스(주)** | 편집 **정하승**

초판 1쇄 인쇄 **2019년 2월 1일** | 초판 1쇄 발행 **2019년 2월 8일**

주소 **10881 경기도 파주시 광인사길 153 한울시소빌딩 3층** | 전화 **031-955-0655** | 팩스 **031-955-0656**
홈페이지 **www.hanulmplus.kr** | 등록번호 **제406-2015-000143호**

Printed in Korea.
ISBN 978-89-460-7141-4 93300(양장)
    978-89-460-6614-4 93300(반양장)

※ 이 저서는 2015년 정부(교육부)의 재원으로 한국연구재단의 지원을 받아 수행된 연구임(NRF-2015S1A3A2046684).